Collection PERSPECTIVES

W0207970

Management Sciences de gestion & numérique

T^le^ STMG

Sous la coordination de Ludovic Babin-Touba
Professeur d'économie-gestion, faculté des sciences économiques, université Rennes 1

Judicaëlle Arz Professeur d'économie-gestion
Lycée Jean Monnet, Joué-lès-Tours

Mathilde Belhabib Professeur d'économie-gestion
Lycée Germaine Tillion, Montbéliard

Hélène Dehelly-Trouvé Professeur d'économie-gestion
Lycée Ronsard, Vendôme

Marina Moussinet Professeur d'économie-gestion
Lycée Jean Talon, Châlons-en-Champagne

Vincent Quignon Professeur d'économie-gestion
Lycée Marie Curie, Tarbes

Alexis Vérité Professeur d'économie-gestion
Lycée Marie Laurencin, Mennecy

FOUCHER

Mode d'emploi

Ouverture de chapitre Une double page d'entrée dynamique pour une immersion immédiate de l'élève dans la thématique du chapitre

3 minutes pour découvrir : une vidéo d'entrée pour découvrir le sujet.

Un rappel des prérequis de 1re

Un repérage immédiat des notions et des capacités du nouveau programme.

Cours 3 doubles pages de cours avec des documents variés et un essentiel pour retenir les informations indispensables de chaque partie

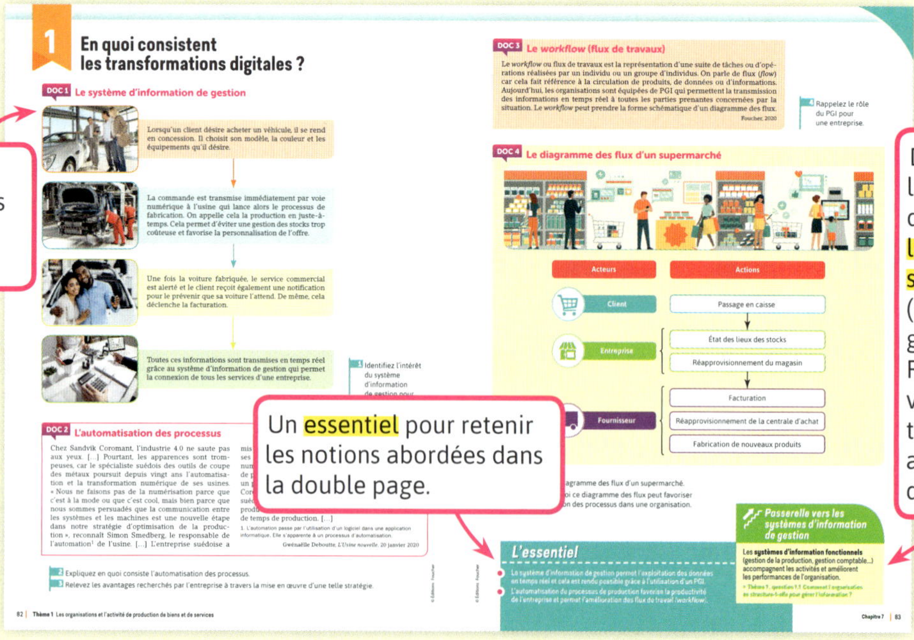

Des documents variés et récents pour découvrir les notions.

Un essentiel pour retenir les notions abordées dans la double page.

Dans tous les chapitres, des passerelle vers les enseignements spécifiques (mercatique, gestion et finance, RHC et SIG) pour visualiser les notions transversales aux différentes disciplines.

ISBN 978-2-216-15796-9

Synthèse Une synthèse en schéma

Activités Une page d'activités pour retenir les notions essentielles du chapitre

3 minutes pour comprendre : la synthèse rédigée des points-clés du chapitre.

Les **mots-clés** à retenir et leur définition.

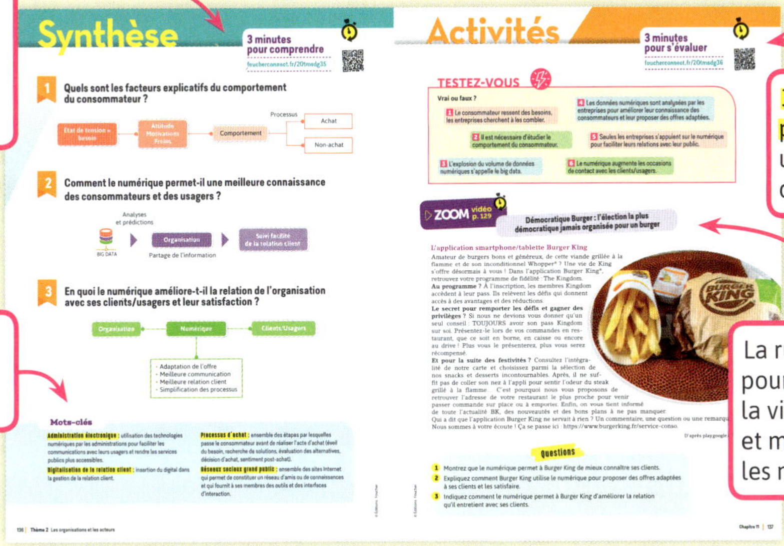

3 minutes pour s'évaluer : un quiz interactif d'autoévaluation.

La rubrique **Zoom vidéo** pour faire le lien avec la vidéo d'ouverture et mettre en application les notions du chapitre.

Vers le bac 2 pages d'entraînement pour approfondir les notions du chapitre et se préparer à l'épreuve

L'analyse d'une ou plusieurs situations liées au fonctionnement et au management d'une organisation réelle.

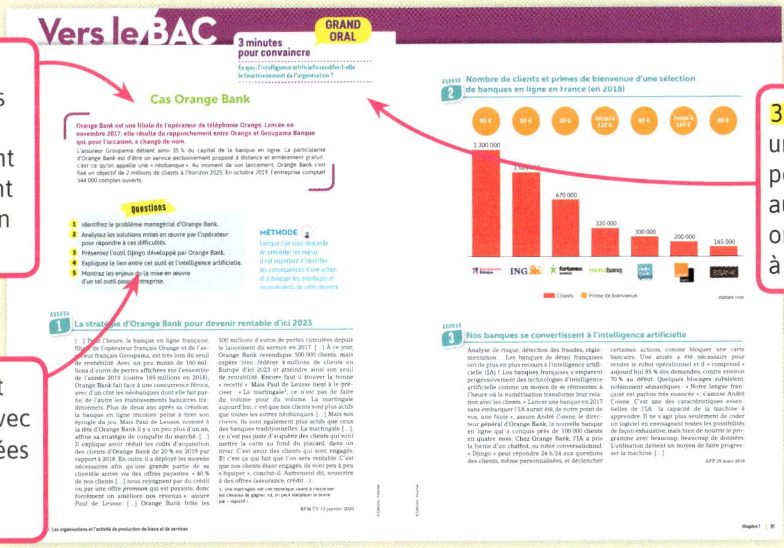

3 minutes pour convaincre : une question que l'élève pourrait proposer au jury lors du grand oral et qui le prépare à l'argumentation.

Un questionnement progressif en lien avec les capacités évaluées au Bac et une aide méthodologique.

Et en fin d'ouvrage

Un dossier grand oral

pour tout savoir sur l'épreuve et s'y préparer étape par étape.

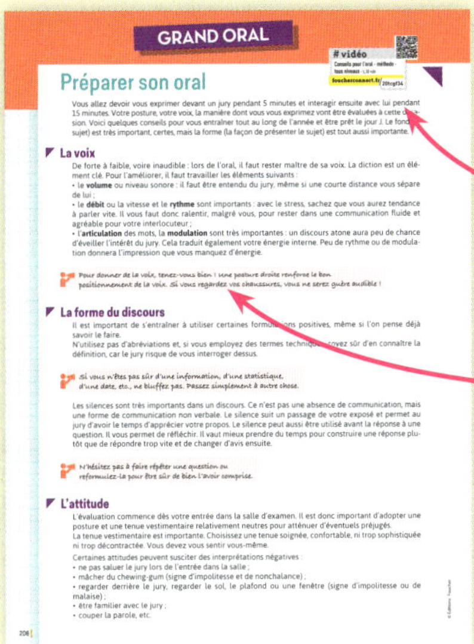

Une présentation synthétique sous forme de fiche.

Des vidéos pour aller plus loin.

De nombreux conseils pour rassurer les élèves et les rendre autonomes.

Sommaire

THÈME 1 Les organisations et l'activité de production de biens et de services

THÈME 3 Les organisations et la société

ZOOM SUR LE GRAND ORAL

Pour mettre toutes les chances de votre côté et réussir l'épreuve du grand oral !

→ Une question posée en lien avec la thématique du chapitre et un exemple de ce qui pourra être proposé au jury, pour vous entraîner à prendre la parole en public de manière convaincante, clé de réussite du grand oral !

→ En fin d'ouvrage, des fiches claires et concises assorties de conseils, astuces et vidéos pour vous accompagner à toutes les étapes de l'épreuve du grand oral.

→ Un spécialiste en prise de parole, Daniel Murgui-Thomas, vous coache dans des vidéos courtes et efficaces !
Rendez-vous sur : foucherconnect.fr/20tcgf30

Retrouvez dans votre ouvrage les ressources numériques intégrées

Vidéos **Synthèses numériques** **Autoévaluations**

ZOOM SUR LES RESSOURCES NUMÉRIQUES

Tout au long de l'ouvrage, des QR codes à flasher vous donnent accès à de nombreuses ressources en accès direct.

→ Des vidéos pour varier les approches et animer le cours

- Une vidéo pour lancer la thématique du chapitre

3 minutes pour découvrir

« The House of Innovation », le nouveau magasin de Nike à New York
foucherconnect.fr/20tmsdg01

> Quelles sont les caractéristiques du nouveau magasin de Nike à New York ?
> Comment cette boutique répond-elle aux besoins du consommateur ?

- Des vidéos pour mieux comprendre un point notionnel

vidéo
Amazon ou le « territoire des robots » - 2,53 min
foucherconnect.fr/20tmsdg74

→ Des synthèses rédigées pour mieux réviser

3 minutes pour comprendre
foucherconnect.fr/20tmsdg35

→ Des quiz pour évaluer ses acquis

3 minutes pour s'évaluer
foucherconnect.fr/20tmsdg18

Mode d'emploi

foucherconnect.fr

Votre manuel Foucher s'enrichit de ressources numériques

Lorsque je rencontre un pictogramme ressource au fil des pages :

vidéo
2 min pour comprendre le RGPD : galère ou opportunité ? - 1,54 min
foucherconnect.fr/20tmsdg51

1. Je vais sur www.foucherconnect.fr
J'enregistre cette page dans mes favoris pour les prochaines fois.
2. Je saisis **le code de la ressource** indiqué dans le pictogramme.
3. **Je visualise** ma ressource.

Des FLASHCODES permettent aussi d'accéder aux ressources depuis un smartphone

SOMMAIRE DES VIDÉOS

Tout au long de l'ouvrage, de nombreuses vidéos pour varier les supports et enrichir les connaissances.

vidéos

Prérequis 1re mana

- Démarche stratégique
- Veille stratégique
- Lien finalité/objectifs

1 La réponse au besoin du consommateur

3 minutes pour découvrir

« The House of Innovation », le nouveau magasin de Nike à New York

foucherconnect.fr/20tmsdg01

> **Quelles sont les caractéristiques du nouveau magasin de Nike à New York ?**
>
> **Comment cette boutique répond-elle aux besoins du consommateur ?**

CAPACITÉ × Présenter les caractéristiques du marché et les modalités par lesquelles l'entreprise détecte les tendances et besoins

Notions

Démarche marketing + approches marketing + étude de marché + veille marketing et commerciale

1 En quoi la démarche marketing est-elle stratégique pour l'organisation ?

DOC 1 Les enjeux de la démarche marketing

Créée en 2010, Grain de Sail est une entreprise morlaisienne spécialisée dans la fabrication et la commercialisation de café et chocolat issus de l'agriculture biologique. Le projet originel est toujours resté le même : « produire des cafés et chocolats d'exception dont les matières premières sont transportées par un voilier de charge transatlantique, synonyme d'aventure maritime et de respect de l'environnement ».

C'est en partageant l'engouement des consommateurs pour les produits sains et respectueux de la planète que l'idée a germé dans la tête des créateurs. Les produits sont qualitatifs et l'entreprise justifie ses prix par le soin apporté au choix des matières premières. Dès 2020, c'est un voilier qui acheminera les marchandises en provenance d'Amérique latine afin que le transport de ces dernières n'ait aucun impact écologique.

Foucher, 2020

 # vidéo
2 minutes pour comprendre le projet Grain de Sail - 2,05 min
foucherconnect.fr/20tmsdg02

1 Identifiez la finalité de l'entreprise Grain de Sail.

2 Qualifiez la stratégie concurrentielle menée par cette entreprise.

DOC 2 La démarche marketing

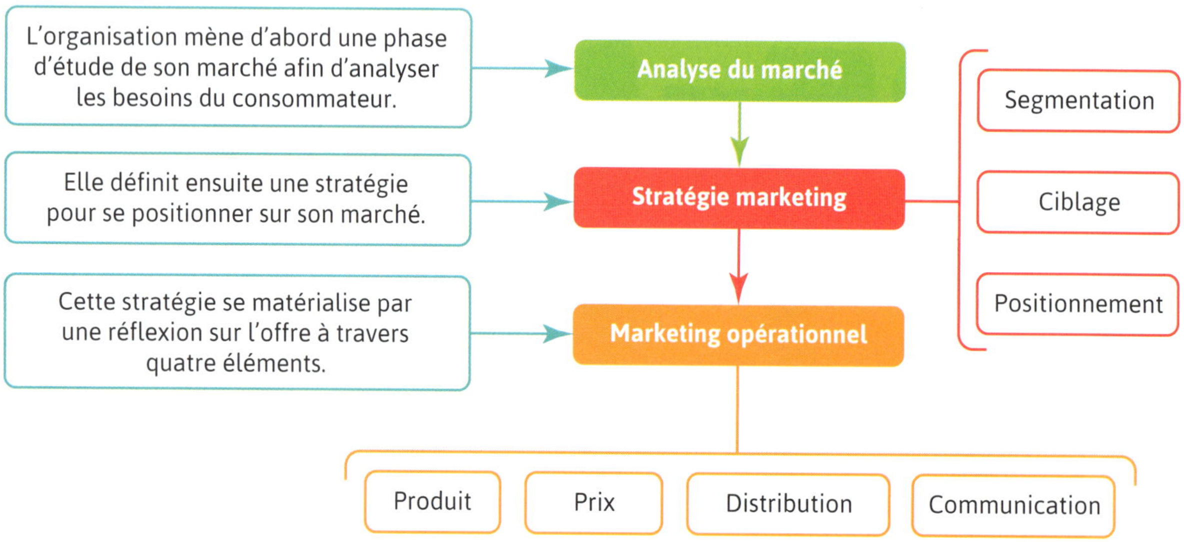

3 À travers l'exemple de l'entreprise Grain de Sail, retrouvez les différentes étapes de la démarche marketing.

4 Montrez que les choix de l'entreprise Grain de Sail sont cohérents avec la stratégie de l'entreprise et sa finalité.

DOC 3 Les besoins des usagers

« Navigo Tarification Senior », le nouveau forfait annuel destiné à tous les Franciliens de plus de 62 ans, a finalement été lancé le 1er novembre. « Prête techniquement plus tôt que prévu », Île-de-France Mobilités a décidé de ne pas attendre pour lancer cette offre à 37,60 euros par mois (soit 50 % du prix d'un Navigo mois), permettant de circuler de manière illimitée dans toute l'Île-de-France.

Parlant d'une « mesure de justice tarifaire », la présidente d'Île-de-France Mobilités et de la région, Valérie Pécresse (Libres !) rappelle que « les actifs ont 50 % de remboursement du Navigo par leur employeur. Les jeunes et les enfants ont aussi droit à des réductions ou à la gratuité des transports. Il existe enfin des tarifs sociaux pour les Franciliens les plus défavorisés […] ».

Thibault Burban, *Le Parisien*, 1er novembre 2019

5 Identifiez la décision prise par la région Île-de-France.

6 Montrez que cette décision répond aux besoins de la cible concernée.

DOC 4 La connaissance du marché

« Gillette, la personnalisation au masculin » : ce pourrait être un slogan pour le géant américain du rasoir. À l'occasion d'une présentation à la presse, la marque de Boston a dévoilé la semaine dernière trois innovations, marquant un net virage dans sa stratégie produits. […] Gillette joue la carte de la personnalisation avec « Razor Maker ». Sur ce site en ligne, qui sera bientôt ouvert en Europe, les consommateurs peuvent créer leur propre rasoir. Ils choisissent aussi bien le nombre de lames (3 ou 5) que le type de manche, sa forme et sa couleur. Il est également possible d'y graver un court texte, comme un prénom ou un message pour un cadeau personnalisé. […]
Cette volonté de « mieux comprendre les besoins des hommes » est directement liée à l'évolution du secteur. « En termes de croissance, le marché du rasage est globalement stable, mais il a connu des perturbations : le retour de la barbe, mais aussi de nouveaux concurrents », confie Pankaj Bhalla[1]. Surtout, ces derniers ont apporté avec eux un autre « business model » : une vente en ligne par abonnement, synonyme de baisse des prix… […]

1. Pankaj Bhalla est le vice-président du domaine d'activité stratégique « Soins de la barbe » du groupe Procter & Gamble.

Enrique Moreira, *Les Echos*, 14 novembre 2018

7 Relevez l'innovation développée par la marque Gillette.

8 Montrez en quoi la décision prise est issue d'une analyse du marché.

L'essentiel

- Le marketing stratégique reflète la finalité de l'organisation et les choix stratégiques qui sont les siens.
- La démarche marketing passe par la connaissance du marché afin de proposer une offre adaptée répondant aux besoins des consommateurs et usagers.

Passerelle vers la mercatique

Les organisations sont passées d'un modèle économique axé sur le marketing de masse à un modèle basé sur la **personnalisation de la relation client**. Il ne s'agit plus de trouver des clients pour ses produits, mais de concevoir des produits pour ses clients.

> Thème 1, question 1.1 La personnalisation de l'offre est-elle incontournable ?

2 Comment recueillir l'information sur les besoins du consommateur ?

DOC 1 L'étude de marché

La division *gaming* du réseau social Facebook a réalisé en 2019 une étude sur le marché vidéoludique, que ce soit sur mobile ou sur console. Cette étude porte sur un panel d'environ 10 000 personnes provenant des quatre coins du monde.

Près de deux tiers (61 %) des *gamers* sur mobile américains disent avoir éprouvé un regret après avoir acheté une devise ou un article intégrés au jeu.

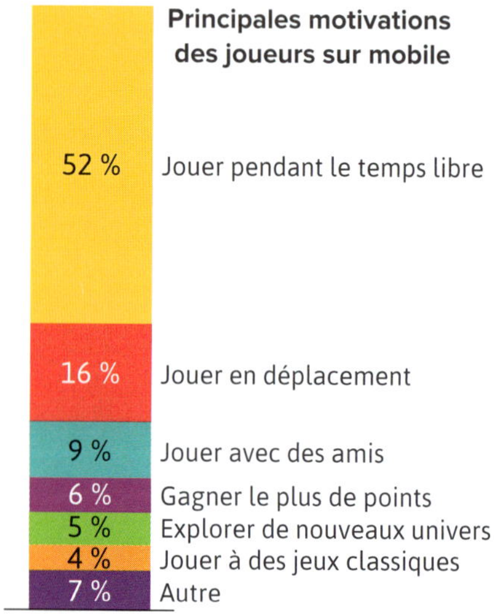

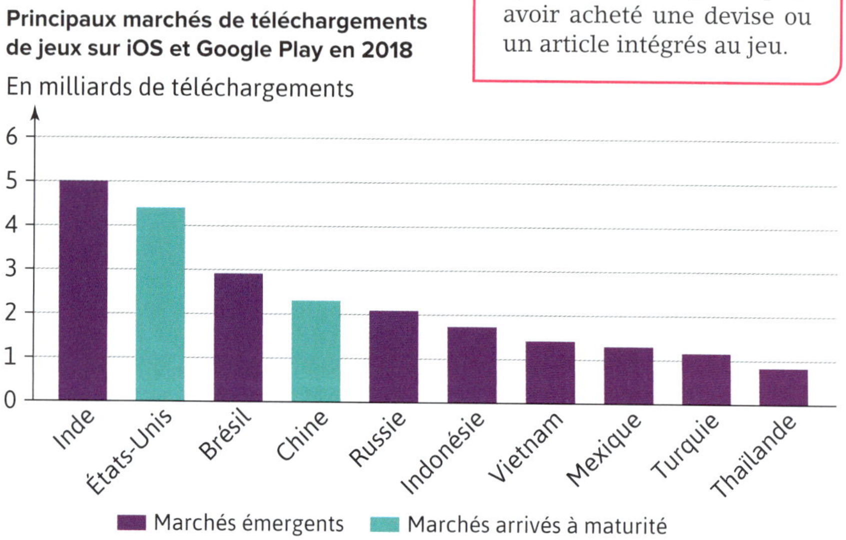

D'après Facebook Gaming, 2019

1 Relevez les principales motivations des joueurs sur mobile.

2 Identifiez les pays pour lesquels les perspectives en termes de téléchargement sont intéressantes dans les années à venir.

3 Montrez en quoi cette étude de marché peut être utile pour Facebook Gaming.

DOC 2 La veille marketing

L'enseigne de meubles Conforama connaît actuellement des difficultés puisqu'elle prévoit de supprimer 1 900 postes en 2020. Cela est essentiellement lié à la concurrence des acteurs du marché et à la demande qui ne cesse de se réduire. Pourtant, l'enseigne n'avait pas hésité, il y a quelques années, à s'inspirer des pratiques de son principal concurrent, le géant suédois Ikea, en faisant du *benchmarking*.

Dans un plan stratégique, Conforama avait repensé le cheminement en magasin en proposant des espaces qui mettent en situation les meubles et tous les équipements du foyer disponibles. La présentation avait aussi été repensée : au lieu d'alignements de meubles sans fin, les mises en ambiance des produits font aujourd'hui l'objet de soins particuliers. Cela n'a malheureusement pas suffi.

Foucher, 2020

4 Relevez les actions menées par Conforama pour satisfaire sa clientèle.

5 Montrez que ces actions relevaient d'une veille marketing.

DOC 3 L'analyse des données massives (big data)

Améliorer l'expérience des utilisateurs, tout en optimisant les actions marketing. Telles sont les missions que BlaBlaCar entend relever grâce à l'intelligence artificielle, développée, en interne, par une vingtaine de spécialistes de la data. […] Depuis fin janvier, a ainsi été déployée une nouvelle fonctionnalité, testée depuis deux ans entre Paris-Bordeaux et Toulouse-Nice, qui propose des lieux de rendez-vous au plus près des déplacements de ses usagers. « Il ne s'agit plus de proposer des voyages de ville à ville, mais plutôt de point en point. Ceci implique une puissance de calcul beaucoup plus conséquente pour deviner les trajets possibles, et évaluer le temps de parcours », explique Pierre-François Bouquet, *data scientist* de BlaBlaCar. […]
Une évolution qui a été permise par la collecte, en amont, et l'analyse de données. « Nous récupérons deux types de data. D'une part, nous disposons de celles renseignées par nos utilisateurs, qui se limitent à l'e-mail, à l'âge, au téléphone, aux informations de voyage, et éventuellement à une photo et à une courte bio. Et d'autre part, celles découlant des habitudes du site et le parcours de conversion », détaille l'expert. […]

Éloïse Cohen, www.e-marketing.fr, 13 avril 2018

6 Identifiez l'action mise en œuvre par BlaBlaCar.

7 Relevez les objectifs d'une telle démarche pour l'entreprise.

8 Expliquez pourquoi le recours à l'intelligence artificielle permet de mieux appréhender le marché sur lequel évolue BlaBlaCar.

DOC 4 Les réseaux sociaux

TWITTER

Nécessite de la fréquence de publication

15,7 MILLIONS DE VISITEURS UNIQUES PAR MOIS

AUDIENCE

80 % SUR SMARTPHONE

ÂGE MOYEN **25 49 ans**

OUTILS

Business – Tweetdeck – Buffer – Tweriod

OBJECTIFS

- **Faire sa veille** et contrôler sa e-réputation
- Se rapprocher et **interagir** avec sa communauté
- Partager du contenu, de l'actualité et montrer son **expertise**

9 Relevez les avantages de Twitter pour une organisation.

10 Expliquez quel est, selon vous, l'intérêt du recours aux réseaux sociaux pour mieux apprécier les besoins des consommateurs et usagers.

L'essentiel

- Pour détecter les tendances et les besoins, l'organisation réalise des études de marché et effectue une veille marketing.
- L'organisation a recours à différents outils numériques (réseaux sociaux) et peut se saisir des possibilités offertes par l'analyse des données massives *(big data)*.

3 Comment les organisations approchent-elles le marché ?

DOC 1 L'approche réactive

« 75 % des Français ont le sentiment que les distributeurs vont s'adapter à leur mode de vie, notamment grâce à des ouvertures plus tardives », révèle une étude présentée lors du salon de la Paris Retail Week 2019. Les consommateurs s'attendent donc à ce que les marques et distributeurs facilitent leur expérience shopping, avec le moins de contraintes possible. […]

La grande distribution aussi innove en proposant des ouvertures en heures étendues, comme c'est le cas pour un hypermarché Géant et 82 supermarchés Casino en France, ouverts de 6 heures à minuit ou le dimanche après-midi de 13 heures à minuit. Trois supermarchés Casino sont même ouverts désormais 24 heures sur 24 : « Proposer des horaires élargis, c'est d'une certaine façon alléger le quotidien de nos clients. En arrivant à 20 heures 30 par exemple, ils peuvent faire leurs courses sereinement sans se soucier de l'heure de fermeture du magasin », se félicite l'enseigne Casino Supermarché.

Barbara Haddad, www.e-marketing.fr, 17 octobre 2019

1 Précisez en quoi l'action menée par le groupe Casino répond aux nouvelles tendances du consommateur.

2 Donnez une définition de l'approche réactive.

DOC 2 L'approche médiatrice

Lego Ideas est un projet du groupe danois Lego qui se déroule en trois étapes :

1. un joueur propose sur la plateforme associée sa création (phase « *activities* ») ;
2. le projet est soumis à un concours sur le site Internet Lego et doit obtenir 10 000 votes (phase « *contests* ») ;
3. le projet est alors mis en vente et le concepteur (le joueur) reçoit 1 % du chiffre d'affaires réalisé par la vente du produit (phase « *product ideas* »).

Foucher, 2020

Que voulez-vous créer ?

Soumettre une idée de produit
Trouvez une idée qui impressionne vos amis fans de Lego et persuadez notre comité d'examen de lui donner le feu vert !

Entrer dans le concours
Les internautes votent pour leurs idées préférées !

Mettre en vente
Le concepteur voit son idée mise en vente sur le site Lego et touche un pourcentage !

3 Présentez le concept Lego Ideas.

4 Donnez une définition, en l'illustrant d'autres exemples, de l'approche médiatrice.

5 Montrez en quoi cette approche permet de mieux répondre aux besoins du consommateur.

DOC 3 L'approche anticipatrice

Pour Hervé-François Le Dévéhat, ingénieur de 47 ans installé à Baden (Morbihan), « on a des clés de voiture, d'appartement… Pourquoi pas des clés pour les mots de passe ? » Ce Breton a vécu un temps aux États-Unis, dans la Silicon Valley, où il a notamment travaillé chez Apple pour collaborer à la création du premier iPod. […] À son retour en France, il a développé, pendant trois ans, un objet nommé KeoPass : une clé pour inventer des mots de passe complexes et les sécuriser grâce à ses empreintes digitales. Chaque doigt (dix mots de passe maximum donc) génère un mot de passe lié à un compte (ordinateur, smartphone, serrure connectée…), qui se déverrouille quand le doigt concerné se pose sur le capteur de la clé. Impossible de le déverrouiller autrement. « Le plus dur, c'est de retenir quel doigt est affilié à quel compte », reconnaît celui qui confesse « ne jamais retenir ses mots de passe ». Une invention que Hervé-François Le Dévéhat veut prochainement commercialiser, autour de 75 euros pièce. […]

Camille Mordelet, *Ouest-France*, 31 août 2019

6 Précisez l'innovation développée par Hervé-François Le Dévéhat.

7 Définissez l'approche anticipatrice.

DOC 4 L'approche créative (proactive)

Uber vient de révéler pour la première fois l'intérieur de son taxi volant qui doit être en service en 2023 à Dallas et Los Angeles, donnant ainsi un aperçu aux futurs passagers d'Uber Air. […] « Avec Safran Cabin, nous avons conçu pour la première fois dans l'histoire une cabine d'avion sur mesure qui est vraiment axée sur le partage de vols en Uber Air », a déclaré John Badalamenti, responsable du design chez Uber Elevate. […]
Uber insiste sur le fait que la cabine a été dessinée pour répondre au mieux à « l'expérience client ». La cabine est modifiable selon le fuselage choisi. Le modèle de cabine développé avec Safran a d'ailleurs vocation à devenir lui-même une norme pour tout pilote d'un « véhicule volant à atterrissage et décollage vertical » – la définition de la voiture volante à ce jour. Uber Elevate envisage ainsi de commercialiser une telle technologie. […] Plateforme technologique, désirant devenir l'unique solution pour permettre aux gens de se déplacer avec des moyens de transport privés et publics, Uber imagine le transport aérien comme le futur du secteur pour désengorger les villes – en attendant que la réglementation le permette. Dans une interview accordée aux *Échos* il y a un an, Dara Khosrowshahi [P-DG d'Uber] déclarait qu'il pensait qu'Uber Elevate ne verrait pas le jour avant 2025 à « des prix abordables ». […]

Thomas Giraudet, Business Insider, 11 juin 2019, © PRISMA MEDIA

 # vidéo
Taxi volant : Uber dévoile une première maquette - 1,14 min
foucherconnect.fr/20tmsdg03

8 Identifiez le nouveau service développé par Uber.

9 Expliquez pourquoi on peut qualifier cette approche de créative.

L'essentiel

- Les choix marketing sont cohérents avec la stratégie de l'organisation et visent à maintenir l'avantage concurrentiel qu'elle détient.
- On distingue les approches réactive, anticipatrice, créative et médiatrice.

Synthèse

3 minutes pour comprendre
foucherconnect.fr/20tmsdg04

1 En quoi la démarche marketing est-elle stratégique pour l'organisation ?

2 Comment recueillir l'information sur les besoins du consommateur ?

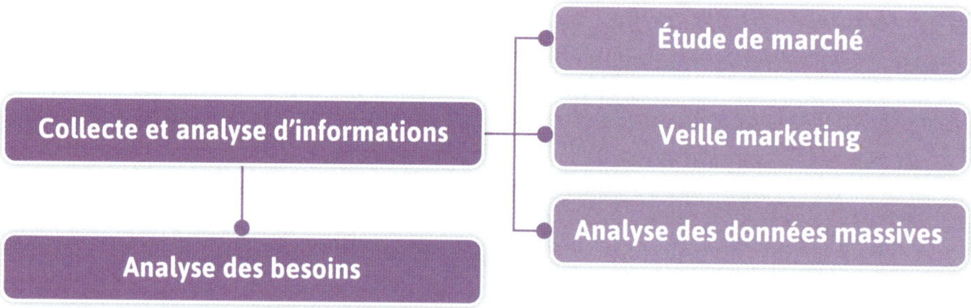

3 Comment les organisations approchent-elles le marché ?

Mots-clés

Démarche marketing : processus visant à appréhender les besoins du consommateur ou de l'usager pour lui proposer une offre adaptée.

Étude de marché : démarche de collecte et d'analyse d'informations visant à identifier les caractéristiques d'un marché.

Veille marketing : processus de surveillance active du marché afin d'orienter l'action marketing des organisations.

Activités

3 minutes pour s'évaluer

foucherconnect.fr/20tmsdg05

TESTEZ-VOUS

Indiquez si les affirmations suivantes sont vraies ou fausses.

1 La démarche marketing est conforme aux choix stratégiques de l'organisation.

2 La finalité de l'organisation est indépendante de la démarche marketing.

3 L'étude de marché permet d'appréhender les besoins du consommateur ou de l'usager.

4 La démarche marketing est composée d'une partie tactique et d'une partie opérationnelle.

5 L'approche créative vise à répondre aux besoins du consommateur.

6 La veille marketing se résume à l'étude de la concurrence sur un marché.

ZOOM vidéo p. 9

« The House of Innovation », le nouveau magasin de Nike à New York

Comme l'an dernier avec le formidable *flagship* de Nike à Soho, la marque à la virgule a encore frappé un grand coup avec son nouveau magasin de la cinquième avenue (270 5th avenue), appelé le « House of Innovation NYC/000 » et inauguré il y a quelques semaines. […]

Le découvrir en vrai, c'est un choc, une claque aussi pour les concurrents directs qui ne déméritent pourtant pas sur et autour de l'avenue mythique (Adidas et Asics notamment, Timberland dans un autre registre). […] Mais l'usage généralisé de l'application (pour découvrir, choisir, tester puis payer) donne vraiment à cette nouvelle unité une autre dimension. […]

Un produit vous intéresse ? Vous le flashez avec l'appli (disponible dans votre langue, ce qui est aussi un vrai confort), qui vous propose toutes les infos dessus. Vous voulez l'essayer ? Un clic et on vous l'apporte. […] De même que des casiers à votre prénom dans le « *reserve pick-up* », si vous avez repéré des articles et que vous voulez passer les essayer sans attendre au magasin. […]

Le tout dans un décor digne d'un musée d'art moderne avec des ambiances totalement différentes à chacun des cinq étages du site, y compris pour les cabines d'essayage aussi grandes qu'une studette […]. Et ici, je ne vous ai pas encore décrit le dernier étage réservé à la personnalisation avec un atelier plein de machines à coudre et à tisser et une grande table de création au milieu. […]

Jérôme Parigi, *LSA Conso*, 11 janvier 2019

Questions

1. Identifiez les orientations stratégiques de l'entreprise Nike.
2. Montrez en quoi ces orientations sont cohérentes avec les choix marketing de l'organisation.
3. Expliquez en quoi ces orientations s'appuient sur une veille marketing.

Vers le BAC

GRAND ORAL

3 minutes pour convaincre

Quel est l'impact du marketing dans la stratégie de l'organisation ?

Cas Netflix

Avec plus de 167 millions d'utilisateurs payants dans plus de 190 pays profitant de séries, documentaires et films dans une multitude de genres et de langues, Netflix est le leader mondial du divertissement en streaming.

Grâce à un forfait sans engagement, les abonnés Netflix bénéficient d'un accès illimité aux programmes, où et quand ils le souhaitent, sur les écrans connectés. L'utilisateur peut regarder, suspendre et reprendre la lecture de ses programmes à tout moment, sans aucune publicité.

Questions

1. Qualifiez la stratégie concurrentielle de Netflix, puis justifiez votre réponse.
2. Soulignez le problème managérial évoqué ici et relevez les facteurs à l'origine d'un tel phénomène.
3. Identifiez l'objectif de la stratégie marketing de Netflix.
4. Relevez les facteurs clés de succès de la stratégie de communication de Netflix.
5. Expliquez en quoi l'utilisation des données massives favorise la démarche marketing.

MÉTHODE

Lorsque l'on vous demande d'expliquer, il faut relever les indices du document qui vous permettent de démontrer que l'utilisation du big data est au service de la stratégie de Netflix.

Annexe 1

Pourquoi Netflix entre dans une phase de turbulences

Pour la première fois depuis son lancement en 2011 aux États-Unis, la plateforme de vidéos à la demande a enregistré une baisse du nombre d'abonnés. Le 17 juillet, Netflix a annoncé dans un communiqué avoir attiré seulement 2,7 millions de nouveaux abonnements sur les mois d'avril à juin, alors que la société en avait annoncé 5 millions. [...] Reed Hastings, le créateur de Netflix, reconnaît que le ralentissement a touché l'ensemble des pays où est disponible Netflix, mais « un peu plus les régions dans lesquelles nous avons augmenté les prix ». [...]

L'autre problème de Netflix est la concurrence accrue des plateformes de SVOD. Celles qui existent déjà, comme Amazon Prime Video ou Hulu, occupent un peu la place. Depuis 2017, Hulu est devenu créateur de contenus originaux, comme la désormais célèbre série *La Servante écarlate*, couronnée de onze Emmy Awards. À la différence de Netflix, Hulu fonctionne grâce à un modèle économique qui s'appuie sur la publicité. De son côté, Amazon Prime Video propose des séries culte comme *The Office* ou *The Big Bang Theory* et des productions originales comme *Mr. Robot* ou *The Good Fight*, comme le rappelle *Numerama*, qui dresse un état des lieux des plateformes de SVOD selon leur catalogue. [...]

Et le pire est à venir. Plusieurs opérateurs frappent à la porte de la SVOD, à l'image d'Apple. Le géant à la pomme a annoncé le lancement d'Apple TV +, un service de vidéo en streaming avec des contenus originaux, qui a pour but de concurrencer Netflix. [...] Disney aussi est sur la ligne de départ, avec le lancement de Disney +, le 12 novembre aux États-Unis et dans le courant du premier trimestre 2020 en France. L'abonnement mensuel coûtera 6,99 dollars par mois, soit 6,20 euros, et 70 dollars l'année, soit 62 euros. [...]

France TV Info, 24 juillet 2019

Annexe 2 Classement des principales plateformes de VOD en septembre 2019

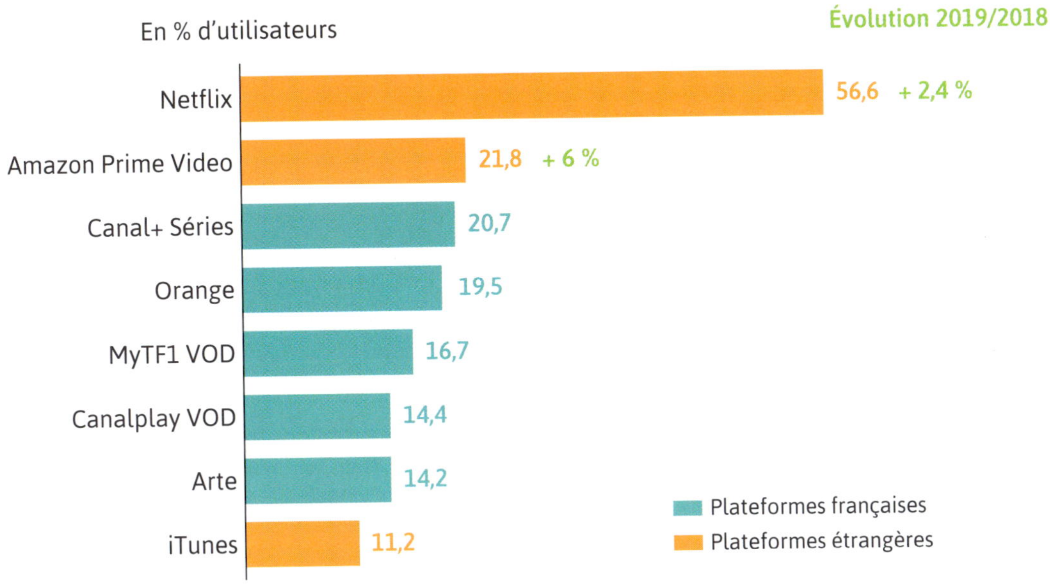

Harris Interactive et Vertigo, internautes de 15 ans et plus

Annexe 3 Utilisateurs, phygital, data… Pourquoi Netflix a tout bon en communication

Ce qui intéresse Netflix, ce n'est pas d'être le meilleur acteur de son marché. C'est que vous passiez une bonne soirée. Enfin, ça, c'est ce que l'entreprise vous fait croire à grand renfort de communication. Et ça marche… Explications. […] En tête de proue ? Netflix ! La plateforme de vidéos à la demande a, depuis son arrivée, tout misé sur une communication décalée. Rémi Tereszkiewicz, président de Miluna Productions & Consulting, identifie même la communication de Netflix comme l'un des principaux piliers de son succès. […]

L'un des premiers enseignements que nous livre Netflix repose sur l'inversion des sujets. « L'entreprise ne dit pas que son contenu est le meilleur. Elle dit : " Moi, ce qui m'intéresse c'est que vous passiez une bonne soirée ". L'usage devient le message, et ça, ça change tout, analyse-t-il. […] Les campagnes de Netflix font toutes écho aux univers de la plateforme, à ses héros. Les abonnés sont interpellés et deviennent des relais à part entière de ces dispositifs de communication. » Il rappelle à ce titre la campagne réalisée pour la série *Better Call Saul* en 2015. À l'époque, Netflix n'avait pas hésité à promouvoir les conseils donnés par le personnage principal… qui reposaient sur des pratiques tout à fait illégales. […]

Quand on pense aux campagnes de Netflix, on imagine toujours un dispositif qui se décline sur les réseaux sociaux. Rémi Tereszkiewicz rappelle que le hors-ligne joue aussi un rôle de choix dans la com' de la marque. « L'entreprise cherche avant tout à s'adresser directement à ses clients. Mais elle tient aussi à montrer qu'elle est une " vraie " entreprise, solide, avec un fort ancrage dans le réel. » Cela se traduit par des campagnes d'affichage, mais aussi par des dispositifs « de rue » : arrêts de bus customisés pour *Altered Carbon*, boutons connectés, ours en peluche connecté qui permet de regarder des séries en même temps que ses proches, même à distance… […]

L'entreprise est particulièrement douée lorsqu'il s'agit de surfer sur les datas de ses usagers. « Elle connaît très bien leurs usages, et fait des segments ultra personnalisés. Cela permet d'évaluer leurs besoins et attentes en temps réel, tout en déterminant comment continuer à faire évoluer son offre. Ça permet d'innover plus en limitant les risques… » […]

ladn.eu, 22 janvier 2019

▲ Doctolib a bouleversé le secteur de la santé et s'est imposé en moins de six ans comme le premier service de e-santé européen. Grâce à cette plateforme, visitée 40 000 000 de fois par mois en France et en Allemagne, les patients peuvent non seulement prendre rendez-vous en ligne 24 h/24 avec un professionnel de santé, mais aussi réaliser des téléconsultations.

Prérequis 1re SDGN

- Création de valeur
- Valeur ajoutée
- Innovation

2 L'analyse du modèle économique des organisations

3 minutes pour découvrir

Doctolib : cette application qui a révolutionné la consultation médicale

foucherconnect.fr/20tmsdg06

> **Quelle est l'offre proposée par Doctolib ?**
> **Comment peut-on expliquer le succès de Doctolib ?**

CAPACITÉ × Analyser le modèle économique d'une organisation en identifiant les indicateurs de création de valeur

Notions

Création de valeur : indicateurs extraits du compte de résultat et du bilan + innovation de produits + modèle économique (*business model*)

1 Qu'est-ce qu'un modèle économique (*business model*) ?

DOC 1 La notion de modèle économique (*business model*)

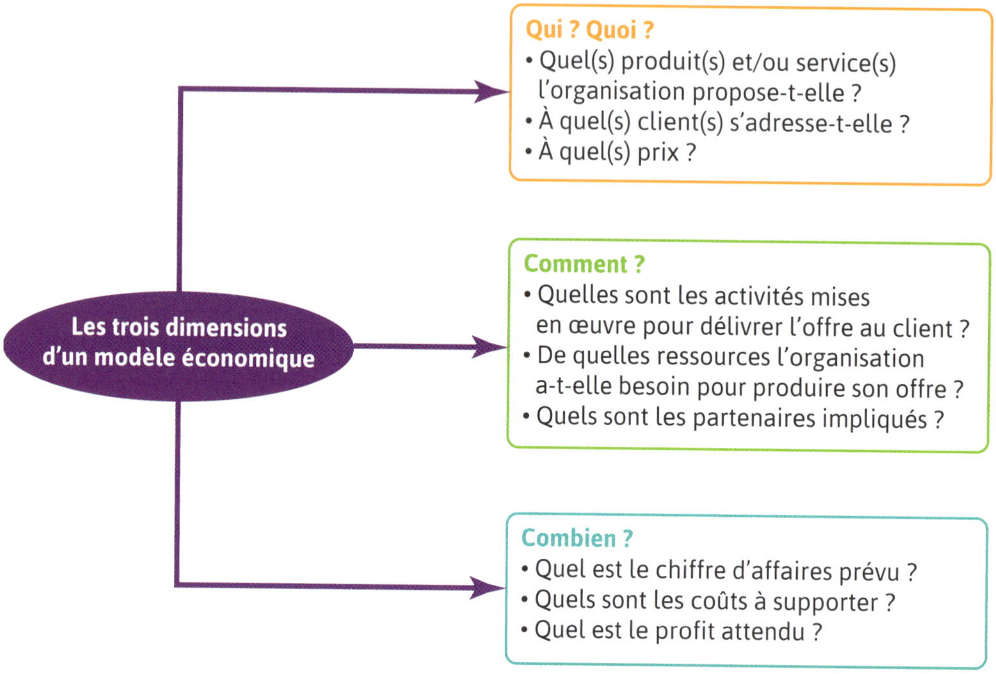

Foucher, 2020

1 Proposez une définition du modèle économique.

2 Expliquez la nécessité de concevoir un modèle économique pour créer et développer une organisation.

DOC 2 Le modèle économique de Zara

Le modèle de Zara (groupe Inditex) repose sur la *fast fashion* : en moins de trois semaines, l'entreprise parvient à concevoir, fabriquer et distribuer des vêtements tendance. Ses collections sont régulièrement renouvelées. L'offre est attractive grâce à des petits prix alléchant sa clientèle cible, passionnée de mode.
Pour cela, Zara a fait un choix différent de celui de ses concurrents (H&M, Gap…). La majeure partie de sa production est réalisée en Europe par le groupe lui-même, ce qui réduit les délais d'approvisionnement et de distribution. Ce choix permet à Zara d'être plus rapide que ses concurrents qui externalisent la majorité de leur production en Asie, ce qui suppose de commander en très grande quantité et d'attendre de longs mois avant d'être livré. Zara est plus réactif car ses collections sont produites en moins grande quantité et sont actualisées très fréquemment. Les clients sont alors incités à revenir dans les magasins et à acheter immédiatement le vêtement qui leur plaît, au risque qu'il disparaisse vite des rayons. Ce modèle est très rentable et permet à Zara de dominer le marché. Les résultats financiers publiés début 2019 le prouvent :

- le chiffre d'affaires de Zara, en croissance, a dépassé les 18 milliards d'euros ;
- les coûts de production sont plus élevés que ses concurrents mais sont compensés par les prix ;
- le bénéfice du groupe a atteint 3,44 milliards d'euros.

Foucher, 2020

3 Présentez le modèle économique de Zara.

4 Montrez que le modèle économique de Zara est en rupture avec les modèles économiques de ses principaux concurrents.

5 Expliquez que les différentes dimensions du modèle économique de Zara sont cohérentes entre elles.

DOC 3 Les principaux modèles économiques

Les principaux modèles économiques

- **Modèles traditionnels de production/distribution** : Vente de biens et/ou de services à un prix supérieur au coût supporté
- **Modèles fondés sur l'usage** : Vente de la fonction du produit plutôt que du produit lui-même grâce à la location, au LOA...
- **Franchise** : Accord à un franchisé d'un droit d'exploitation d'une marque en contrepartie d'une compensation financière
- **Modèle de l'appât ou de l'hameçon** : Vente d'un produit à un prix peu élevé, puis vente de recharges sur le long terme
- **Modèle de l'abonnement** : Échange de biens ou de services contre un paiement régulier
- **Modèles innovants** : Modèles de gratuité, plateformes, *freemium*, *low-cost*

easyJet – 20 minutes – Wikipédia – Netflix – airbnb – McDonald's – PSA Groupe – Etam – Michelin

Foucher, 2020

6 Associez chaque exemple d'organisation ci-dessus au modèle économique concerné.

7 Pour chaque modèle, citez un avantage et un inconvénient.

8 Expliquez quel est, selon vous, l'intérêt pour une organisation d'avoir plusieurs modèles économiques.

DOC 4 L'adaptation du modèle économique grâce à l'innovation

Exemple d'innovation de produit : sur le bien ou sur le service	Exemple d'innovation sur un ou plusieurs aspects du modèle économique
Conception d'un produit entièrement nouveau : le robot aspirateur.	Nouvelles modalités de mise à disposition d'un produit : Ikea qui lance un service de location de ses meubles.
Amélioration importante d'un produit existant : nouvelle Freebox Delta (assistant vocal intégré, Netflix inclus, système son Devialet...).	Nouvelles dispositions de fixation du prix : enchères, tarification différenciée, « Payez ce que vous voulez ».
Intégration de services à l'offre de biens : financement lors de l'achat de voitures.	Démocratisation de l'accès au produit : journaux gratuits, offre low-cost.

Pour perdurer dans un environnement imprévisible, les organisations ont besoin de faire évoluer leur modèle économique. Pour y parvenir, elles peuvent développer leur production par l'innovation de biens ou de services, ou par d'autres aspects de leur modèle économique. Les bénéfices de l'innovation sont multiples : se démarquer sur son marché, le contrôler ou en conquérir d'autres, réduire ses coûts…

Foucher, 2020

9 Différenciez l'innovation de produit des autres facettes de l'innovation.

10 Expliquez la nécessité, pour une organisation, de faire évoluer son modèle économique par l'innovation.

L'essentiel

- Un modèle économique décrit de façon simple et détaillée comment une organisation fonctionne et va gagner de l'argent.
- Il existe une grande diversité de modèle économiques : des modèles standard et d'autres plus innovants.
- L'innovation permet de développer la production d'une organisation et d'adapter son modèle économique.

Passerelle vers la mercatique

La conception d'une **offre globale** permet à l'organisation de se positionner par rapport aux offres concurrentes.

> Thème 1, question 1.1 La personnalisation de l'offre est-elle incontournable ?

2 Quels sont les indicateurs de mesure de la création de valeur ?

DOC 1 Le rôle du compte de résultat prévisionnel

1 Montrez l'intérêt d'un compte de résultat prévisionnel pour mesurer la création de valeur.

2 Expliquez pourquoi cette création de valeur est incertaine.

DOC 2 La mesure de la création de valeur à partir du compte de résultat prévisionnel

Compte de résultat prévisionnel de l'entreprise Let's go (activité commerciale).

	Année 1	Année 2
Vente de marchandises	210 000	230 000
Total produits d'exploitation	**210 000**	**230 000**
Achat de marchandises	48 000	53 000
Autres charges externes	72 000	70 000
Impôts et taxes	–	1 000
Charges de personnel	63 000	66 000
Autres charges d'exploitation	6 000	6 000
Total charge d'exploitation	**189 000**	**196 000**
RÉSULTAT D'EXPLOITATION	**21 000**	**34 000**
RÉSULTAT FINANCIER	**1 000**	**–**
Résultat exceptionnel	–	–
Impôt sur les sociétés	6 000	9 000
RÉSULTAT DE L'EXERCICE	*À déterminer*	

Foucher, 2020

3 Calculez et commentez la valeur ajoutée et le résultat de l'entreprise Let's go pour les deux premières années d'activité.

4 Qualifiez le type de valeur mesurée grâce aux deux indicateurs calculés précédemment.

DOC 3 La création de valeur dans les organisations publiques

Création de valeur financière	Création de valeur sociale
Équilibre budgétaire (recettes = dépenses)	• Satisfaction des citoyens et des fonctionnaires • Prise en compte des attentes des usagers

Démarches en ligne, nouveaux horaires, label qualité…
Pour améliorer ses services publics, la ville de Saint-Nazaire innove et interroge ses usagers. […] Pour la seconde fois, la ville de Saint-Nazaire a obtenu le label Qualiville cette année [en 2018], une certification qui récompense la qualité de ses services, notamment en termes d'accueil. […]
Après une première phase de « diagnostic » […], la mairie lance une enquête de satisfaction pour recueillir l'avis des usagers et estimer les améliorations à engager pour optimiser le service rendu. Trois axes à améliorer : l'amplitude horaire d'ouverture des services ; le temps et les conditions d'attente […] ; le délai de réponse aux courriers.

saintnazaire.fr

5 Rappelez la finalité et les missions d'une organisation publique.

6 Expliquez la mesure de la création de valeur dans une organisation publique.

DOC 4 La création de valeur dans les organisations de la société civile

[…] Armor Emploi est une association [qui] participe à la réinsertion professionnelle de demandeurs d'emploi en difficulté, en les missionnant auprès de particuliers, entreprises, collectivités locales et associations […].
En 2018, 259 demandeurs d'emploi ont pu bénéficier de ce soutien. Près de 940 clients ont fait appel à Armor Emploi, ce qui représente plus de 45 000 heures de travail, dont 70 % auprès des particuliers pour du service à la personne. 70 demandeurs d'emploi sont sortis des fichiers de l'association avec une solution en termes d'insertion […].
Armor Emploi fait partie de la Faidep22 (Fédération des associations intermédiaires des Côtes-d'Armor) qui permet des échanges et une mutualisation des formations, notamment pour les intervenants à domicile […]. Celles-ci permettent d'ouvrir des possibilités supplémentaires pour sortir du dispositif et de la précarité, pour se diriger vers l'emploi. […]

Le Télégramme, 12 juin 2019

Armor Emploi poursuit un double objectif :
- un objectif social en fournissant un accès au travail salarié à des personnes en recherche d'emploi et en les accompagnant dans leur parcours social et professionnel ;
- un objectif économique en proposant ses services.

Sans but lucratif, Armor Emploi n'en est pas moins soucieuse d'une gestion financière saine et équilibrée, gage de son développement et de sa pérennité.

7 Montrez que la création de valeur d'Armor Emploi doit s'apprécier aux niveaux financier et social.

8 Repérez les critères sur lesquels Armor Emploi pourrait s'appuyer pour mesurer sa création de valeur sociale.

L'essentiel

- La création de valeur financière d'un projet d'entreprise correspond notamment à sa valeur ajoutée, calculée à partir du compte de résultat prévisionnel.
- Dans les organisations publiques et de la société civile, la création de valeur s'apprécie aux niveaux financier (équilibre budgétaire ou couverture des coûts) et social (critères quantitatifs et qualitatifs).

Passerelle vers la gestion et finance

L'appréciation de la **performance dans sa dimension financière** sera approfondie dans l'analyse de la profitabilité et de la rentabilité.

> Thème 2, question 2.1 Mesurer la performance, des approches multiples ?

3 Quels sont les nouveaux modèles économiques liés à la transformation numérique ?

DOC 1 Des modèles économiques basés sur la gratuité

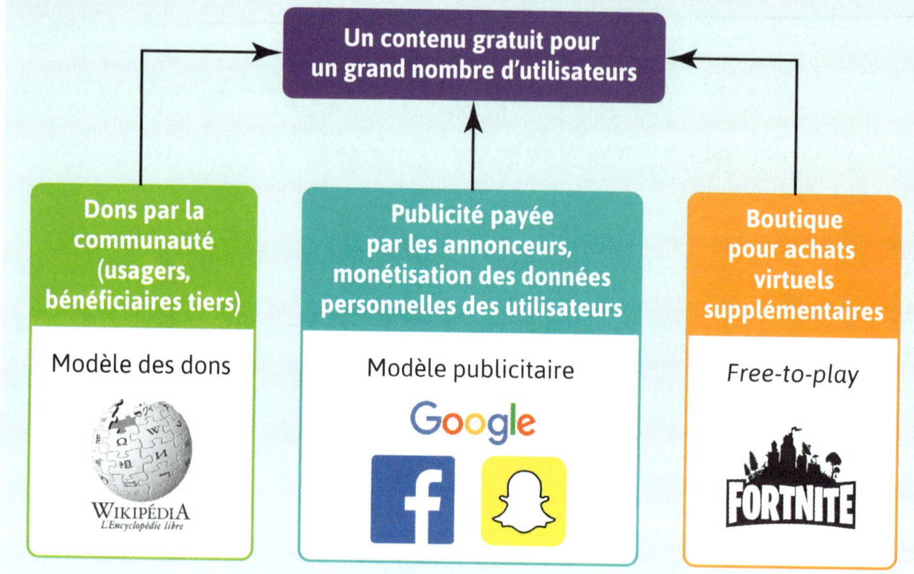

1 Justifiez le caractère gratuit des modèles économiques présentés dans le **DOC 1**.

2 Comparez comment ces organisations gagnent de l'argent dans ces différents modèles économiques.

3 Montrez en quoi ces modèles économiques sont innovants.

DOC 2 Le modèle économique *freemium*

Yuka

L'application mobile Yuka[1] se dote d'une nouvelle source de revenus. […] L'application […], qui évalue l'impact sur la santé de 600 000 aliments et 200 000 produits cosmétiques, a publié […] une mise à jour présentant une option *premium* payante. Ce service, facturé 15 euros pour un an, vient s'ajouter à l'application gratuite pour la doter de nouvelles fonctionnalités : la recherche par produit sans code-barres, très demandée par les utilisateurs, et la consultation illimitée de leur historique. […]

Yuka cible les consommateurs soucieux de leur alimentation qui veulent connaître la composition d'un produit donné. L'utilisateur pose la caméra de son téléphone devant le code-barres du produit, puis l'application affiche la liste de ses composants et lui attribue une note en fonction de ses défauts et qualités pour la santé. […] Lancée en janvier 2017, Yuka avait atteint les 60 000 téléchargements en mai 2017, et dénombre plus de 8,5 millions d'utilisateurs en janvier 2019 […].

1. Yuka est une application qui scanne le code-barres des produits alimentaires et cosmétiques pour décrypter leur composition.

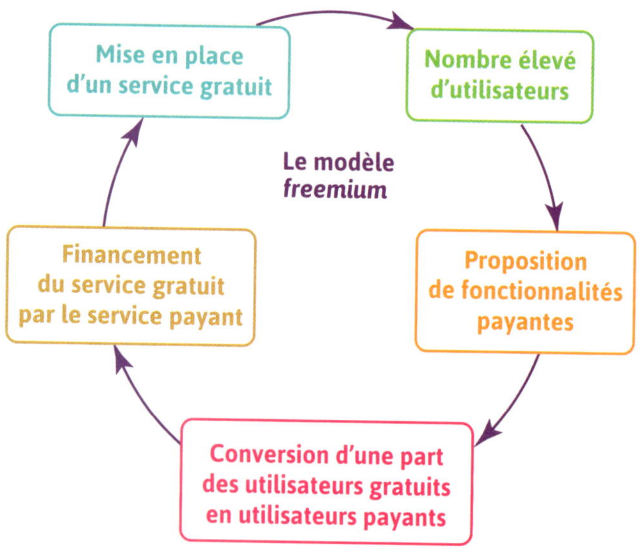

Luc Lewitanski, *LSA Conso*, 29 mai 2019

4 Retrouvez la proposition de valeur de l'application Yuka.

5 Expliquez de quelle façon le modèle économique de Yuka génère des revenus.

6 Proposez une définition du modèle économique *freemium*.

DOC 3 Le modèle économique low-cost

	Compagnies aériennes historiques AIRFRANCE / Lufthansa	Compagnies aériennes low-cost easyJet / RYANAIR
Caractéristiques de l'offre	• Un billet d'avion classique = une prestation de transport + des prestations secondaires (bagages, repas à bord, journaux, flexibilité des billets, programme de fidélité, confort...). • Fréquence des vols, qualité des horaires, implantation de l'aéroport à proximité du centre-ville...	• Offre d'une unique prestation de transport. • Implantation privilégiée dans des aéroports secondaires, correspondances non garanties, fréquence des vols assez rare. • De nombreuses options payantes via la vente de services annexes (accès prioritaire, choix des places, bagages, repas...).
Distribution	Internet, téléphone, agences, voyagistes.	Vente directe sur le site Internet.
Spécificité des coûts de production	**Coûts importants, notamment fixes :** • Entretien des appareils, formation et recrutement des personnels, publicité, faible rémunération variable... • Taxes et redevances passagers élevées. • Coordination des vols pour garantir les correspondances (bagages en transit, prise en charge lors des annulations...).	**Baisse du coût de production unitaire :** • Chasse aux dépenses, fonctions autres que le cœur de métier externalisées. • Baisse des taxes et redevances (aéroports secondaires). • Baisse des coûts d'entretien. • Personnel polyvalent et coûts salariaux maîtrisés.
Sources des revenus générés	Tarifs élevés mais incluant de nombreux services.	• Baisse des coûts et des tarifs, ce qui augmente le volume de ventes. • Ventes d'options payantes.

Foucher, 2020

7 Expliquez les particularités du modèle économique low-cost.
8 Appliquez ces particularités à un autre secteur d'activité touché par le low-cost (exemples : construction automobile, hôtellerie, distribution alimentaire...).

DOC 4 Les modèles économiques de plateforme

Le CEO[1] de Vinted explique comment il a redressé la marketplace CtoC[2] de vêtements Vinted, qui permet de revendre facilement et rapidement ses vêtements à d'autres particuliers.

Quel est votre *business model* ?

Le prix moyen des articles de mode d'occasion étant assez bas, nous avons choisi de ne pas faire payer les vendeurs. Nous prélevons une commission de 5 % du prix de l'article ainsi que 7 centimes, payés par l'acheteur. Si ces frais sont aussi bas, c'est parce que nous voulons qu'il soit financièrement intéressant pour le vendeur comme pour l'acheteur d'acheter des vêtements sur Vinted.

Avez-vous d'autres sources de revenus ?

Notre deuxième source est la publicité [...]. Enfin, nous offrons également aux vendeurs la possibilité de payer pour donner plus de visibilité à leurs articles sur la plateforme. [...]

1. *Chief executive officer* (en français : directeur général).
2. Plateforme Internet qui met en relation des particuliers acheteurs et vendeurs.

© Adrien Tsagliotis, JDN, 15 juillet 2019

9 Expliquez le modèle économique des plateformes à partir de l'exemple de Vinted.
10 Montrez que le modèle économique de Vinted est mixte.

L'essentiel

- Des modèles économiques en rupture avec les standards habituels sont issus de la transformation numérique et font émerger des concurrents inattendus.
- Les modèles de gratuité regroupent notamment les dons et les modèles publicitaires.
- Le *freemium* est un modèle économique mi-gratuit (*free*), mi-payant (*premium*).
- Le low-cost est basé sur une simplification des besoins des clients et sur des prix bas.
- Les plateformes permettent la rencontre entre des acheteurs et des vendeurs et se rémunèrent grâce à une commission sur chaque transaction.

Passerelle vers la mercatique

La **fixation du prix** obéit à des logiques rationnelles (coût, marge, prix cible), mais également irrationnelles (gratuité, services publics).

> Thème 1, question 1.3 Le prix, entre raison et illusion ?

Synthèse

3 minutes pour comprendre
foucherconnect.fr/20tmsdg07

1 Qu'est-ce qu'un modèle économique (*business model*) ?

Projet d'organisation → Choix du modèle économique → **Contenu :**
- Proposition de valeur
- Fonctionnement
- Revenus

→ **Intérêts :**
- Concrétisation du projet
- Adhésion des partenaires
- Adaptation via l'innovation

2 Quels sont les indicateurs de mesure de la création de valeur ?

- Entreprises → Valeur ajoutée
- Organisations publiques → Équilibre budgétaire
- Organisations de la société civile → Couverture des coûts

+ Satisfaction →
- Usagers
- Bénéficiaires
- Membres
- Adhérents
- Collaborateurs

3 Quels sont les nouveaux modèles économiques liés à la transformation numérique ?

Nouveaux modèles économiques :
- Modèles de gratuité
- Modèles de plateforme
- *Freemium*
- *Low-cost*

Mots-clés

Création de valeur : objectif financier des entreprises, qui se mesure notamment grâce à la valeur ajoutée. Dans les organisations publiques, la valeur créée s'apprécie par l'équilibre budgétaire et, dans les organisations de la société civile, par la couverture des coûts.

Innovation : elle peut porter sur le bien ou le service, ou sur d'autres aspects du modèle économique.

Modèle économique : description détaillée de la manière dont une organisation fonctionne et va gagner de l'argent (offre/proposition de valeur, clients et relations client, activités et ressources, partenaires, canaux de communication et de distribution, génération des revenus, bénéfice attendu).

***Freemium* :** modèle économique qui consiste à proposer un produit gratuit, assez attractif pour un grand nombre d'utilisateurs, puis à transformer certains utilisateurs en clients en proposant un produit plus haut de gamme et payant.

Activités

3 minutes pour s'évaluer
foucherconnect.fr/20tmsdg08

TESTEZ-VOUS

Répondez par vrai ou faux aux propositions suivantes.

1. Un modèle économique décrit comment une organisation génère des revenus.
2. L'innovation peut porter sur un ou plusieurs aspects du modèle économique.
3. La création de valeur d'une organisation s'apprécie uniquement au niveau financier.
4. Les modèles *freemium* et de plateforme sont les deux seuls modèles économiques innovants.
5. Le modèle *freemium* propose uniquement un produit gratuit.

ZOOM vidéo p. 21

Doctolib : cette application qui a révolutionné la consultation médicale

Doctolib a annoncé il y a quelques semaines une levée de fonds de 150 millions d'euros, ce qui fait d'elle la première licorne[1] française santé avec une valorisation de 1 milliard d'euros. [...] Doctolib se présente sur le marché de la santé en 2013. [...] Avec sa plateforme de rendez-vous en ligne, finis les appels interminables où la secrétaire médicale débordée n'a pas d'autres solutions que de vous mettre en attente. [...]

Du côté du pro de santé, la proposition de valeur est tout aussi séduisante : l'optimisation de son secrétariat et de son organisation. La promesse : une réduction de 30 % de son temps de secrétariat et de 75 % du taux de non-présentation des patients, grâce notamment aux SMS de rappel de rendez-vous envoyés automatiquement. [...] Doctolib s'attache à enrichir en services la plateforme. Depuis janvier, la téléconsultation « *made by Doctolib* » vous permet de consulter à distance en vidéotransmission sécurisée votre médecin traitant en obtenant une ordonnance dans la foulée. [...]

Les forces de Doctolib :

- son positionnement stratégique : le fameux « *bridge* » patient-médecin [...] ;
- la maîtrise du terrain avec le déploiement d'une force commerciale puissante et formée qui visite et démarche les médecins au quotidien [...] ;
- la capacité à développer rapidement de nouveaux services et à remonter la chaîne de valeur sur le parcours de soins [...]. La télésurveillance pour favoriser la médecine ambulatoire [...] ou le suivi des pathologies chroniques est l'une des pistes prometteuses à travailler. [...]

Ses défis :

- le passage à l'échelle dans l'organisation. Ils étaient 330 à l'été 2017, ils sont 750 aujourd'hui [...] ;
- la confiance des médecins à gagner et à garder aussi [...] ;
- l'internationalisation. [...]

1. Terme employé pour désigner une *start-up* dont la valorisation dépasse le milliard de dollars.

Isabelle Cambreleng, *French Web*, 15 avril 2019

Questions

1. Analysez le modèle économique de Doctolib.
2. Qualifiez le type de modèle économique choisi par Doctolib.
3. Montrez que Doctolib est dans une dynamique d'adaptation de son modèle économique.

Vers le BAC

GRAND ORAL

3 minutes pour convaincre

Comment l'organisation mesure-t-elle sa création de valeur ?

Cas Coursera

Créée en 2012 à Mountain View en Californie, la société Coursera est une plateforme de cours en ligne, qui propose notamment des MOOC (*massive open online courses*) en collaborant avec les plus grandes universités du monde.

Les cours sont dispensés par des professeurs spécialistes de leur domaine et issus des meilleures écoles ou universités. La vocation de Coursera est de rendre l'enseignement supérieur accessible à tous. La plupart des supports de cours sont disponibles gratuitement, mais l'évaluation ou les certifications sont tarifées. Les principaux concurrents de Coursera sont Udacity et Udemy. Udacity propose aussi des formations avec diplômes, mais dans des domaines plus techniques. Udemy offre des milliers de cours, mais les formateurs sont moins renommés (n'importe qui peut être formateur). Coursera possède le catalogue le plus riche et une plus large gamme de cours.

Chiffres clés

- 48 millions d'inscrits utilisateurs
- 3 900 cours et 400 spécialisations proposées
- 15 certificats professionnels
- 17 diplômes

Questions

1. Caractérisez l'organisation Coursera.
2. Identifiez le modèle économique initial choisi par Coursera et le problème de management qu'il a engendré.
3. Présentez les solutions managériales choisies par Coursera pour répondre à ce problème de management.
4. Montrez que Coursera a fait évoluer son modèle économique pour répondre à ses orientations stratégiques et aux évolutions de son environnement.

MÉTHODE

Identifier le modèle économique d'une organisation, c'est le qualifier parmi les principaux modèles économiques existants : traditionnel, fondé sur l'usage, franchise, appât, abonnement, gratuit, plateforme, *freemium*, low cost.

Annexe 1 Des MOOC de moins en moins gratuits

Le succès des MOOC est en demi-teinte : ces cours en ligne n'ont finalement pas remplacé les universités. À la recherche d'une meilleure rentabilité, les start-up du secteur se sont progressivement orientées vers le modèle *freemium* : Coursera propose ainsi des cours gratuits, mais l'utilisateur devra payer s'il veut obtenir un certificat officiel d'achèvement du cours. En effet, suivre un cours sans obtenir de certificat n'a pas beaucoup de sens, surtout pour qui recherche un emploi.

Les acteurs du secteur ont également réorganisé leur catalogue en mettant l'accent sur les disciplines les plus demandées : les nouvelles technologies et le commerce. Et ils développent désormais une offre BtoB en direction des entreprises qui ont de plus en plus recours aux formations continues en ligne pour leurs salariés. Dans une démarche d'acquisition de nouvelles compétences, les MOOC, innovants et évolutifs, s'adaptent ainsi aux besoins des salariés de tout secteur.

Foucher, 2020

Annexe

2 Le *business model* de Coursera a beaucoup évolué

Coursera, récemment valorisée à plus d'1 milliard de dollars, est l'un des acteurs majeurs des cours en ligne et des MOOC. La plateforme compte […] plus de 40 millions d'inscrits, 160 universités partenaires et 3 500 cours. Jeff Maggioncalda, son directeur général, fait le point sur […] l'évolution de son *business model* […].

Coursera existe maintenant depuis plus de sept ans. À l'image de la grande majorité des plateformes de MOOC, son *business model* a évolué. Qu'en est-il aujourd'hui ? […]

La première étape se passe en 2012. Deux professeurs de Stanford […] proposent des cours en ligne ouverts à tous, les MOOC, avec pour objectif de rendre l'université accessible et gratuite. […]

L'étape suivante, c'était de gagner de l'argent pour soutenir le développement de la plateforme. Désormais, les cours sont toujours gratuits, mais si les apprenants veulent un certificat attestant de leurs connaissances, ils doivent payer de 39 à 99 dollars. C'est le début de la monétisation et du marché BtoC.

Coursera s'est également ouvert aux entreprises ces dernières années […] (IBM, Amazon Web Services ou encore Cisco), les objectifs de ces dernières étant de proposer des cours certifiants sur Coursera […].

2014 est l'année de la création des « spécialisations ». Ces programmes rassemblent généralement une série de quatre à six cours d'une université pour enseigner un sujet de pointe […]. L'offre de spécialisations répond à un besoin direct d'employabilité et repose sur un système d'abonnement à 79 dollars par mois, le temps de compléter la série de cours. […]

2016 marque le lancement de Coursera for Business, avec comme premier partenaire L'Oréal. Les entreprises peuvent désormais proposer des cours à tous leurs employés, de façon mondiale, sur Coursera. La plateforme s'ouvre au marché BtoB et devient triface.

Enfin, Coursera a développé des partenariats de recrutement avec les entreprises. Si un apprenant suit avec succès un cours qui est donné par une entreprise à la recherche d'employés, Coursera pourra jouer les intermédiaires. […]

Juliette Berardi et Olivier Rollot, Headway-advisory.com, 17 juillet 2019

▲ Créée en 2013 sous le nom de MonEchelle.fr, l'entreprise ManoMano est une place de marché française d'articles de bricolage et de jardinage. Elle fait l'intermédiaire entre des acheteurs et des vendeurs qui proposent des produits sur le site manomano.fr et se rémunère par une commission sur chaque transaction.

Prérequis 1re mana

- Analyse de la performance financière (autofinancement)

Prérequis 1re SDGN

- Diversité des ressources
- Moyens de financement des organisations

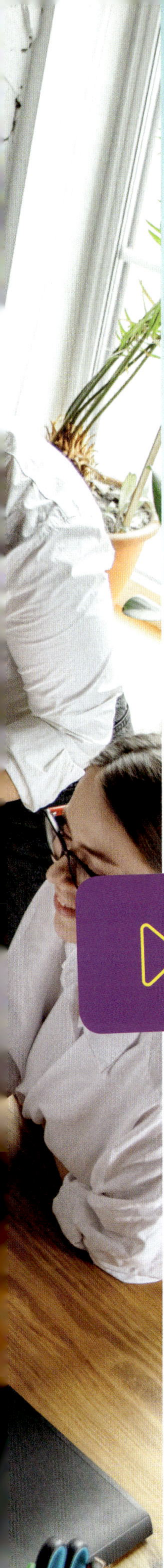

3 Les choix de financement des organisations

3 minutes pour découvrir

Entretien avec Philippe de Chanville, fondateur de ManoMano
foucherconnect.fr/20tmsdg09

> Quel principal choix de financement l'entreprise ManoMano a-t-elle réalisé ?
> Pour quelle raison l'entreprise ManoMano a-t-elle eu besoin de ressources financières ?

CAPACITÉ × Identifier les choix de financement possibles

Notions

Ressources tangibles et intangibles + ressources financières : financement de l'investissement et de l'exploitation + analyse fonctionnelle du bilan

1 Quelles sont les modalités de financement à la disposition des organisations ?

DOC 1 La diversité des ressources des organisations

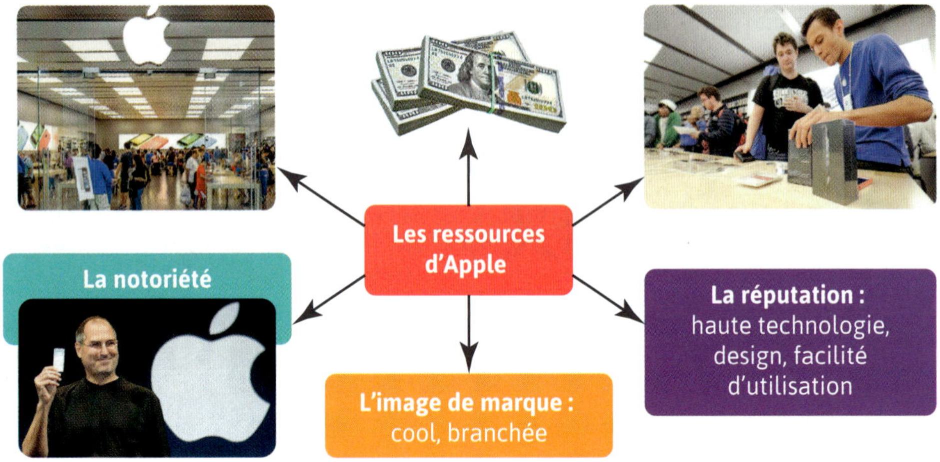

Foucher, 2020

1 Classez les ressources de l'entreprise Apple en ressources tangibles et intangibles.

DOC 2 Les modalités de financement des investissements

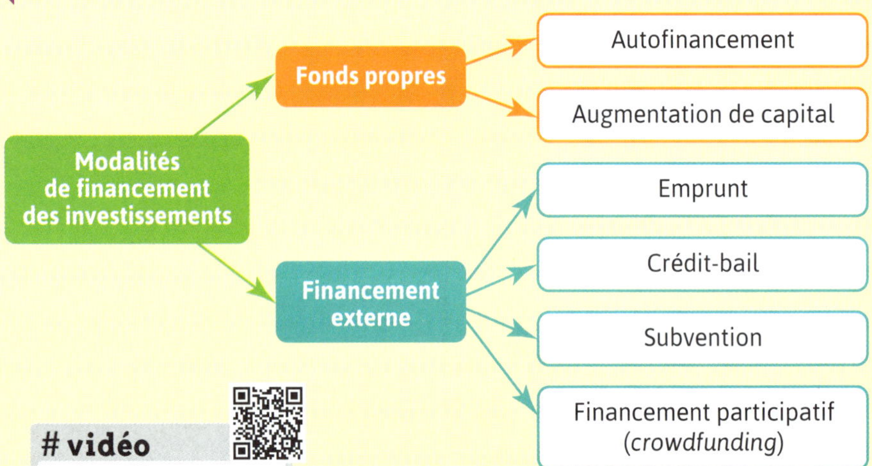

Foucher, 2020

 # vidéo
Dessine-moi l'éco : comment les entreprises financent-elles leurs projets ? - 3,20 min
foucherconnect.fr/20tmsdg10

2 Distinguez les deux grandes origines des modalités de financement des investissements.

3 Expliquez pourquoi ces modalités de financement sont adaptées aux investissements.

DOC 3 Le financement des investissements par le crédit-bail

Plusieurs solutions s'offrent aux compagnies aériennes pour financer l'acquisition de leurs avions : achat, location, crédit-bail. Elles sont nombreuses à choisir le crédit-bail, comme Air France KLM ou IAG qui financent plus de 40 % de leur flotte aérienne grâce à ce mode de financement. Elles bénéficient ainsi d'un avion neuf correspondant à leurs besoins, sans avoir à supporter un lourd investissement de départ, puisque c'est l'entreprise de crédit-bail qui achète l'appareil. Elles verseront pendant toute la durée du contrat des loyers et pourront exercer, en fin de contrat, une option d'achat pour devenir propriétaires de l'avion. Cette option d'achat tient compte des loyers déjà supportés. Les conditions du crédit-bail (loyers, durée, option d'achat) sont négociables et assouplissent ainsi le financement.

Foucher, 2020

4 Repérez les avantages du crédit-bail pour financer les investissements.

DOC 4 Le financement participatif (*crowdfunding*-financement par la foule)

Un porteur de projet : présentation du projet à financer et choix du type de *crowdfunding*

BIOBURGER

Rencontre sur une plateforme de *crowdfunding*

ulule — KissKiss BankBank

Une multitude d'investisseurs : choix du projet à financer

Parallèlement aux solutions de financement proposées par les banques ou les *business angels*[1], de plus en plus d'entreprises font appel à des plateformes de *crowdfunding*. Ces dernières se rémunèrent grâce à un pourcentage sur les fonds recueillis. Ce type de financement permet de proposer une véritable alternative ou une solution complémentaire aux financements classiques des TPE/PME, start-up ou organisations de l'économie sociale et solidaire. Les trois modalités de financement participatif sont les dons, les prêts ou la souscription de titres.

L'entreprise Bioburger, enseigne de restauration rapide 100 % bio, a eu recours à plusieurs reprises au *crowdfunding* pour financer l'ouverture de ses restaurants à Paris. Elle s'est adressée à deux plateformes spécialisées dans le financement des PME et a ainsi pu collecter 388 500 euros sous forme de prêts et environ 457 000 euros grâce à des souscriptions d'actions. Les fondateurs de Bioburger expliquent que ce type de financement est un véritable accélérateur de croissance : ils n'ont attendu que trois semaines entre le premier appel de fonds et le déblocage des sommes prêtées.

1. Personne physique investissant dans une jeune entreprise innovante à fort potentiel et apportant ses compétences et son réseau.

Foucher, 2020

5 Expliquez le mécanisme du *crowdfunding*.

6 Recherchez quels sont les intérêts de recourir à cette modalité de financement des investissements.

DOC 5 La nécessité de couvrir les besoins liés au cycle d'exploitation de l'entreprise

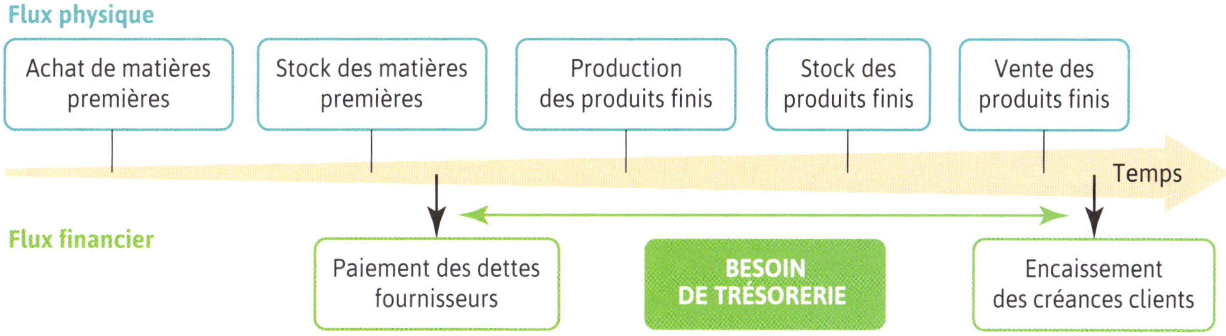

7 Retrouvez la raison de la nécessité de financer le cycle d'exploitation d'une organisation.

L'essentiel

- Les ressources des organisations peuvent être classées en ressources tangibles et intangibles.
- Les organisations financent leurs investissements à partir de leurs fonds propres ou grâce à des fonds externes.
- Le financement de l'exploitation est également nécessaire car les étapes du cycle de production doivent pouvoir être financées avant d'encaisser les ventes.

Passerelle vers la gestion et finance

Certaines **modalités de financement** telles que l'emprunt bancaire, l'augmentation de capital, le financement participatif et les subventions seront approfondies dans le thème 3 : accompagner la prise de décision.

> Thème 3, question 3.1 Quels critères d'arbitrage entre les modalités de financement de l'organisation ?

> Thème 3, question 3.2 Optimiser la trésorerie, une nécessité ?

2 Quels sont les indicateurs appréciant les besoins financiers des organisations ?

DOC 1 Le bilan fonctionnel de l'entreprise

Présentation de l'entreprise Skate Plus (production de skateboards)

Processus de production :
- Achat à crédit de matériaux (bois, colles, vernis).
- Stockage des matériaux.
- Transformation des matériaux en skateboards.
- Stockage des skateboards.
- Vente à crédit des skateboards.

Événements récents :
- Lancement d'une nouvelle activité en N : production de planches de surf.
- Investissement dans un outil de production financé partiellement par emprunt bancaire.
- Conséquences de la nouvelle activité : accroissement des stocks de matériaux et importance du stock de planches (la nouvelle activité n'est pas encore bien connue et certains ajustements ont été nécessaires dans le processus de production).

Bilan fonctionnel de l'entreprise Skate Plus au 31/12/N

Cycle d'investissement	**Emplois stables**	**376 500**	**Ressources stables**	**395 010**	Cycle de financement
	Immobilisations incorporelles	15 000	Capitaux propres	163 350	
	Immobilisations corporelles	360 000	Amortissements, dépréciations, provisions	60 660	
	Immobilisations financières	1 500	Dettes financières stables	171 000	
Cycle d'exploitation	**Actif circulant**	**45 750**	**Passif circulant**	**15 840**	
Trésorerie	**Trésorerie actif**	150	**Trésorerie passif**	11 550	
	Total général	**422 400**	**Total général**	**422 400**	

1 Repérez les moyens de financement des investissements de Skate Plus.

DOC 2 L'analyse des cycles d'investissement et de financement

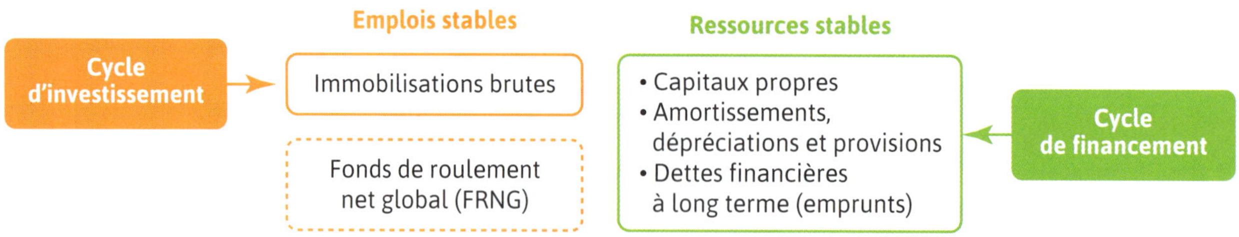

Calcul du fonds de roulement net global (FRNG) = Ressources stables – Emplois stables

Les ressources stables doivent être suffisantes pour financer les emplois stables. Le fonds de roulement net global doit donc en principe être positif, puisqu'il mesure le surplus des ressources durables qui permettent de financer l'activité courante d'une entreprise, après avoir financé ses investissements.

Foucher, 2020

2 À partir des **DOCS 1** et **2**, calculez le fonds de roulement net global de l'entreprise Skate Plus pour l'année N.

3 À partir du **DOC 2**, commentez le résultat obtenu.

DOC 3 L'analyse du cycle d'exploitation

Cycle d'exploitation

Actif circulant	Passif circulant
• **Stocks :** matières premières, marchandises, produits finis. • **Créances :** clients, autres créances d'exploitation.	**Dettes :** fournisseurs, État, autres dettes d'exploitation… Besoin en fonds de roulement (BFR)

Calcul du besoin en fonds de roulement (BFR) =
Actif circulant – Passif circulant

Le BFR correspond au montant à financer pour couvrir les décalages de trésorerie de l'activité courante de l'entreprise. Il est financé, pour tout ou partie, par le fonds de roulement net global (FRNG).

Foucher, 2020

 # vidéo
Le BFR : besoin en fonds de roulement - 1,37 min
foucherconnect.fr/20tmsdg11

4 À partir des **DOCS 1** et **3**, calculez le besoin en fonds de roulement de l'entreprise Skate Plus pour l'année N.

5 À partir du **DOC 3**, commentez le résultat obtenu.

DOC 4 L'analyse de la trésorerie et de l'équilibre financier

Trésorerie

- Trésorerie nette (TN)
- Disponibilités (trésorerie active)
- Dettes financières à court terme : découverts bancaires (trésorerie passive)

Calcul de la trésorerie nette (TN) =
Trésorerie active – Trésorerie passive (TN) = FRNG – BFR

La trésorerie équilibre la différence entre le FRNG et le BFR.

- Si FRNG > BFR → Trésorerie positive
- Si FRNG < BFR → Trésorerie négative

Foucher, 2020

Indicateurs de Skate Plus au 31/12/N – 1	
FRNG =	**22 725**
Ressources	331 725
– Emplois stables	309 000
BFR	**22 050**
Actif circulant	27 338
– Passif circulant	5 288
TN	**675**
Trésorerie active	5 175
Trésorerie passive	4 500

6 À partir des **DOCS 1** et **4**, calculez la trésorerie nette de Skate Plus pour l'année N.

7 À partir du **DOC 4**, commentez le résultat obtenu.

DOC 5 L'amélioration de l'équilibre financier

Skate Plus dispose de plusieurs solutions pour réduire son BFR :

- mieux gérer ses stocks pour limiter le sur-stockage ;
- réduire les créances clients (demander des acomptes, réduire les délais…) ;
- convaincre les fournisseurs d'allonger leurs délais de paiement.

Foucher, 2020

8 Analysez l'évolution des indicateurs financiers de Skate Plus entre N – 1 et N.

9 Proposez des solutions pour améliorer l'équilibre financier de Skate Plus.

L'essentiel

- L'analyse fonctionnelle consiste à étudier la situation financière d'une entreprise par cycles : investissement, financement, exploitation.
- FRNG, BFR et TN sont trois indicateurs permettant d'apprécier les besoins financiers d'une organisation.
- Des recommandations financières à court et long terme permettent de proposer des pistes d'amélioration du niveau des FRNG, BFR et TN.

Passerelle vers la gestion et finance

L'**approche fonctionnelle** sera approfondie dans le thème 2 : analyser la situation de l'entreprise.

> Thème 2, question 2.2 Quelle structure financière pour assurer la pérennité de l'entreprise ?

3 Quels sont les facteurs influençant le financement des organisations ?

DOC 1 Choix de financement et croissance de l'entreprise

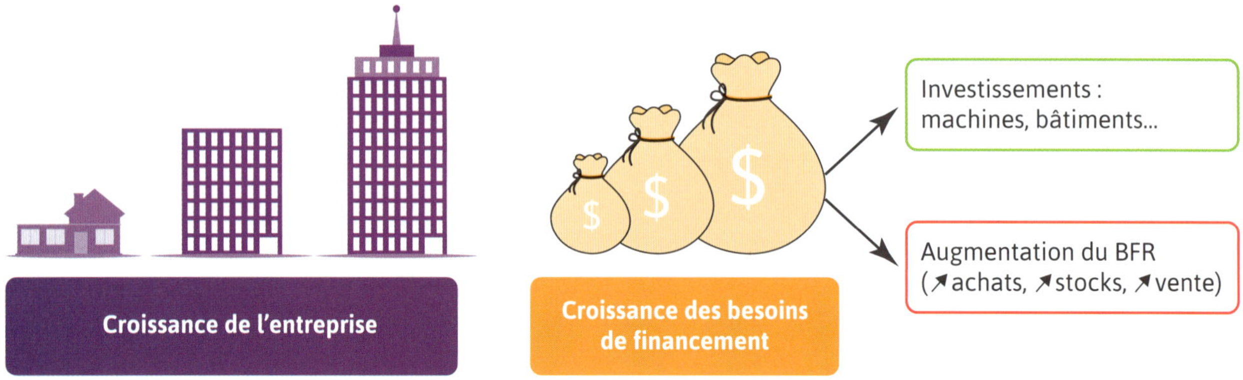

Foucher, 2020

1 Expliquez les raisons pour lesquelles la croissance de l'entreprise crée des besoins de financement.

2 Proposez des modalités de financement à privilégier pour la croissance de l'entreprise.

DOC 2 Le BFR dépend du secteur d'activité

La plupart des entreprises affichent généralement un besoin en fonds de roulement (BFR) positif […]. Cependant, le niveau de BFR des entreprises dépend en grande partie de leur domaine d'activité. Ainsi, dans certains secteurs […], il est fréquent de voir des sociétés affichant un BFR négatif. Cette situation constitue un avantage indéniable dans le cadre d'une gestion financière saine puisque l'entreprise est capable de générer un excédent de trésorerie. […]

Mais comment est-ce possible ? […]

« Certains secteurs portent naturellement un BFR très faible, voire négatif, comme c'est le cas des entreprises de la grande distribution et plus largement en environnement BtoC, car elles règlent leurs fournisseurs bien après avoir été payées au comptant par leurs clients, créant ainsi un excédent de trésorerie » […].

À l'opposé, le BFR est positif pour les entreprises intervenant dans les secteurs d'activité à cycle long où il est d'usage de consentir des délais de règlement importants aux clients. C'est notamment le cas pour la majorité des entreprises industrielles et commerciales. […] Il est généralement possible de trouver le BFR moyen de votre secteur, calculé en nombre de jours de chiffre d'affaires, auprès de votre organisme professionnel. […] De quoi aider les dirigeants à mieux situer leur entreprise par rapport à la concurrence.

Romain Thomas, *Le Nouvel Économiste*, 8 novembre 2018

3 Repérez les secteurs d'activité affichant un BFR négatif ou positif.

4 Démontrez comment certains secteurs d'activité parviennent à obtenir un BFR négatif et l'avantage d'en avoir un.

DOC 3 L'influence de l'environnement sur le financement des associations

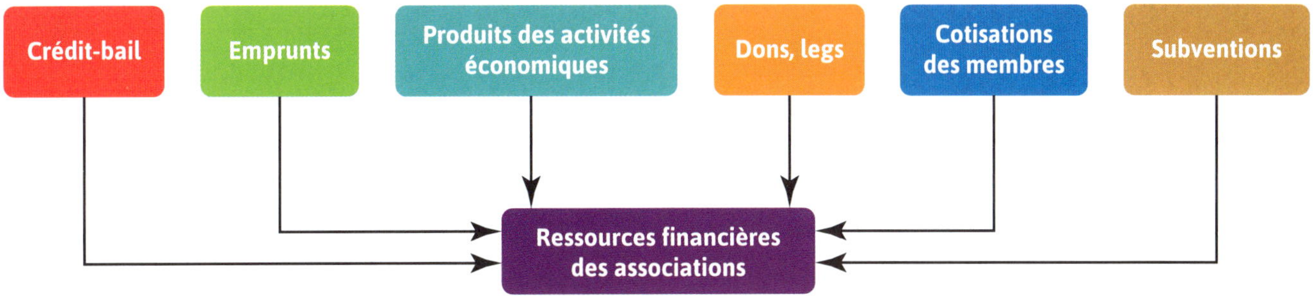

Foucher, 2020

[...] Poussé par une baisse des subventions publiques, le « *crowdfunding* », ou financement participatif, gagne le monde du ballet et de l'opéra en France, où il est déjà bien installé dans le monde associatif ou dans le théâtre. Même de grandes institutions comme l'Opéra de Paris, avec ses grands mécènes, commencent à lancer des campagnes de dons en ligne, pratique courante dans les pays anglo-saxons. [...]
L'AROP [Association pour le rayonnement de l'Opéra de Paris] a lancé cette année la campagne « En pointes ! », pour financer les chaussons des ballerines de l'Opéra. Les donateurs, selon la somme versée, peuvent visiter les ateliers de costumes ou assister à une répétition de ballet. [...] Le don peut aller de 60 euros pour une paire de pointes jusqu'à 15 000 euros pour la prochaine série du ballet *Giselle* début 2020. L'AROP, soutenue entre autres par Rolex, la Fondation Bettencourt, EY ou Paprec recyclage, entend ainsi diversifier ses ressources [...].

AFP, 25 juillet 2019

5 Citez les ressources financières spécifiques des associations.

6 Expliquez la raison pour laquelle certaines associations comme l'AROP se tournent vers le financement participatif.

DOC 4 Les contraintes de financement des collectivités locales

Le budget 2019 de la ville de Saint-Nazaire a été voté en décembre 2018. De nombreuses contraintes ont pesé sur ce vote. En effet, depuis plusieurs années, les dotations de l'État aux collectivités locales diminuent, alors même que les ressources financières des mairies proviennent essentiellement des impôts et taxes, de la dotation globale de fonctionnement de l'État et de l'emprunt.
Dans ce contexte de raréfaction des ressources financières, le défi était de taille pour la commune, d'autant que ses dépenses augmentaient du fait de la hausse régulière de sa population. Saint-Nazaire souhaitait tout de même poursuivre les investissements prévus en réalisant des efforts de gestion au quotidien. La ville a également décidé de ne pas augmenter ses taux de taxe foncière et de taxe d'habitation.
En réalité, Saint-Nazaire bénéficie d'une bonne situation financière lui permettant de financer ses investissements grâce à son autofinancement et à l'emprunt. Son recours à l'emprunt est maîtrisé et se situe à un niveau inférieur à la moyenne des villes de même taille. Son épargne est, quant à elle, supérieure aux communes de même taille.

Foucher, 2020

7 Expliquez quelle contrainte pèse sur les ressources financières de la ville de Saint-Nazaire.

8 Montrez que les choix de financement des investissements de Saint-Nazaire sont influencés par plusieurs facteurs.

L'essentiel

- Plusieurs facteurs influencent le financement des organisations : leur stratégie, leur situation financière et leur environnement.
- Les organisations publiques et de la société civile font également face à des contraintes de financement et voient leurs ressources financières évoluer.

Synthèse

3 minutes pour comprendre
foucherconnect.fr/20tmsdg12

1 Quelles sont les modalités de financement à la disposition des organisations ?

2 Quels sont les indicateurs appréciant les besoins financiers des organisations ?

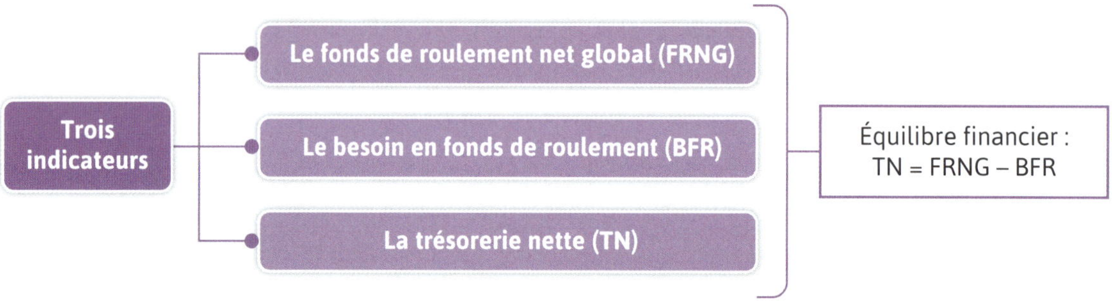

3 Quels sont les facteurs influençant le financement des organisations ?

Mots-clés

Analyse fonctionnelle du bilan : se basant sur une étude du bilan par cycles (investissement, financement et exploitation), elle permet d'évaluer les besoins financiers d'une entreprise à partir de trois indicateurs : le fonds de roulement net global (FRNG), le besoin en fonds de roulement (BFR) et la trésorerie nette (TN). L'équilibre financier qui en découle se mesure ainsi : TN = FRNG - BFR.

Crédit-bail : contrat de location d'un bien proposé par une société de crédit-bail, au terme duquel le locataire peut exercer une option d'achat et devenir propriétaire du bien. C'est un moyen de financement des investissements.

Financement participatif (*crowdfunding*) : moyen, pour un porteur de projet, de collecter des fonds qu'il ne possède pas pour le financer auprès d'un grand nombre d'épargnants/particuliers désirant investir (en général de petits montants). La rencontre entre ces deux acteurs se réalise sur une plateforme Internet.

Ressources financières : moyens dont disposent les organisations pour financer leurs investissements et leur activité : apports des associés, autofinancement, emprunts...

Activités

3 minutes pour s'évaluer

foucherconnect.fr/20tmsdg13

TESTEZ-VOUS

Répondez par vrai ou faux aux propositions suivantes.

1. Les ressources financières des organisations sont multiples.
2. Le financement des investissements se fait uniquement grâce aux fonds propres des organisations.
3. Les subventions et les emprunts sont des modalités externes de financement des investissements.
4. Le cycle d'exploitation d'une entreprise ne génère pas de besoin de financement.
5. L'analyse fonctionnelle du bilan sert à apprécier l'équilibre financier d'une entreprise.
6. Les modalités de financement des organisations sont influencées exclusivement par leur stratégie.

ZOOM vidéo p. 33

Entretien avec Philippe de Chanville, fondateur de ManoMano

ManoMano est une plateforme de vente en ligne qui fait l'intermédiaire entre des marchands d'articles de bricolage/jardinage et des clients. Son site Internet propose aussi des services divers (tutoriels, conseils…) dans le but de constituer une véritable communauté de bricoleurs. ManoMano est l'exemple type de la start-up à croissance exponentielle, son chiffre d'affaires ayant explosé depuis sa création en 2013. L'entreprise s'est fixé un objectif principal : devenir le leader européen du bricolage et du jardinage sur le marché du BtoC, mais aussi sur le marché BtoB, en adaptant ses services aux professionnels du bâtiment. Présente dans six pays (France, Belgique, Espagne, Italie, Allemagne et Angleterre), l'entreprise souhaite pour l'instant renforcer ses positions en Europe et ne pas s'étendre à d'autres zones géographiques.

186 millions d'euros levés en 6 ans

Pour réaliser ces objectifs, les deux fondateurs de ManoMano ont notamment réussi à convaincre plusieurs fonds d'investissement[1]. La dernière levée de fonds, qui date d'avril 2019, a atteint 110 millions d'euros. Depuis sa création en 2013, le cumul des fonds levés s'élève à 186 millions d'euros, ce qui permet de financer le développement de l'entreprise (site Internet, investissement dans des outils logistiques, embauches, déploiement européen). Cependant, les cofondateurs ne sont plus les seuls à posséder le capital de leur société et à décider : ils doivent désormais composer avec leurs principaux partenaires, les investisseurs qui ont cru en leur projet.
ManoMano est même entrée en septembre 2019 dans la liste du Next 40, qui rassemble les 40 jeunes entreprises ayant le plus fort potentiel de devenir des leaders technologiques de rang mondial. De quoi lui permettre d'être plus visible à l'international et de grossir plus rapidement.

1. Société financière investissant dans des sociétés jugées prometteuses en termes de croissance et de rentabilité.

Foucher, 2020

Questions

1. Repérez la principale modalité de financement choisie par ManoMano.
2. Retrouvez l'avantage de ce mode de financement et le risque qu'il peut représenter.
3. Montrez que le choix de financement de ManoMano est notamment influencé par sa stratégie et par son environnement.

Vers le BAC

GRAND ORAL

3 minutes pour convaincre

Quelles sont les ressources permettant le financement de l'activité de l'entreprise ?

Cas Carmat SA

Carmat SA est une entreprise qui a pour projet de concevoir et de développer un cœur artificiel pour offrir une alternative aux malades souffrant d'insuffisance cardiaque.

Depuis sa création en juin 2008, aucun chiffre d'affaires n'a été réalisé car son cœur artificiel est toujours en phase de développement et n'a pas encore obtenu le marquage CE (prévu pour 2020), nécessaire à sa commercialisation en Europe. La stratégie de Carmat SA : passer du stade de concepteur et développeur du projet de cœur artificiel au stade d'entreprise industrielle capable de produire 800 bioprothèses par an pour répondre à la demande des malades. La nouvelle usine implantée à Bois-d'Arcy est opérationnelle depuis 2018 et a reçu la certification nécessaire pour cette transformation stratégique.

Questions

1. Réalisez le diagnostic interne de Carmat SA.
2. Mettez en évidence le problème de management lié à la particularité des besoins de financement de Carmat SA.
3. Caractérisez les principales modalités de financement choisies par Carmat SA pour faire face à ce problème de management.
4. Repérez les facteurs ayant influencé Carmat SA dans ses choix de financement.
5. Indiquez les avantages et les risques que représentent les choix de financement de Carmat SA.

MÉTHODE

Quand on vous demande de repérer les facteurs ayant une influence sur les choix de financement de l'organisation, il faut analyser l'impact de sa situation financière, de sa stratégie et de son environnement.

Annexe 1 Carmat publie ses résultats annuels 2019

[…] Le cœur artificiel étant encore en développement clinique, Carmat n'a généré aucun chiffre d'affaires au cours de l'exercice 2019.

La perte d'exploitation de l'exercice s'élève à 42,40 millions d'euros, en légère amélioration par rapport à 2018 (perte d'exploitation de 42,80 millions d'euros en 2018).

Au cours de l'exercice 2019, les dépenses d'exploitation de Carmat se sont élevées à 43,10 millions d'euros, en légère baisse de 0,40 million d'euros par rapport à l'exercice 2018, grâce à un effort de rationalisation des coûts […].

Au cours du 1er semestre de 2019, Carmat a finalisé le transfert de l'intégralité de ses activités de production sur son nouveau site industriel de Bois-d'Arcy où la production a effectivement redémarré au mois de mai. Les nouveaux processus de production intègrent les enseignements issus de l'expérience accumulée […], ce qui a permis de renforcer davantage la fiabilité de la prothèse.

Désormais, les prothèses sont issues intégralement de l'usine de Bois-d'Arcy qui assure une production dans le respect des normes très contraignantes d'une production de dispositifs médicaux […].

Dans ce contexte, M. Alexandre Éléonore, un nouveau directeur industriel très expérimenté et spécialiste du secteur, a rejoint le comité de direction […] au mois de novembre 2019.

[…] Au 31 décembre 2019, la trésorerie de la société s'établit à 55,50 millions d'euros contre 25,30 au 31 décembre 2018. […] Ce niveau de trésorerie devrait couvrir les besoins en financement de Carmat jusqu'à mi-2021.

La levée de fonds réalisée en septembre 2019, soutenue par les actionnaires historiques, a permis l'entrée au capital d'actionnaires entrepreneurs de renom, en particulier les *family offices* de la famille Gaspard, propriétaire du groupe Lyreco […], et de M. Pierre-Édouard Stérin, fondateur de Smartbox […], qui souhaitent accompagner Carmat sur le long terme. […]

carmatsa.com, communiqué de presse du 17 février 2020

Annexe

2 Les principales étapes du financement de Carmat SA

Juin 2008 : trois associés apportent le capital de départ.

2009 :
- aide publique de 33 millions d'euros (subventions et avances remboursables en cas de succès commercial du projet) par Bpifrance pour faire vivre l'entreprise ;
- subvention de 1,50 million d'euros du conseil général des Yvelines pour financer des locaux de recherche.

2010 :
- entrée en Bourse sur Alternext et levée de 46 millions d'euros auprès de 9 000 actionnaires pour financer le développement et les essais cliniques ;
- aide de 4 millions d'euros de Bpifrance.

2011 : augmentation de capital de 29,30 millions d'euros pour la conduite des essais cliniques.

2016 : augmentation de capital réservée de 50 millions d'euros.

Décembre 2017 : augmentation de capital de 52,90 millions d'euros pour renforcer la trésorerie.

Décembre 2018 : prêt de 30 millions d'euros de la Banque européenne d'investissement sous conditions, pour augmenter la production et doubler les effectifs d'ici 2025.

Septembre 2019 : augmentation de capital réservée de 60 millions d'euros pour mener à bien les objectifs stratégiques et couvrir le BFR jusqu'à mi-2021 (date estimée de son aptitude à s'autofinancer).

Au 31 décembre 2019, les pertes cumulées de Carmat SA s'élevaient à environ 230 millions d'euros, essentiellement dues aux frais de R&D. Elles sont amenées à croître en raison de la poursuite des recherches et essais cliniques et de l'extension des capacités de production.

Dans le document de référence 2018, les dirigeants ont indiqué que des financements complémentaires seront nécessaires, notamment *via* des augmentations de capital.

Certains risques financiers ont aussi été soulignés. Si la société a recours à de nouvelles augmentations de capital, la part dans le capital de ses actionnaires actuels pourrait être diluée. De plus, le financement par endettement ou grâce à des subventions ou avances remboursables suppose de respecter des conditions restrictives. En cas de non-respect, les sommes non encore perçues ne seraient pas débloquées et les sommes avancées devraient être remboursées. Cela priverait la société de moyens financiers non négligeables pour mener à bien son projet.

Foucher, 2020

Dans l'usine de Bois-d'Arcy, en région parisienne, l'entreprise Carmat assure la production industrielle de ses prothèses cardiaques.

▲ Fondée en 1967, l'enseigne Conforama est spécialisée dans la distribution d'articles d'équipement de la maison (meubles, décoration, électroménager). En 2019, Conforama compte 339 magasins dans 8 pays et 15 000 collaborateurs.

Prérequis 1re mana

- Mobilisation des ressources humaines dans l'organisation
- Mutations technologiques et redéfinition des relations avec les salariés

Prérequis 1re SDGN

- Compétences et qualifications
- Nouveaux liens de travail (contractualisation, auto-entrepreneuriat)
- Internalisation ou externalisation des ressources humaines

4 L'adaptation des ressources humaines aux besoins des organisations

3 minutes pour découvrir

Conforama : les salariés craignent un plan social plus dur qu'annoncé
foucherconnect.fr/20tmsdg15

> **Quelle est la décision prise par Conforama ?**
> **En quoi cette décision permet-elle d'adapter les ressources humaines aux besoins de Conforama ?**

CAPACITÉ × Repérer les moyens d'une politique de management des compétences et d'adaptation aux besoins de l'organisation

Notions
Ressources humaines : gestion prévisionnelle des emplois et des compétences (GPEC) + besoins de recrutement + besoins de formation

1 Pourquoi prévoir les besoins en ressources humaines ?

DOC 1 La prévision des besoins en ressources humaines

L'exemple du secteur bancaire

Besoins de recrutement	Besoins de formation
Qui ? • Embauches : conseillers, profils juridiques... • Suppression de postes administratifs **Comment ?** • Promotion, CDI • Plan de départs volontaires, non-remplacement des départs naturels **Pourquoi ?** • Départs en retraite • Fermeture d'agences • Disparition de certains métiers	**Qui ?** • Métiers en voie de disparition • Nouveaux collaborateurs... **Comment ?** • En interne, e-learning... • Appel à des prestataires externes **Pourquoi ?** • Évolution des métiers • Révolution numérique **Quels contenus ?** • Intelligence artificielle • Réglementations...

Foucher, 2020

1 Expliquez les grandes catégories de besoins en ressources humaines dans les organisations.

DOC 2 L'anticipation des besoins en ressources humaines dans les grandes entreprises

Alors que son concurrent Boeing traverse une période difficile depuis plusieurs mois, tout semble aller pour le mieux pour Airbus. Le constructeur aéronautique européen a bouclé le Salon du Bourget avec un carnet de commandes bien rempli : 373 ventes ou projets ont été enregistrés [...].

Dans cette optique, Airbus va ainsi continuer à renforcer ses équipes. « Airbus recrutera encore 6 000 personnes en 2019, soit autant qu'en 2018 », annonce Thierry Baril, le directeur des ressources humaines [...]. 50 % de ce recrutement devrait être effectué en France. Les profils recherchés sont déjà ciblés. « Nous avions commencé à recruter 200 spécialistes des data par an, puis nous étions montés à 500 personnes. Dans les deux prochaines années, les métiers numériques et digitaux représenteront le quart de nos recrutements », ajoute le DRH d'Airbus.

La compagnie souhaite également s'adapter à la prise de pouvoir annoncée des générations Y et Z, qui devraient représenter 80 % de ses salariés d'ici 2027 chez Airbus. « Nous devons adapter le parcours que nous proposons à cette nouvelle génération, très différente des précédentes. Nous devons bâtir une expérience salariée de bonne qualité pour fidéliser », analyse Thierry Baril. Airbus, qui compte 136 000 salariés à travers le monde [...], ne devrait pas avoir de mal à recruter dans les mois à venir : l'entreprise jouit toujours d'une très bonne image, spécialement chez les jeunes.

Frédéric Sergeur, *Capital*, © Prisma Media, 21 juin 2019

2 Retrouvez les motifs des embauches prévues en 2019 chez Airbus.

3 Montrez l'intérêt pour l'entreprise Airbus d'être dans une dynamique de prévision de ses ressources humaines.

DOC 3 Les enjeux de la prévision des besoins en ressources humaines

Les enjeux pour les organisations	Les enjeux pour les salariés
• Faire face aux choix de production et disposer des compétences nécessaires au développement de l'organisation. • Anticiper et adapter la démarche de recrutement : limiter la pénurie de main-d'œuvre et les erreurs de recrutement, éviter les plans sociaux non anticipés... • Motiver les collaborateurs en proposant des promotions ou plans de carrière. • Attirer les talents et faciliter la transmission des savoirs et savoir-faire.	• Adapter les emplois aux mutations du marché du travail. • Prendre en compte les besoins des salariés au travail (reconnaissance, sentiment de progression et d'évolution...). • Favoriser la mobilité professionnelle et géographique. • Développer l'employabilité.

Foucher, 2020

4 Montrez que la prévision des besoins en ressources humaines présente pour une organisation des enjeux économiques et sociaux.

DOC 4 L'intérêt de la prévision des besoins en ressources humaines dans les PME-TPE

Les PME-TPE n'ont pas toujours la possibilité de se doter d'un véritable service de gestion des ressources humaines. En effet, par manque de temps et de moyens, la gestion des ressources humaines est souvent laissée de côté ou confiée au dirigeant-fondateur.
Selon une récente étude de la CCI de Paris Île-de-France, environ deux tiers des PME n'ont pas de direction des ressources humaines. Et pourtant, dans les PME-TPE, prévoir les besoins en ressources humaines aux niveaux quantitatif et qualitatif est aussi important que dans les plus grandes organisations. Il est essentiel pour de petites structures, destinées à développer leurs affaires, de disposer des bonnes compétences au bon moment et d'anticiper leurs besoins en ressources humaines pour ne pas recruter dans l'urgence. L'enjeu est stratégique, car les PME rencontrent souvent des difficultés à embaucher et souffrent de la concurrence avec les grandes entreprises plus attractives. Ces difficultés représentent d'ailleurs le principal frein à leur croissance pour six PME sur dix selon une enquête de l'institut Rexecode.
Le cas de l'entreprise Aktehom est un exemple réussi de gestion prévisionnelle des ressources humaines dans une PME d'une cinquantaine de salariés. Depuis 2012, ce cabinet de conseil pour les industriels de la pharmacie s'inscrit dans une démarche de gestion prévisionnelle des emplois et des compétences. La réflexion engagée sur les besoins en compétences de leurs collaborateurs leur permet de recruter des consultants expérimentés et correspondant aux besoins d'expertise de leurs clients, d'assurer l'excellence de leurs collaborateurs et de les motiver.

Foucher, 2020

5 Expliquez pourquoi la gestion des ressources humaines n'est pas toujours mise en œuvre dans les PME-TPE.

6 Relevez les avantages d'initier une gestion des emplois et des compétences dans les PME-TPE.

L'essentiel

- En matière de ressources humaines, les organisations font face à des besoins de recrutement et de formation.
- La prévision des besoins en ressources humaines présente des intérêts pour les organisations, quelle que soit leur taille, ainsi que pour leurs salariés.

2 Comment mettre en œuvre une politique de management des compétences ?

DOC 1 La démarche de GPEC (gestion prévisionnelle des emplois et des compétences)

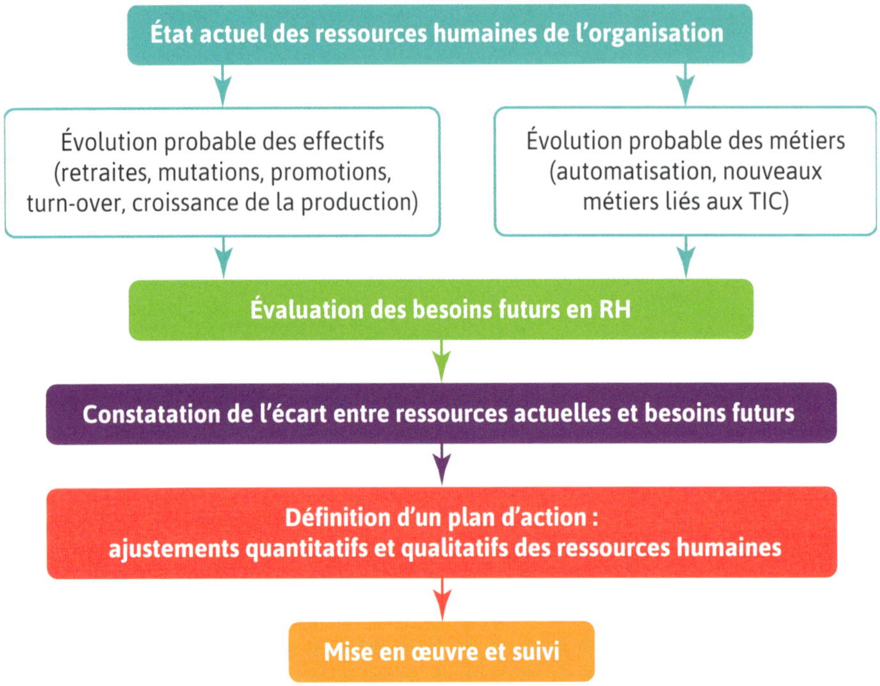

Foucher, 2020

1 Résumez la démarche de GPEC en trois grandes étapes.

2 Donnez des exemples d'ajustements quantitatifs et qualitatifs des ressources humaines.

DOC 2 Le cadre juridique de la GPEC

Depuis 2005, le Code du travail oblige les entreprises d'au moins 300 salariés à négocier tous les trois ans avec les partenaires sociaux sur la thématique de la GPEC. Certaines mesures de conseil et d'aides financières de l'État existent pour les entreprises de taille moins importante.

Lors de cette négociation, les thèmes suivants doivent notamment être abordés :

- la mise en place du dispositif de GPEC et ses mesures d'accompagnement (formation, VAE, bilan de compétences, mobilité des salariés) ;
- les conditions de mobilité des salariés ;
- les grandes orientations de la formation professionnelle et les objectifs de la GPEC ;
- les perspectives de recours aux différents contrats de travail, au travail à temps partiel et aux stages ainsi que les moyens mis en œuvre pour diminuer le recours aux emplois précaires dans l'entreprise au profit des CDI.

Un bilan est ensuite réalisé à l'échéance de l'accord.

Foucher, 2020

3 Indiquez si tous les types d'organisation doivent négocier un accord de GPEC.

4 Précisez les obligations prévues par la loi en matière de GPEC.

DOC 3 La conclusion d'un accord de GPEC dans une grande entreprise

CNP Assurances vient de signer son deuxième accord GPEC avec trois organisations syndicales représentatives de l'entreprise […] pour les années 2019 à 2021. Signé en 2016, le premier accord GPEC avait notamment permis de pérenniser une politique d'alternance et d'initier un rajeunissement de la pyramide des âges. Le second accord entend accentuer les dynamiques engagées.

Pour rajeunir la pyramide des âges, l'accord prévoit l'embauche en CDI d'une centaine de jeunes (de moins de 35 ans) en trois ans, dont 50 en 2019. En parallèle, de nouvelles mesures sont prévues en direction des seniors (55 ans et plus) afin de s'assurer qu'ils ont accès à la formation, pour accompagner leur fin de carrière ou les aider à préparer leur retraite.

Pour développer les compétences de ses collaborateurs, CNP Assurances étend sa politique de tutorat en créant notamment un nouveau poste de tuteur au poste de travail qui s'inscrit dans la logique de l'élargissement de la formation en situation de travail. […] CNP Assurances veut également favoriser les dynamiques de mobilité en proposant des missions ponctuelles dans le groupe […].

Focusrh.com, 4 mars 2019 (https://www.focusrh.com/strategie-rh/mobilite-interne-fidelisation-des-salaries/cnp-assurances-signe-son-deuxieme-accord-gpec-31820.html)

5 Retrouvez les actions de GPEC proposées par CNP Assurances.

6 Montrez que ces actions permettent d'adapter les ressources humaines aux besoins de l'entreprise, tant au niveau quantitatif qu'au niveau qualitatif.

DOC 4 La gestion des emplois et des compétences dans les organisations publiques

Université Sorbonne Paris Nord

Fonction publique d'État-Catégorie A
Intitulé du poste : **Chargé-e de la GPEEC**

Missions principales :

Le/la chargé-e de GPEEC [gestion prévisionnelle des effectifs, des emplois et des compétences] collecte, analyse et synthétise des informations et des données sociales qualitatives et quantitatives qui permettront à l'établissement d'orienter sa politique des RH. Il analyse la situation de l'emploi de l'université conformément à ses orientations et aux besoins quantitatifs et qualitatifs en personnels, actuels et futurs.

Description du poste :

Suivi des personnels, emplois et compétences • Actualiser et concevoir des outils d'analyse et de suivi quantitatifs (tableaux…) et qualitatifs (référentiels, cartographies…) des personnels, emplois et compétences.	**Synthèse et recommandation** • Participation au pilotage sur la réflexion de l'évaluation des compétences, des emplois. • Détecter les emplois en tension, rares, et proposer des passerelles.
Mise en œuvre des moyens permettant la mise en place de la GPEEC • Mettre en place des procédures liées aux fonctions, analyser les postes, réaliser les fiches de poste. • Créer ou refondre des outils : référentiels, cartographie des emplois et passerelles.	**Suivi des indicateurs** • Centraliser et analyser les données statistiques liées aux effectifs de l'établissement : pyramide des âges, grade, mobilité… • Prospective des effectifs et métiers (profils de poste, tableaux de suivi, organigrammes…).

Université Sorbonne Paris Nord, 26 juin 2019

7 Montrez que l'université Sorbonne Paris Nord est dans une dynamique de gestion prévisionnelle des emplois et des compétences.

8 Comparez le contenu de la GPEEC avec la démarche de GPEC vue précédemment.

L'essentiel

- Une politique de management des compétences passe notamment par la GPEC.
- La GPEC est une démarche en trois étapes : diagnostic des RH actuelles et des besoins futurs, définition d'un plan d'action, mise en œuvre et suivi.
- Une négociation de GPEC doit obligatoirement être organisée, tous les trois ans, dans les entreprises de plus de 300 salariés.

Passerelle vers les ressources humaines et communication

La **démarche de GPEC**, l'évaluation des compétences et la formation professionnelle seront détaillées en spécialité dans le thème 1 : les compétences au service de l'organisation et l'organisation au service du développement des compétences.

> Thème 1, question 1.1 Le recrutement suffit-il pour répondre aux besoins en compétences de l'organisation ?
> Thème 1, question 1.2 Peut-on tout évaluer dans le travail ?
> Thème 1, question 1.3 La gestion des compétences et des talents permet-elle de garantir l'employabilité de l'individu ?

3 Comment les transformations numériques accompagnent-elles les nouvelles formes de relations de travail ?

DOC 1 Les nouvelles formes de relations de travail

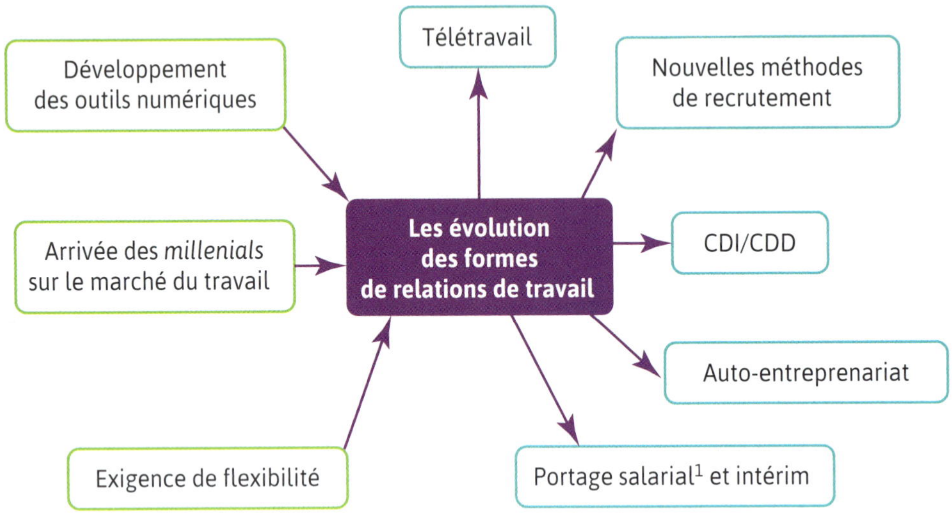

1. Relation contractuelle entre trois acteurs : un salarié est lié par un contrat de travail avec une entreprise de portage salarial et réalise une prestation pour une entreprise cliente.

Foucher, 2020

 # vidéo
Qu'est-ce que le portage salarial ?
- 3,18 min
foucherconnect.fr/20tmsdg16

1 Repérez les deux grandes catégories de forme juridique qui encadrent la relation de travail.

2 Analysez les enjeux des nouvelles formes de relations de travail pour l'entreprise.

DOC 2 Le développement du télétravail

Créée en 2009 et implantée dans le quartier d'affaires La Défense, à côté de Paris, BforBank est une banque 100 % en ligne filiale du Crédit agricole. Depuis 2017, elle expérimente le télétravail sur la base du volontariat. Pour être éligible au télétravail, le collaborateur doit avoir au moins un an d'ancienneté et assurer une activité compatible avec le travail à domicile. La fréquence du télétravail proposée est d'une journée par semaine, excepté le lundi et le vendredi. Le salarié intéressé doit en outre pouvoir justifier d'un espace de travail calme et confidentiel à son domicile.

Rodolphe, ingénieur en informatique chez BforBank depuis 2016, s'est porté volontaire pour le télétravail. Ainsi, depuis 2018, tous les mercredis, il exerce son métier chez lui. Pour faciliter son activité, et notamment rester en contact avec les collègues présents au siège social, il a recours aux outils de communication proposés par Skype tels que les visioconférences, les réunions téléphoniques ou la messagerie instantanée avec partage d'écran.

De plus, l'ensemble de ses supports de travail sont dématérialisés, ce qui lui permet de les consulter à distance. « Le télétravail me permet de dégager plus de disponibilité pour me concentrer sur mes tâches. Je passe également moins de temps dans les transports parisiens. Tout cela limite le stress quotidien. Cette fréquence d'une journée par semaine me convient car, ainsi, je ne suis pas complètement coupé de mes collègues et des échanges humains directs. Je reste au fait de tout ce qui se passe dans mon entreprise. »

Foucher, 2020

3 Exposez les avantages et les inconvénients du télétravail pour l'employeur et les collaborateurs.

4 Recherchez les conditions de réussite de cette nouvelle forme de travail.

DOC 3 L'évolution des méthodes de recrutement

Les procédures traditionnelles de recrutement reposant sur le CV, la lettre de motivation et les annonces ne suffisent plus. […] Les recruteurs doivent davantage s'attacher à la personnalité et au potentiel du candidat qu'à son seul diplôme ou à ses expériences passées. Le savoir-être et la motivation sont désormais des éléments clés. […]

Les outils d'évaluation ont beaucoup évolué : fini les tests papier-crayon ! Tout est désormais digitalisé et ludique. Les entreprises souhaitent des process donnant une image employeur innovante et dans l'air du temps, en phase avec l'attractivité qu'elles ont (ou veulent avoir) sur le marché. Pour les candidats, ces évaluations renvoient une image de sérieux et constituent une excellente opportunité d'en apprendre plus sur eux-mêmes. […]

De plus en plus d'entreprises utilisent des agents conversationnels (chatbots) au début du processus de recrutement pour faire une préqualification des candidats. Ainsi, L'Oréal, qui reçoit 2 millions de candidatures par an, utilise Mya, un chatbot qui s'assure notamment que les candidats disposent des prérequis nécessaires pour postuler aux offres. En fournissant aux postulants un certain nombre d'informations sur l'entreprise et en vérifiant un premier niveau de compatibilité avec le poste proposé, ces chatbots permettent d'alléger la tâche des recruteurs, d'améliorer l'expérience candidat et de donner de l'employeur une image innovante. […]

Sébastien Pierrot, *Capital*, © Prisma Media, 2 janvier 2019

L'Oréal utilise désormais un agent conversationnel (chatbot) au début du processus de recrutement pour présélectionner des candidats et ainsi alléger la tâche des recruteurs.

5 Repérez comment les procédures de recrutement évoluent.

6 Montrez que les TIC peuvent jouer un rôle important en matière de recrutement.

DOC 4 Les apports du digital au portage salarial

Alléger au maximum les contraintes administratives qui pèsent sur le consultant indépendant, telle est la première motivation du recours au portage salarial. Mais même sous ce régime qui facilite la vie, il reste encore au salarié porté un certain nombre d'aspects à gérer. C'est pourquoi les entreprises de portage sont de plus en plus nombreuses à digitaliser leurs outils pour fluidifier encore les relations avec les consultants qui dépendent d'elles. […]

La société de portage Links Consultants a observé l'évolution des comportements des consultants : « Plus de 50 % d'entre eux se connectaient à leur compte d'activité, soit sur un support mobile soit sur une tablette. Nous avons commencé à observer ce mouvement il y a deux ans, d'où la nécessité de développer une application Web dédiée afin qu'ils puissent consulter des informations de manière simple et rapide, c'est-à-dire dans un premier temps l'ensemble des éléments administratifs qui concernent la réalisation d'une mission. Concernant l'ergonomie, ils souhaitaient également pouvoir faire leurs comptes rendus d'activité en trois clics », détaille Hubert Camus, président associé de Links Consultants. L'application a été lancée le 15 mars. Le groupe a enregistré environ 500 téléchargements les dix premiers jours. […]

Anne Thiriet, *Le Nouvel Économiste*, 6 juin 2019

7 Montrez en quoi le portage salarial est une nouvelle forme de relation de travail.

8 Expliquez comment la digitalisation accompagne les activités de portage salarial.

L'essentiel

- Les organisations ont recours à différentes formes juridiques pour encadrer la relation de travail : contrat de travail, contrat de prestation de services, télétravail.
- Le choix entre ces formes de relations de travail répond aux exigences de flexibilité des organisations et aux évolutions de leur environnement.
- Les transformations numériques sont des moyens d'accompagner ces différentes formes de relations de travail.

Synthèse

3 minutes pour comprendre
foucherconnect.fr/20tmsdg17

1 Pourquoi prévoir les besoins en ressources humaines ?

2 Comment mettre en œuvre une politique de management des compétences ?

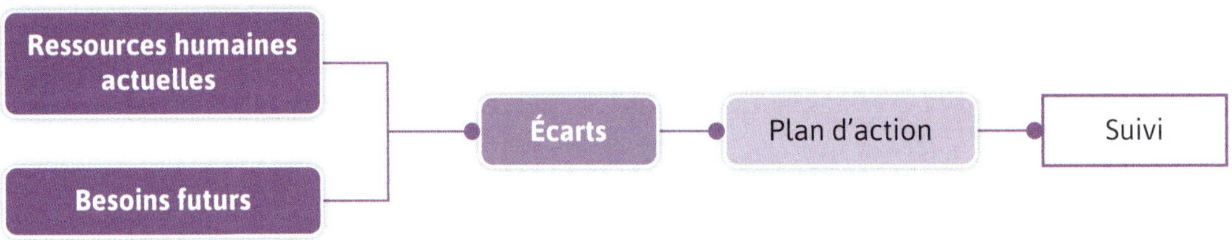

3 Comment les transformations numériques accompagnent-elles les nouvelles formes de relations de travail ?

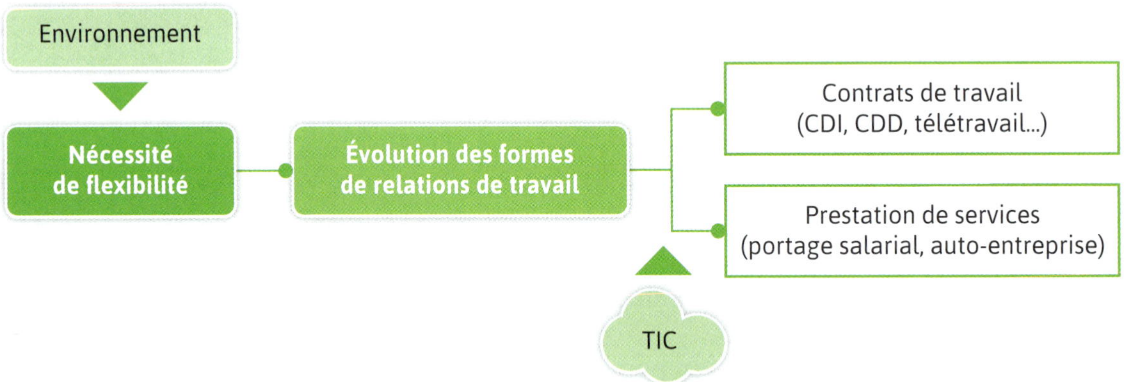

Mots-clés

Compétences : savoirs, savoir-faire et savoir-être mobilisés par un individu dans des situations de travail données pour atteindre un but.

Flexibilité : aptitude d'une organisation à faire face aux fluctuations de son environnement.

GPEC : gestion prévisionnelle des emplois et des compétences. Démarche prospective évaluant les besoins en ressources humaines au niveau quantitatif et qualitatif et qui permet d'adapter à court et moyen terme les effectifs et les compétences aux besoins de l'organisation.

Ressources humaines : ensemble des acteurs participant au projet d'une organisation. Le terme « ressources » met l'accent sur le fait que les organisations détiennent de véritables actifs, créateurs de richesses et à valoriser, notamment grâce à la fonction « gestion des ressources humaines ».

Activités

3 minutes pour s'évaluer

foucherconnect.fr/20tmsdg18

TESTEZ-VOUS

Répondez par vrai ou faux aux propositions suivantes.

1 Prévoir les besoins en ressources humaines est nécessaire uniquement pour les grandes entreprises.

2 La négociation d'une GPEC n'est jamais obligatoire mais fortement conseillée.

3 La GPEC est une démarche en cinq étapes.

4 Le télétravail est une forme de travail présentant des avantages et des risques pour les salariés comme pour l'organisation.

5 Les transformations numériques sont des obstacles au développement des nouvelles formes de relations de travail.

ZOOM vidéo p. 45

Conforama : les salariés craignent un plan social plus dur qu'annoncé

Conforama va supprimer 1 900 emplois en 2020

Le 2 juillet 2019, Conforama a annoncé son projet de restructuration et de transformation de ses activités en France pour réduire ses pertes et revenir à l'équilibre. Selon la direction, ce projet se traduirait notamment par la fermeture de 32 magasins déficitaires et l'adaptation des fonctions du siège social aux réalités de l'activité. Au total, 1 900 postes seraient supprimés en 2020 par le biais de licenciements.

En effet, des mutations profondes bouleversent le secteur de la distribution : la concurrence devient de plus en plus forte et les modes de consommation se transforment. Conforama ne s'est pas assez adapté à ces mutations. L'enseigne se trouve aussi confrontée à une baisse de la rentabilité de ses magasins : le cumul des pertes, depuis 2013, s'élève à 500 millions d'euros. Ce projet a donc été décidé pour sauvegarder la pérennité du groupe et le maximum d'emplois à long terme. De leur côté, les syndicats s'inquiètent des conditions de départ des salariés licenciés. Depuis l'annonce de la direction en juillet dernier, l'activité dans les magasins destinés à être fermés est affectée par des grèves. Selon les syndicats, la direction a prévu de ne verser que le minimum légal. Après avoir retranché les actions de formation et de reconversion légales, les salariés licenciés craignent de ne pouvoir être aidés davantage financièrement.

Foucher, 2020

Questions

1. Expliquez les enjeux de la prévision des besoins en ressources humaines dans une entreprise comme Conforama.
2. Retrouvez les moyens utilisés par Conforama pour adapter ses effectifs à ses besoins.
3. Montrez que la prévision des besoins en ressources humaines peut engendrer des tensions sociales dans les organisations.

Vers le BAC

GRAND ORAL

3 minutes pour convaincre

En quoi la gestion prévisionnelle des emplois et des compétences (GPEC) permet-elle à l'organisation d'être plus performante ?

Cas Atalian Servest

Atalian Servest est un groupe de plus de 70 ans d'expérience employant plus de 125 000 collaborateurs dans le monde, dont 50 000 en France.

Sur le territoire français, ses activités consistent à proposer des prestations de services de propreté, de sécurité et des prestations multitechniques à des clients variés : organisations privées ou publiques externalisant leurs activités de nettoyage par exemple. Le groupe intervient dans de multiples environnements (bureaux, usines, espaces publics, hôpitaux...) et secteurs (industrie, agroalimentaire, grande distribution, luxe, santé, réseaux de transport...). Atalian France possède plus de 100 agences et directions régionales réparties sur tout le territoire et a réalisé un chiffre d'affaires de 1,187 milliard d'euros en 2017.

Questions

1. Montrez que la finalité du groupe Atalian Servest n'est pas uniquement économique.
2. Identifiez le problème de management ayant conduit Atalian Servest France à mettre en place une GPEC.
3. Présentez les solutions managériales mises en place par Atalian Servest dans le cadre de sa démarche de management des compétences.
4. Retrouvez les avantages de cette démarche de management des compétences.
5. Expliquez en quoi les transformations numériques accompagnent le travail des collaborateurs chez Atalian Servest.

MÉTHODE

Lorsqu'on vous demande de présenter la démarche de management des compétences, on attend que vous exposiez les actions mises en œuvre dans une organisation pour améliorer les savoirs, savoir-faire et savoir-être des collaborateurs.

Annexe 1 Les ressources humaines chez Atalian Servest

La politique RH du groupe Atalian a pour objectif d'attirer les talents et de les cultiver. Pour cela, nous sommes engagés depuis longtemps dans la poursuite d'une démarche d'accompagnement de nos collaborateurs, ce qui permet de s'inscrire dans des pratiques opérationnelles proactives et transparentes au bénéfice de nos salariés et de nos clients. Atalian met en place des actions qui favorisent l'intégration durable de l'ensemble du personnel et garantit une qualité de service pour ses clients.
La politique RH d'Atalian s'articule autour de trois axes.

Identifier et recruter des personnalités

La qualité et la performance du service rendu à nos clients reposent sur la motivation et les qualités humaines de nos salariés. Aussi, notre démarche de recrutement met l'accent sur la richesse des individus et leur motivation tout en valorisant leurs expériences.

Gérer les compétences dans la durée et fidéliser nos collaborateurs

En proposant un dispositif innovant de gestion des carrières, Atalian permet aux collaborateurs de se projeter dans un véritable développement de compétences. Présent dans plus de 30 pays à travers l'Europe, l'Asie du Sud-Est, l'Afrique et l'Amérique du Nord, Atalian offre non seulement une évolution fonctionnelle mais aussi de nombreuses opportunités de mobilité géographique [...].

Faire partager une culture d'entreprise

[...] Et parce qu'une entreprise solidaire est le reflet de la diversité de la société, Atalian favorise l'accès à l'emploi à ceux qui en sont involontairement éloignés (travailleurs handicapés, jeunes en attente d'insertion professionnelle, etc.). [...]

La politique RSE du groupe est définie et portée par la présidence d'Atalian et se concrétise en engagements fermes et actions concrètes déployés dans l'ensemble du groupe. La RSE fait partie intégrante de notre ADN et nous la considérons comme un véritable levier de performance. [...]

Chiffres significatifs du groupe

Collaborateurs formés	Taux d'emploi seniors	Contrats d'alternance
9 555	22 %	249

Taux d'embauche juniors	Taux d'emploi travailleurs handicapés
23 %	7,9 %

atalian.fr

Annexe 2 Interview de Julie Bouchet, responsable ressources humaines chez Atalian Servest

En quoi consiste votre métier ?

Au sein d'Atalian France, je suis RRH sur le périmètre Nord/Normandie/Est. Mon travail consiste à accompagner le cycle de vie professionnelle de nos collaborateurs, de leur entrée dans notre structure jusqu'à leur départ. Je participe notamment au recrutement, à la gestion des compétences des collaborateurs et à leur évolution, à la mobilité géographique et fonctionnelle.

Comment s'organise la gestion des compétences chez Atalian France ?

Notre population salariale vieillit, nous accompagnons beaucoup de départs en retraite et il faut veiller à transmettre les compétences des salariés les plus expérimentés vers les salariés nouvellement recrutés. Dans le cadre de la GPEC, des accords de générations ont par exemple été négociés pour favoriser l'intégration durable des jeunes, le recrutement et le maintien en emploi des seniors, la transmission des savoirs et des compétences.

Nous faisons le point sur les compétences de nos collaborateurs lors d'entretiens planifiés et leur présentons les dispositifs de formations possibles, internes ou externes.

Pouvez-vous nous donner des exemples de programme de formation proposé ?

Par exemple, pour les équipes « chargés de clientèle », nous avons proposé à nos salariés d'acquérir un certificat de qualification professionnelle (CQP) afin d'obtenir un véritable diplôme de « chargé de clientèle », reconnu par l'État. En effet, nos chargés de clientèle n'ont pas forcément de diplômes ou possèdent des diplômes qui n'ont pas de lien avec leur métier. C'est notre partenaire FH Consulting qui s'est chargé de réaliser les 18 jours de formation sur un semestre. Ce dispositif a permis à nos collaborateurs de gagner en confiance, de développer leur employabilité, d'évoluer professionnellement. Cette expérience a été très enrichissante : grâce à ce diplôme, ils ont été confortés et reconnus dans l'acquisition de leurs compétences.

Autre exemple : certains de nos salariés ouvriers ne savent ni lire ni écrire. Des supports de formation adaptés existent. Cependant, pour pouvoir évoluer vers un poste de chef d'équipe, la maîtrise de la lecture et de l'écriture est indispensable. Notre agence de Dijon propose un programme pilote d'alphabétisation basé sur le volontariat.

Dernier exemple : nous avons développé les formations en e-learning. Les salariés se rendent sur une plateforme de formation et, selon leur métier, choisissent les thèmes qui les intéressent. Ce dispositif de formation à distance est pratique pour nos collaborateurs qui exercent parfois leur métier dans des lieux éloignés de nos agences.

Foucher, 2020

Prérequis SDGN

- Évolution de la demande
- Approvisionnement
- Facteurs internes de risque

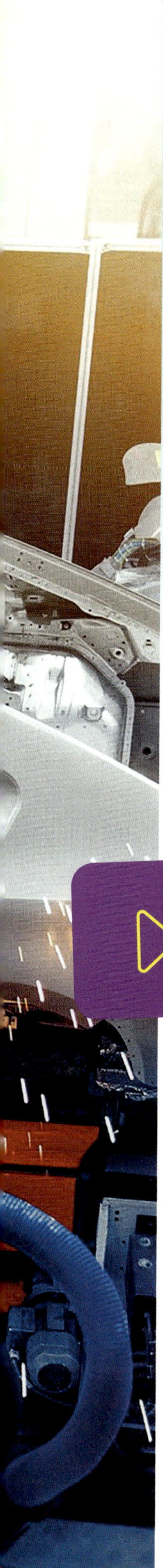

5 Les choix d'organisation de la production

3 minutes pour découvrir

L'usine PSA de Mulhouse : 20 heures pour fabriquer une voiture

foucherconnect.fr/20tmsdg73

> **Quelles ont été les évolutions de la production au sein de l'usine de PSA ?**
> **Quel a été l'impact sur le travail des salariés ?**

CAPACITÉ × Identifier et justifier le mode de production choisi par une organisation

Notions

Innovation de procédé + caractéristiques des processus de production de biens ou services : organisation de la production, productivité et flexibilité + logistique + gestion de la chaîne logistique *(supply chain management)* + flux tendus, flux poussés + flux physiques/flux d'informations + qualité + contrôle qualité + processus d'amélioration continue, apprentissage

1 Quelles sont les caractéristiques des modes de production d'une organisation ?

DOC 1 Les différents modes de production

Production à l'unité
Ex. : l'architecture où chaque projet est unique (dépendant des attentes du client) et volumineux (un chantier dure plusieurs mois avant d'être achevé).

Production en continu
Ex. : une raffinerie de pétrole, dont le processus de fabrication est continu et qui demande les compétences d'experts.

Production en série
Ex. : l'industrie automobile, pour laquelle le bien est fortement standardisé (différenciation retardée) et ainsi fabriqué en grande série.

1 Déterminez les facteurs qui vont influencer le mode de production.

2 Citez les autres facteurs (internes ou externes à l'organisation) qui pourraient influencer le mode de production.

3 Retrouvez à quel mode de production font appel ces différentes activités : confection de robes de mariée de luxe ; centrale nucléaire ; fabrication de prêt-à-porter ; chantier naval.

DOC 2 Les innovations de procédé

L'augmentation du nombre de drives année après année ne fait que confirmer leur succès. Malgré ce fort développement et l'importance des sommes investies (notamment en termes de logistique), le drive ne représente pourtant que 5,7 % des ventes de la grande distribution. En développant ce service, la grande distribution a aussi amplifié la concurrence. Leclerc, par exemple, a ouvert de nombreux drives indépendants et implantés à proximité d'enseignes concurrentes, et Auchan a créé un drive dans des villes où il ne possède pourtant pas d'hypermarché.

Pour rentabiliser ses drives et faire face à la concurrence, le distributeur Carrefour s'est allié à Epsilon pour mettre en place un moteur d'intelligence artificielle capable de proposer des produits de substitution adaptés quand une référence est indisponible sur le site. Dans l'e-commerce, le taux de rupture est un enjeu crucial, car plus qu'en magasin, il peut motiver le changement d'ensaigne pour faire ses courses. Grâce à cette solution intelligente, près de 70 % des consommateurs choisissent le produit de substitution proposé par l'algorithme.

Mais déjà le modèle se transforme… Quelle sera la prochaine étape ? Les drives piétons, la livraison à domicile par l'enseigne, les casiers automatiques où retirer sa commande ?

Foucher, 2020

4 Expliquez pourquoi les acteurs de la grande distribution ont développé les drives.

5 Précisez pourquoi Carrefour met en place cette solution.

DOC 3 Arbitrage entre productivité et flexibilité de la production

De nos jours, les modifications de l'environnement sont fréquentes pour les organisations, et parfois même imprévisibles. Les entreprises se doivent donc de trouver des solutions leur permettant d'être réactives tout en préservant leur rentabilité et leur productivité.
Certaines méthodes ont fait leurs preuves, telles que la différenciation retardée aujourd'hui utilisée par de nombreuses entreprises industrielles. Cette technique d'organisation de la production vise à introduire les étapes de customisation des produits le plus tard possible sur la chaîne de production, ce qui permet de garder une production intense (et donc de bénéficier d'économies d'échelle). Cette méthode est notamment utilisée par Airbus afin de faire face aux annulations de commandes : la personnalisation des avions en fonction des compagnies aériennes est réalisée en fin de processus de production.

Foucher, 2020

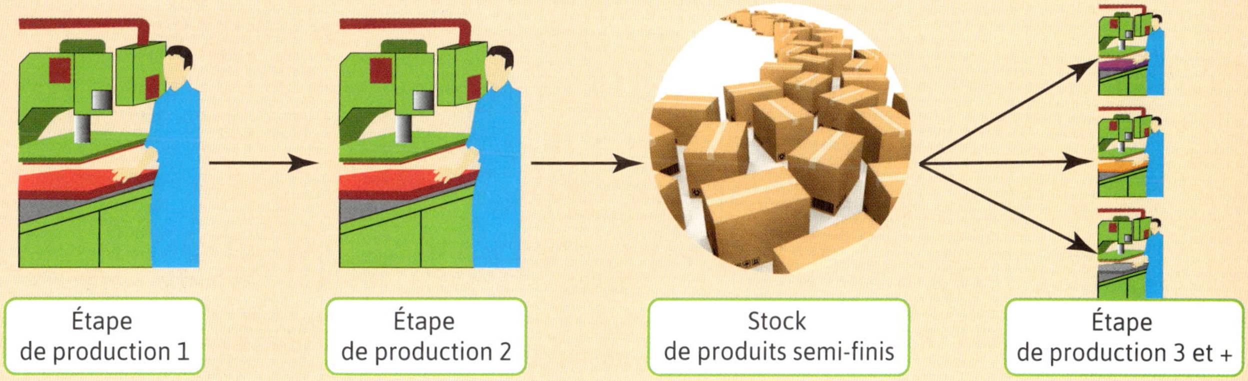

6 Expliquez pourquoi les entreprises ont besoin d'être flexibles.

7 Montrez en quoi la différenciation retardée permet d'améliorer la flexibilité de l'entreprise tout en restant productif.

DOC 4 La production de services (servuction)

La production de services ou « servuction » diffère de la production de biens. Si un homme souhaite avoir une nouvelle coupe de cheveux, il peut soit faire appel au service d'un coiffeur, soit acheter le matériel pour effectuer la tâche lui-même.
Contrairement au matériel de coiffure, le service du coiffeur ne peut être stocké dans le temps : sa production et sa consommation sont simultanées. De plus, le client participe à la production du service : soit du fait de sa présence (car la coiffure ne peut être faite en son absence), soit du fait des informations qu'il donne au producteur du service.

Foucher, 2020

8 Expliquez pourquoi il est impossible d'exporter ou de stocker certains services.

L'essentiel

- Plusieurs types de mode de production (à l'unité, en série, en continu) existent. Ils sont plus ou moins contraints par le type d'activité de l'entreprise, sa stratégie ou son environnement.
- L'environnement concurrentiel étant de plus en plus instable, l'entreprise est obligée de gagner en flexibilité et d'adapter son mode de production.
- La production de services est caractérisée par l'immatérialité du service, sa consommation instantanée et la participation du client à la production.

2 Comment la logistique d'une entreprise participe-t-elle à la création de valeur ?

DOC 1 L'activité de logistique

Afin de gagner des parts de marché et d'améliorer sa compétitivité, le grossiste de matériels électriques DERD (Docks Électriques Rhône Durance) a décidé d'investir pour optimiser sa logistique. DERD a acquis un bâtiment transformé en plateforme logistique centrale, dédiée à la distribution de l'ensemble des agences et aménagée pour assurer le *cross docking*.

Grâce aux progrès des logiciels logistiques, le *cross docking* permet une meilleure coordination entre fournisseurs, transporteurs et clients finaux. Plus besoin d'entrepôts pour stocker les articles des fournisseurs : ces derniers ne restent plus que quelques heures dans le bâtiment, juste le temps d'être contrôlés puis chargés à destination des agences régionales.

L'entreprise a également acquis un PGI (progiciel de gestion intégré), qui lui permet de gérer toutes les étapes du *cross docking* : la réception des marchandises, leur rangement, le pilotage de la flotte interne et des transporteurs externes. Avec l'installation de cette solution dédiée au pilotage des flux, l'entreprise n'observe plus aucun retard de livraison sur les réapprovisionnements en agence.

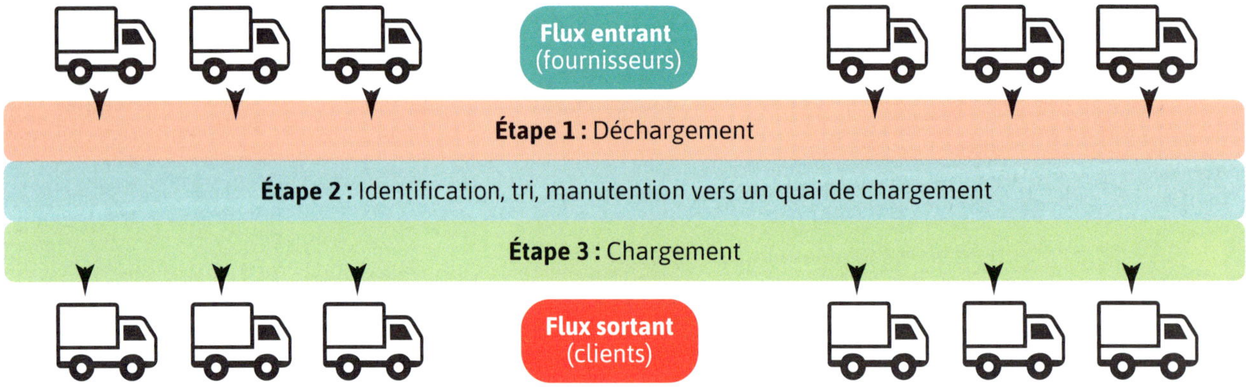

Foucher, 2020

1 Déterminez les objectifs de l'activité logistique.

2 Listez les solutions retenues par DERD pour améliorer son activité logistique et les avantages qu'elle en retire.

DOC 2 Logistique en flux poussés *versus* logistique en flux tirés

Le responsable de production au sein d'une entreprise est généralement confronté à un dilemme : faut-il déclencher la production d'un bien lorsque le client passe commande ou le produire par anticipation au risque de ne pas écouler la production ?

La méthode de flux poussés	Cette méthode consiste à produire par anticipation en se basant sur les prévisions réalisées par l'entreprise. L'entreprise a souvent tendance à constituer des stocks, ce qui génère des coûts, mais qui lui permettent de faire face à une éventuelle accélération de la demande. Avec cette méthode, le client, directement livré, est satisfait.
La méthode de flux tirés	Cette méthode est l'inverse de la précédente : c'est la demande qui déclenche le processus de production afin de minimiser les stocks. On produit « juste à temps » en s'appuyant sur les « cinq zéros » : zéro panne, zéro délai, zéro papier, zéro stock et zéro défaut. Mais l'absence de stock rend l'entreprise très dépendante de ses partenaires (fournisseurs, transporteurs et salariés).

Foucher, 2020

3 Indiquez pourquoi le « zéro panne » et le « zéro défaut » sont nécessaires pour réduire les stocks et les délais dans la méthode du juste-à-temps.

4 Présentez, dans un tableau, les avantages et les risques de chaque méthode.

DOC 3 Intégration de la chaîne d'approvisionnement

La volonté de Tesla de constituer, en son sein, une chaîne d'approvisionnement de minerai entièrement intégrée est révolutionnaire. En effet, deux doxas prédominent à ce jour chez les industriels occidentaux : celles du *just-in-time* (juste-à-temps) et *zero stock* (aucun stock). Afin d'éviter tout surplus, la première veut que le temps écoulé entre la fabrication et la vente du produit soit réduit au minimum. La seconde est son corollaire : la fourniture des composants – et de leurs matières premières – est confiée à une longue chaîne de sous-traitants. [...]
Or l'explosion des besoins en métaux rares et la mainmise chinoise sur la production de la plupart d'entre eux pèsent aujourd'hui sur les industriels occidentaux. Aussi, l'idée de reconstituer une chaîne d'approvisionnement intégrée fait son chemin chez ces derniers. [...] C'est dans ce contexte que surgit Elon Musk. Le patron de Tesla sait que la demande de lithium, portée par l'électro-mobilité, devrait s'établir à 110 000 tonnes en 2035, soit 180 fois plus qu'en 2013 ! [...] Elon Musk a compris que le groupe automobile qui, dans un monde de rareté, contrôlera le minerai aura pris l'ascendant sur ses rivaux. À rebours du toyotisme, il veut donc remonter à l'amont de la chaîne de valeur et briser les doctrines logistiques qui ont prévalu au temps du moteur thermique.

Guillaume Pitron, *L'Usine nouvelle*, 26 février 2018

5 Indiquez le type de logistique observée généralement dans le secteur automobile.

6 Expliquez pourquoi l'entreprise Tesla a décidé de rompre avec cette pratique et le choix qu'elle a opéré.

 # vidéo
Amazon ou le « territoire des robots » - 2,53 min
foucherconnect.fr/20tmsdg74

DOC 4 Gestion de la chaîne logistique et automatisation

Cela fait des années qu'Amazon automatise progressivement ses entrepôts afin de gagner en productivité et de pouvoir gérer le flux de commandes en ligne qui ne cesse de progresser. Aujourd'hui, près de 14 % des centres logistiques du géant américain sont en partie robotisés. Il s'agit pour la plupart de chariots automatisés chargés de transporter les produits jusqu'aux employés qui doivent préparer les colis. Mais désormais, Amazon travaille sur des robots capables d'opérer lors de cette dernière phase de tri.
L'un des projets de recherche d'Amazon impliquerait notamment un robot à même d'identifier visuellement les articles arrivant sur le tapis roulant, de les saisir et de les déposer sur un établi. Pour autant, Amazon maintient que ces robots n'ont pas vocation à remplacer les humains au sein des entrepôts, mais plutôt à les aider à travailler plus efficacement. [...]
Quoi qu'il en soit, le groupe devra se reposer sur ses employés encore quelque temps. Les articles actuellement saisis et triés par les humains sont de taille, poids et formes trop différents pour que les robots qui existent sur le marché puissent les appréhender.

Floriane Leclerc, *L'Usine digitale*, 12 octobre 2018

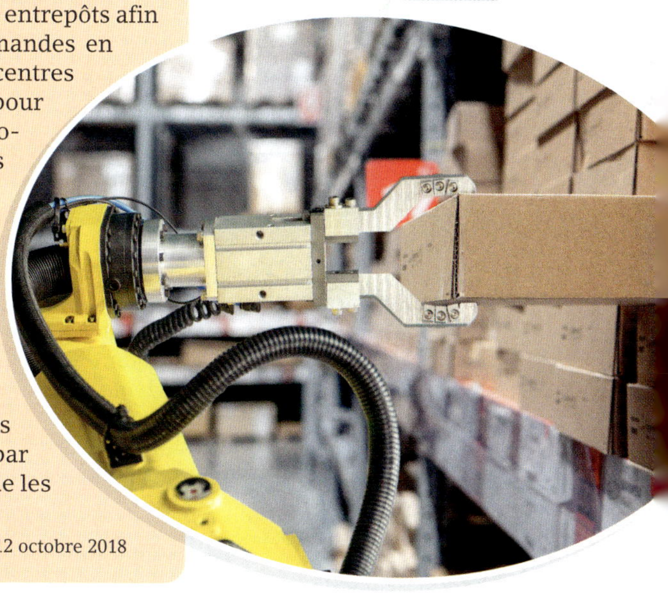

7 Listez les avantages attendus de la robotisation par Amazon.

8 Expliquez l'impact de cette robotisation en termes d'emploi pour les salariés.

L'essentiel

- Même si la gestion en flux poussés reste d'actualité dans de nombreuses entreprises, la production en juste-à-temps a bouleversé les modes de production et a amplifié le rôle de la fonction logistique interne en supprimant les stocks.
- Les entreprises essayent aujourd'hui de minimiser le temps entre la production du produit et la livraison au client final.
- Les innovations technologiques permettent d'améliorer la fonction logistique (aussi bien en interne qu'en externe).

Passerelle vers la mercatique

Les **technologies numériques** ont permis aux consommateurs de faciliter ses achats, et aux organisations de trouver de nouveaux espaces de croissance.

> Thème 2, question 2.3 Les technologies numériques, une autre manière de penser la distribution ?

3 Pourquoi la qualité est-elle un enjeu stratégique ?

DOC 1 Les différentes perceptions de la qualité

La qualité peut être définie comme le respect des normes (vision production), mais aussi comme l'ensemble des caractéristiques d'un produit ou d'un service lui conférant l'aptitude de satisfaire des besoins (vision mercatique).
Cependant, il existe parfois des écarts entre le niveau d'attente des consommateurs et le degré effectivement perçu par ces derniers. L'entreprise doit alors tout mettre en œuvre pour réduire cet écart si cette vision lui est défavorable.

Foucher, 2020

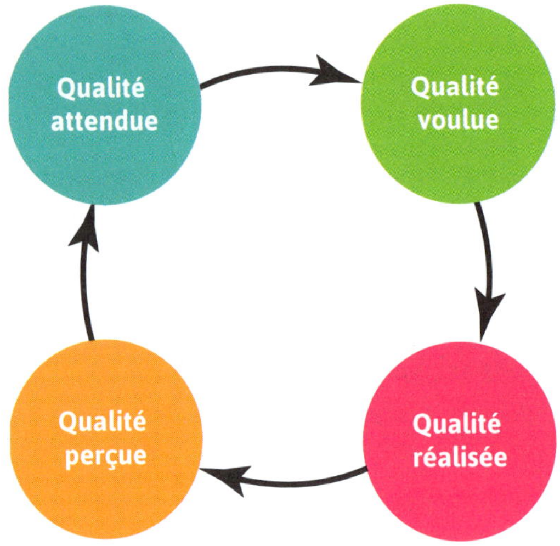

1 Interprétez le schéma en différenciant les qualités énoncées.

2 Expliquez comment l'entreprise peut faire pour améliorer la qualité perçue par le client.

DOC 2 La démarche de qualité totale

La société STMicroelectronics, spécialisée dans le développement, la fabrication et la commercialisation de puces électroniques, s'est lancée dès 2008 dans une démarche de qualité totale et de *lean management*. Avec des objectifs ambitieux : diviser par deux les temps de cycles de production et les accidents du travail, réduire les retours clients de 95 % et l'absentéisme de 30 %.
Le site de production de Rousset (dans les Bouches-du-Rhône) a ainsi décidé de remplacer l'ensemble de ses machines par des nouvelles plus performantes et de passer toutes ses lignes de production au « *lean management* ». Pour éviter une baisse de motivation de ses salariés, l'entreprise a formé ses 1 500 opérateurs en l'espace de quelques jours et mis en place des réunions quotidiennes entre les chefs d'équipe, les représentants de la maintenance, les opérateurs et les directeurs de production afin de régler au plus vite les éventuelles difficultés. L'implication de l'ensemble des acteurs dans la résolution des problèmes a pour but de maintenir leur intérêt dans la démarche de qualité totale. Les collaborateurs les plus impliqués sont récompensés au cours d'une cérémonie qui salue les chantiers « *lean* » les plus efficaces.
Cinq ans plus tard, les résultats sont flagrants et les objectifs fixés presque atteints : 85 % des retours clients ont été éliminés, 31 % des temps d'arrêts machines ont été supprimés et l'absentéisme a diminué de 25 %. Prochaine étape pour le site de Rousset : l'extension de la méthode à toutes les fonctions transverses et à l'ensemble de la *supply chain*. « Aujourd'hui, nous avons des logisticiens qui interviennent chez les fournisseurs en cas de problème », assure Claude Morant, directeur du site.

Foucher, 2020

3 Précisez les acteurs impliqués et leur rôle dans la mise en place de cette démarche de qualité totale.

4 Détaillez les avantages attendus et les risques d'une telle démarche.

DOC 3 Les certifications qualité

L'activité de Bureau Veritas se porte bien. Cette société de services spécialisée dans l'inspection, l'audit, la formation et le conseil est aujourd'hui présente dans 140 pays. Sa filiale indépendante, Bureau Veritas Certification, est devenue le leader mondial de la certification dans les domaines de la qualité, de la sécurité, de la protection de l'environnement et de la responsabilité sociétale.

En effet, les domaines de l'audit et de la certification sont devenus primordiaux car les certifications sont un moyen de se démarquer de la concurrence et de rassurer le client sur les pratiques de l'entreprise : respect des normes environnementales, respect de la protection des données personnelles, origine des produits certifiée, etc. Bureau Veritas intervient ainsi à différents niveaux :

- la pratique d'audits de certification en tant qu'organisme agréé et indépendant ;
- le conseil de dirigeants ;
- la formation des salariés de manière à atteindre la certification recherchée.

Si les audits annuels réalisés par l'organisme certificateur peuvent être source de perturbations dans les plannings et générer du stress, ils peuvent aussi se révéler un outil pour chercher à s'améliorer. La mise en place de la certification peut être un investissement coûteux, mais également un moyen d'implication du personnel et de fierté en cas d'obtention.

Foucher, 2020

5 Définissez ce qu'est une certification.

6 Relevez quels sont les avantages et les inconvénients de la certification.

7 Citez des certifications ou labels que vous connaissez.

DOC 4 La qualité dans les services publics

Son dossier EDF sous le bras, Farida, 70 ans, esquisse un sourire en sortant du 4, allée La Pérouse, à Sevran, au cœur de la cité des Beaudottes. « Je suis soulagée : en entrant ici, je n'avais rien compris à mon nouvel échéancier pour payer l'électricité. Mais on m'a tout expliqué, et même aidé à remplir mon formulaire ! » […] Farida a demandé de l'aide au Pimms, un guichet unique où des médiateurs sociaux accompagnent les habitants dans leurs démarches : prestations sociales, dossiers administratifs, formulaires d'opérateurs en tous genres, EDF, GDF, transports…

Ce dispositif est censé « hausser l'exigence de qualité » des nombreuses maisons des services publics existant déjà, et dont le concept est rodé. « L'idée, c'est de faciliter l'accès aux services publics, donc aux droits, sur un panel de besoins liés à la vie quotidienne, à destination de gens en situation de pauvreté ou de difficultés sociales, résume Anne-Claire Mialot (préfète déléguée à l'égalité des chances). En somme, ajoute-t-elle, on vient avec un problème, on repart avec une solution. »

Thomas Poupeau, *Le Parisien*, 8 janvier 2020

8 Expliquez comment le Pimms permet d'améliorer la qualité du service public.

L'essentiel

- **Le système de qualité totale consiste en une démarche d'amélioration continue de l'organisation afin de faire bien du premier coup.**
- **La certification qualité est une procédure ayant pour but de prendre du recul sur les processus et le management de l'organisation, tout en permettant de faire connaître aux parties prenantes externes le niveau d'exigence atteint et les normes respectées.**
- **La notion de qualité est aussi présente dans les services publics qui cherchent à satisfaire les besoins de l'usager et améliorer les services rendus.**

Synthèse

3 minutes pour comprendre
foucherconnect.fr/20tmsdg75

1 Quelles sont les caractéristiques des modes de production d'une organisation ?

2 Comment la logistique d'une entreprise participe-t-elle à la création de valeur ?

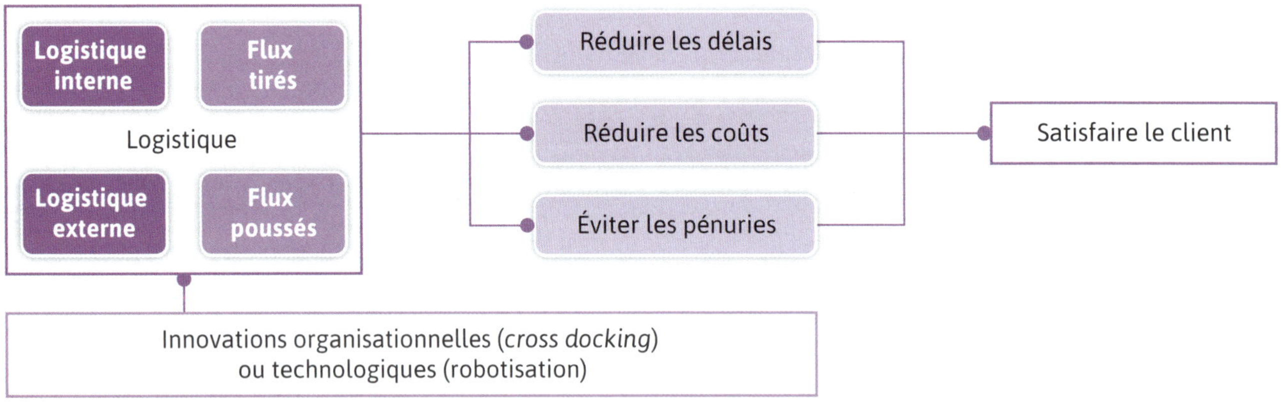

3 Pourquoi la qualité est-elle un enjeu stratégique ?

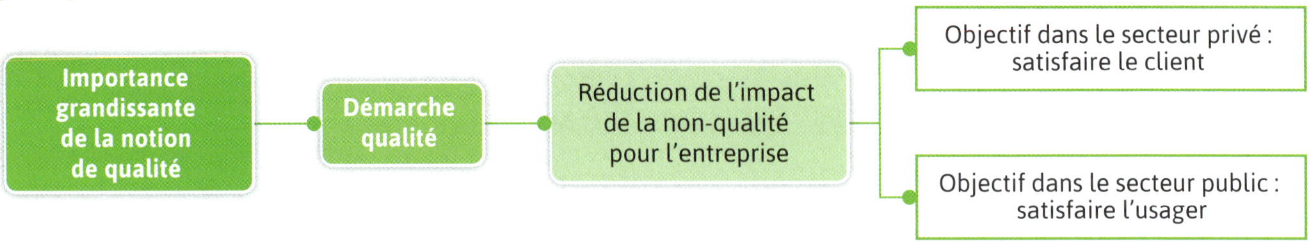

Mots-clés

Logistique : gestion des flux physiques de produits dans les meilleurs délais, avec la meilleure qualité possible et tout en optimisant les stocks et les flux.

Qualité : ensemble des activités de planification, de direction et de contrôle destinées à établir ou à maintenir la qualité de la production compte tenu des attentes des clients.

3 minutes pour s'évaluer

foucherconnect.fr/20tmsdg76

TESTEZ-VOUS

Répondez par vrai ou faux aux affirmations suivantes.

1 Les innovations technologiques sont des facteurs internes influençant le mode de production d'une organisation.

2 La logistique externe concerne l'acheminement des matières premières du fournisseur jusqu'à l'entreprise et de l'entreprise jusqu'au client.

3 La production de services est soumise aux mêmes contraintes que la production de biens manufacturés.

4 Le juste-à-temps est un mode de production qui nécessite d'être beaucoup plus exigeant en termes de qualité.

5 La qualité est un critère de choix secondaire pour le consommateur.

6 Une démarche de qualité acceptable fait intervenir l'ensemble des acteurs de l'entreprise.

7 La notion de qualité s'applique au secteur privé et public.

ZOOM vidéo p. 57

L'usine PSA de Mulhouse : 20 heures pour fabriquer une voiture

À l'usine PSA de la cité des Princes, la phase d'exécution du plan Sochaux 2022 bat son plein. Il y a les transformations visibles avec la nouvelle presse ultramoderne de 6 500 tonnes […]. Et puis, il y a les transformations moins visibles avec tout un travail de fond sur l'innovation technologique.
Car à cet égard, PSA a plusieurs convictions. Au moins trois. « La première, c'est que seule la performance garantira la pérennité du site de Sochaux, liste Thierry Robert, son directeur de la production. La deuxième, c'est que l'innovation, avec le digital, l'intelligence artificielle, l'automatisation de la logistique ou encore la robotique collaborative, offre un potentiel de performance très important, même si l'industrie automobile restera une industrie de main-d'œuvre avec des ateliers très manuels. »
La troisième conviction, c'est que l'union fera la force. « Ensemble, nous serons plus forts », a-t-il martelé jeudi après-midi devant un parterre d'une trentaine de chefs d'entreprise du Grand Est (sous-traitants de l'automobile, start-up spécialisées dans le numérique, acteurs de l'innovation au sens large du terme) et d'universitaires. […]

Un an pour construire le Mattern Lab

Chez PSA, la maturation de ces briques passe par le Mattern Lab qui vise « à accompagner et à accélérer la révolution du 4.0 avec mise à disposition, pour les entreprises qui le rejoindront, des ateliers de PSA comme terrain d'expérimentation », a expliqué Thierry Robert.

Alexandre Bollengier et Boris Massaini, *L'Est Républicain*, 29 novembre 2019

Questions

1 Énoncez les raisons de la transformation du site de Sochaux en usine du futur.

2 Expliquez l'objectif de la création du Mattern Lab.

Vers le BAC

GRAND ORAL

3 minutes pour convaincre

Quels sont les enjeux de la flexibilité pour l'organisation ?

Cas Boeing

Boeing est la plus grande entreprise aérospatiale au monde et le premier fabricant d'avions de ligne commerciaux, de systèmes de défense, d'espace et de sécurité, et fournisseur de services d'assistance après-vente.

En tant que plus grand exportateur de produits manufacturés aux États-Unis, la société soutient les compagnies aériennes et les clients gouvernementaux américains et alliés dans plus de 150 pays. Les produits et services personnalisés de Boeing comprennent les avions commerciaux et militaires, les satellites, les armes, les systèmes électroniques et de défense, les systèmes de lancement, les systèmes avancés d'information et de communication, ainsi que la logistique et la formation basées sur les performances.

Questions

1. Présentez le marché de l'aviation commerciale.
2. Décrivez le processus de production des avions Boeing 737.
3. Indiquez pourquoi les contrôles qualité sont si importants dans le secteur de l'aéronautique.
4. Identifiez les impacts des accidents des Boeing 737 sur l'avionneur et sur les autres acteurs du secteur.

MÉTHODE

Pour présenter le marché de l'aviation commerciale, appuyez-vous sur les données chiffrées évoquées dans les différentes annexes.

Annexe 1 Dans les coulisses de production du Boeing 737

Depuis 1965, c'est ici, dans l'usine de Renton, la plus productive au monde, et située à 20 kilomètres au sud de Seattle dans l'État de Washington aux États-Unis, que le moyen-courrier est assemblé à un rythme à peine croyable. 42 exemplaires sortent des deux chaînes d'assemblage final chaque mois. Une cadence soutenue rendue possible grâce à un processus de production « en mouvement ». Contrairement à l'A320 qui est déplacé au fil de son assemblage de poste en poste, chaque 737 est positionné sur une station qui se déplace au fur et à mesure de sa fabrication, à raison de 5 centimètres par minute.

S'il fallait, au début, 22 jours à Boeing pour fabriquer un exemplaire du biréacteur, il ne lui en faut désormais plus que 9. Les cinq premiers jours sont consacrés au câblage, à la jonction des sections de fuselage et de la voilure et à l'intégration des trains d'atterrissage. Les sixième et septième à l'aménagement cabine, l'avant-dernier au contrôle des différents systèmes et le neuvième à la fixation des moteurs CFM56 de Snecma. Avantage non négligeable pour l'avionneur américain : absolument tout se passe dans cette usine de 380 000 m^2 où travaillent 10 000 salariés et qui est dotée d'un ascenseur pour sièges d'avion, rien que ça.

Avant la livraison au client, les appareils effectuent quelques vols d'essai puis sont peints, sur place, aux couleurs de la compagnie. […]

aeronewstv.com, 14 janvier 2020

Annexe 2 Évolution des parts de marché des constructeurs Boeing et Airbus dans l'aviation commerciale de 2015 à 2020

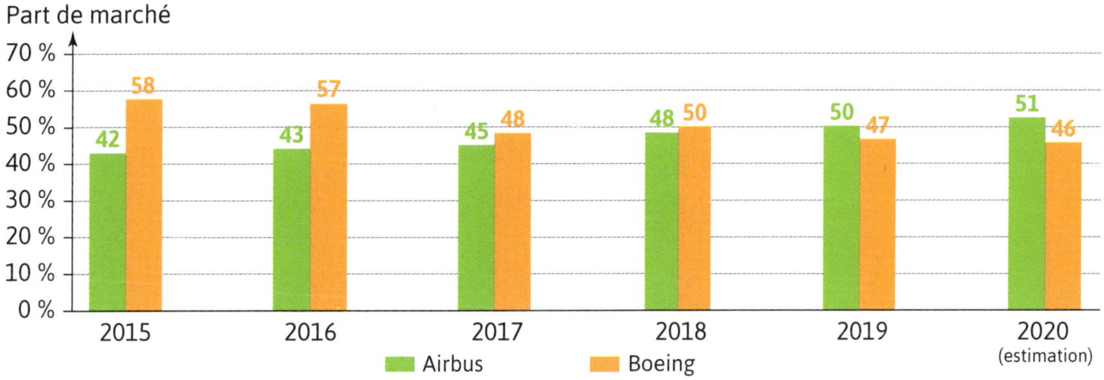

statista.com

Annexe 3 Le ciel se dégage pour Airbus, qui profite de la crise du Boeing 737 MAX

Onze mois déjà que le moyen-courrier 737 MAX de Boeing est cloué au sol après deux crashes qui ont causé la mort de 346 passagers et membres d'équipage. Cette crise sans précédent peut-elle conduire le constructeur américain à la faillite ? C'est la grande crainte de tous les acteurs de l'aéronautique qui espèrent que l'avion reprenne les airs le plus rapidement possible. Il faut dire que les 4 932 avions en commande sont une nécessité vitale pour les fournisseurs comme pour les compagnies aériennes (dont une partie de la flotte reste à terre). Même Airbus tient à ce que ce très rentable duopole perdure. D'autant que l'avionneur européen, dont les usines tournent au maximum pour produire les 6 800 appareils de la famille A320 en commande (concurrent du 737 de Boeing), ne peut absolument pas reprendre tout ou partie de la production de son rival malgré le lancement d'une nouvelle ligne de production et d'assemblage début 2020.

En moins d'un an, la crise du MAX a viré à la catastrophe industrielle et totalement rebattu les cartes du secteur. [...] Pour Boeing, la chute est sévère. Avec seulement 345 livraisons l'an passé, il est loin de son record de 2018 quand il avait livré 806 avions. Airbus, au contraire, a pris le large. L'an passé, il a livré 863 appareils. Le meilleur résultat de toute son histoire.

Guy Dutheil, *Le Monde*, 13 février 2020

Annexe 4 La crise de Boeing résonne au sein du parc Paris-Villaroche

Depuis le début d'année, Boeing a suspendu la production de son avion 737 MAX. Une décision qui concerne toute la chaîne de production. [...] Dans sa chute, Boeing entraîne également les entreprises qui contribuent à la production de pièces détachées de l'appareil, dont plusieurs sont installées en Seine-et-Marne, au sein du parc d'activités Paris-Villaroche à Montereau-sur-le-Jard. Heureusement, la plupart ont trouvé la parade. [...]

L'usine seine-et-marnaise de Safran devait livrer 2 000 moteurs pour 2020. La direction du groupe a décidé de réduire sa production, sans toutefois l'arrêter totalement. Dans l'aéronautique, l'arrêt complet d'une chaîne d'assemblage ne permet pas de redémarrer aussi vite. Sur le moyen terme, il est préférable de garder une certaine cinétique dans la production. [...]

Au sein de JPB Système, entreprise d'une centaine de salariés spécialisée dans la production de pièces de fixation brevetées, on a joué la carte de la diversification. « Cette crise nous impacte, mais pas directement. Nous vendons nos pièces à Safran, qui ensuite vend à Boeing. On avait entamé une démarche de diversification depuis quelques années déjà. En plus du 737 MAX, on travaille également sur le moteur de l'A320 Neo, ou encore pour Pratt & Whitney. Grâce à cette diversification, on reste stable ou en légère hausse », affirme Damien Marc, président de JPB Système, qui garde tout de même un œil constant sur la situation de Boeing.

AFP, 7 septembre 2019

▲ Marque récente, Jules & Jenn propose des sacs, des ceintures et des chaussures. Représentative du mouvement *slow fashion*, cette start-up s'oppose à la surconsommation et propose des produits durables à des prix abordables.

Prérequis 1re SDGN

- Prix, coût, marge, charges
- Seuil de rentabilité

6 Le contrôle des coûts dans les organisations

3 minutes pour découvrir

Jules & Jenn et la *slow fashion*
foucherconnect.fr/20tmsdg68

> **Quels sont les éléments composant le coût d'un produit proposé par Jules & Jenn ?**
> **À quoi sert le contrôle des coûts chez Jules & Jenn ?**

CAPACITÉ × Déterminer la pertinence d'un contrôle des coûts

Notions

Contrôle des coûts : coût complet, coût spécifique
\+ gestion du cycle de vie des produits ou *product lifecycle management* (PLM)

1 Pourquoi contrôler les coûts dans les organisations ?

DOC 1 Qu'est-ce qu'un coût ?

Crêpe au Nutella
Pâte (0,18 €) + Nutella (0,12 €)
Coût de production = 0,30 €
Prix de vente = 3 €
Taux de marge brut = 90 %

Crêpe complète
Farine (0,10 €) + 1 œuf (0,20 €) + 1 tranche de jambon (0,50 €) + lait, beurre (0,10 €) + emmental (0,10 €)
Coût de production = 1 €
Prix de vente = 6 €
Taux de marge brut = 83,3 %

D'après *Pour l'Éco*, n° 5, décembre 2019

1. Listez les principaux éléments constituant le coût d'une crêpe.
2. Proposez une définition de la notion de coût.

DOC 2 L'utilité du contrôle des coûts

Le contrôle des coûts est une activité importante du management des entreprises, quelle que soit leur activité : production de biens et/ou de services, négoce, etc. En mettant en place une comptabilité analytique, l'entreprise dispose d'une meilleure information que celle fournie par la comptabilité financière. Elle permet en effet de ventiler les charges par produit, alors que la comptabilité financière ne donne qu'une information globale du montant des charges. En calculant le coût de revient par produit, la comptabilité analytique permet d'identifier les activités les plus performantes.

Par ailleurs, connaître son coût de revient permet à une entreprise de chiffrer ses devis et d'accepter certaines affaires en ayant la confirmation que les charges supportées seront couvertes par le prix de vente et qu'un bénéfice sera réalisé.

La détermination du coût de revient permet ainsi d'évaluer la rentabilité des activités et de réfléchir aux actions permettant de l'améliorer. Elle peut conduire à :

- agir sur certaines charges dans le but de les optimiser et de réduire le coût de revient ;
- rechercher de nouveaux partenaires plus compétitifs ;
- abandonner ou développer certaines activités ;
- augmenter ou diminuer le prix de vente.

Plusieurs méthodes existent pour contrôler les coûts : calcul des coûts complets ou des coûts spécifiques. Aucune méthode n'est supérieure à une autre. Le choix se justifie par le contexte et la problématique rencontrée par l'entreprise.

Foucher, 2020

 # vidéo
Comptabilité analytique : définition et méthodes de calculs simples
- 1,15 min
foucherconnect.fr/20tmsdg69

3. Expliquez l'utilité du contrôle des coûts pour les entreprises.
4. Montrez que le contrôle des coûts concerne toutes les entreprises.

DOC 3 Le contrôle des coûts dans les organisations publiques

Le Code de la santé publique impose aux hôpitaux de mettre en place une comptabilité analytique, couvrant la totalité de leurs activités et de leurs moyens. Une analyse de l'activité et des coûts est réalisée au moins une fois par an, notamment en répartissant les charges entre les différents secteurs d'un hôpital : clinique, médico-technique et logistique.

Suite à une analyse des coûts, le centre hospitalier de Redon-Carentoir a ainsi décidé de fermer, en 2019, les services buanderie et lingerie du site de Carentoir. Les prestations d'entretien du linge sont donc désormais externalisées et moins coûteuses. Selon la direction de l'établissement, le contexte budgétaire nécessite de donner priorité aux projets médicaux.

Foucher, 2020

5 Expliquez comment le contrôle des coûts contribue à la prise de décision et à l'amélioration de la performance à l'hôpital.

6 Justifiez l'obligation imposée aux hôpitaux de tenir une comptabilité analytique.

 # vidéo
Le cycle de vie d'un produit, qu'est-ce que c'est ? - 3 min
foucherconnect.fr/20tmsdg70

DOC 4 Les impacts de la gestion du cycle de vie des produits

Témoignage de Nicolas Merckx, chargé de projets chez Chauvat portes (PME spécialisée dans la fabrication de portes intérieures en bois, Pays de la Loire).

Pouvez-vous donner un exemple de thématique sur laquelle vous avez décidé d'agir ?

Nous avons choisi de nous occuper des déchets. Une première étape a consisté à analyser leur production en optimisant le tri dans nos différentes bennes. Dans un second temps, nous avons travaillé à valoriser davantage ces déchets. Par exemple, nous avons changé de fournisseur pour le film étirable qui protège nos palettes lors des transports. […] Précédemment, une bobine de film protégeait 14 palettes ; aujourd'hui elle en filme 45. Cela représente un gain de 68 % de matière. Autre avantage : le mandrin en carton qui se trouve à l'intérieur des bobines actuelles est moins épais que l'ancien, ce qui réduit les déchets. C'est aussi un gain économique puisqu'en réduisant de 700 grammes par palette la consommation de film plastique étirable, notre entreprise réalise de véritables économies.

Demain, existe-t-il de nouvelles pistes à explorer pour réaliser encore des économies ?

Oui, nous menons une réflexion concernant la matière polystyrène présente dans certaines de nos portes. Nous réfléchissons également de manière plus globale à l'optimisation de la gestion de nos déchets et de notre consommation énergétique. […]

Est-il possible de réaliser des gains tout en limitant son impact sur l'environnement ?

C'est tout à fait possible. Pour cela, il faut prendre de la hauteur et réfléchir en coût global plutôt qu'en coût unitaire. Si je reviens sur l'exemple du film de protection, la nouvelle bobine que nous utilisons est certes plus chère à l'unité, mais permet aujourd'hui de protéger plus de palettes en générant moins de déchets. On est bien là dans une logique de coût complet, d'économie d'échelle et donc de développement durable.

Avec l'aimable autorisation de Nicolas Merckx et de l'ADEME
www.gagnantessurtouslescouts.fr

7 Expliquez ce qu'est la gestion du cycle de vie des produits.

8 Montrez que la gestion du cycle de vie des produits a un impact sur les coûts d'une PME.

L'essentiel

- Un coût est un ensemble de charges relatives à un produit, un service, une activité.
- Le contrôle des coûts permet d'apprécier la performance et facilite la prise de décision.
- La méthode de contrôle des coûts retenue se justifie par le problème rencontré par l'organisation.

2 Comment calculer un coût complet ?

DOC 1 L'exemple de l'entreprise Comme à la maison

Activité : fabrication de savons et, plus récemment, de shampoings solides

Description simplifiée du processus de production d'un shampoing solide

Au terme du premier mois de production des shampoings solides, tous les produits ont été vendus (1 000 ventes), notamment grâce à l'effet nouveauté et à la confiance des clients. Cependant, de nombreux clients ont trouvé le prix de vente trop élevé (11,90 € HT). L'entreprise se demande donc s'il est possible de réduire son prix, sachant qu'elle souhaite un résultat minimum de 2,50 € par shampoing.

1 Repérez le problème rencontré par l'entreprise Comme à la maison.

2 Expliquez en quoi ce problème peut être résolu par un contrôle des coûts.

DOC 2 Le classement des charges dans la méthode des coûts complets

	Définition	Exemples
Charges directes	Charges pouvant être affectées sans ambiguïté au coût d'un produit grâce à des nomenclatures (quantité par produit) et à des gammes (temps par produit).	Matières premières, composants, MOD (main-d'œuvre directe), emballages…
Charges indirectes	Charges ne pouvant pas être affectées directement au coût d'un produit. Elles concernent plusieurs produits ou l'ensemble de l'entité.	Frais généraux, chauffage, salaires des fonctions support, loyers…

3 Repérez et classez, à partir des **DOCS 1** et **2**, les charges de l'entreprise selon la distinction présentée ci-dessus.

4 Expliquez les difficultés pour contrôler les coûts quand les entreprises font face à d'importantes charges indirectes.

DOC 3 Le calcul d'un coût complet

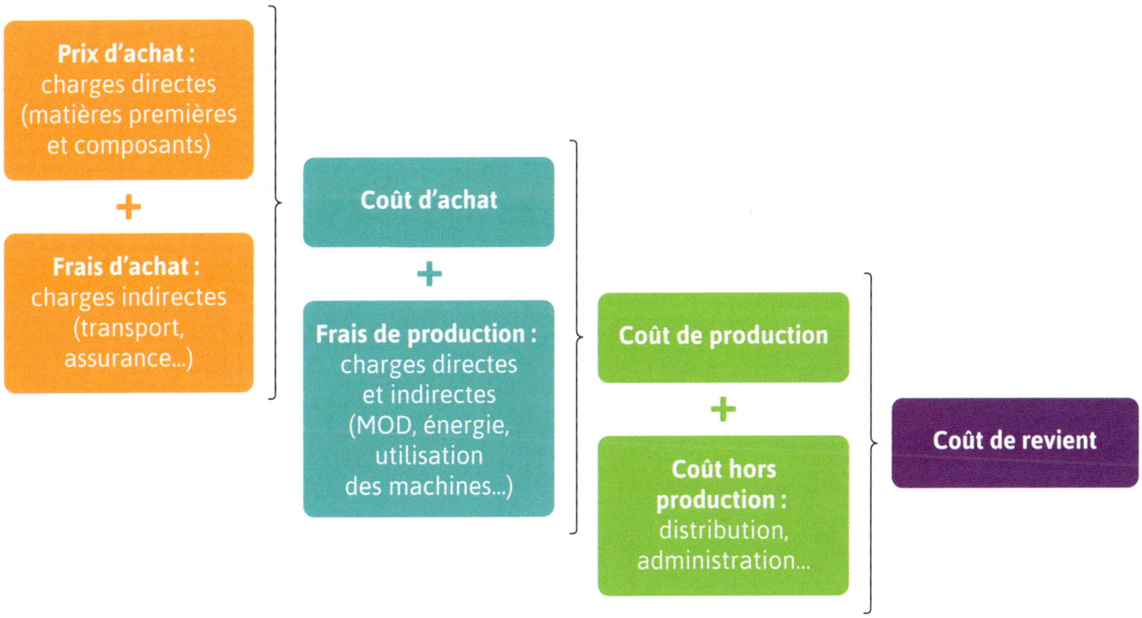

5 Justifiez la raison pour laquelle le coût de revient présenté ci-dessus est qualifié de « coût complet ».

DOC 4 Charges supportées pour la production des 1 000 premiers shampoings solides

Achats et consommations	Production	Distribution/administration générale
– Tensioactif : 50 kg = 500 € – Huile de coco : 15 l = 500 € – Poudre d'amla : 25 kg = 500 € – Huile essentielle : 100 flacons = 500 € – Autres matières premières = 500 € – Autres charges d'approvisionnement (salaires, transport) = 500 €	Atelier mélange/chauffe – Main-d'œuvre directe : 50 h = 1 000 € – Utilisation de machines communes à la production des savons = 500 € Atelier moulage/découpe – MOD : 75 h = 1 500 € – Utilisation de moules et de lames communs à la production des savons = 500 €	– Emballages = 250 € – Autres charges hors production = 750 €

6 Calculez, à partir des **DOCS 3** et **4**, le coût d'achat et le coût de production des 1 000 shampoings produits et vendus.

7 Calculez le coût de revient des 1 000 shampoings vendus, puis déduisez-en le résultat dégagé pour un shampoing.

8 Conseillez l'entreprise sur la fixation de son prix de vente.

L'essentiel

- La méthode des coûts complets permet d'imputer l'ensemble des charges au coût d'un produit, de calculer un résultat par produit. Elle contribue à la fixation des prix.
- Cette méthode présente l'avantage d'obtenir un coût de revient exhaustif mais est souvent difficile à mettre en place, car les charges indirectes des organisations ont tendance à croître.

Passerelle vers la gestion et finance

La **méthode des coûts complets** permet de déterminer la rentabilité individuelle des produits (marge nette positive).

> Thème 3, question 3.4 Qu'apporte l'analyse des coûts à la prise de décision ?

3 Comment calculer un coût spécifique ?

DOC 1 L'exemple de l'entreprise Aquarev

Activité principale : aquarium et découverte de l'environnement marin.

Autre activité : restauration (en moyenne 200 couverts par jour pour les 200 jours d'ouverture au public ; ticket moyen facturé aux clients : 20 €).

L'activité de l'aquarium l'occupant énormément, le dirigeant se demande s'il ne devrait pas se concentrer sur son cœur de métier et externaliser la partie restauration. Un contrôle des coûts s'avère nécessaire pour prendre cette décision.

1 Repérez le problème rencontré par l'entreprise Aquarev.

2 Expliquez en quoi ce problème peut être résolu par un contrôle des coûts.

DOC 2 La double distinction des charges dans la méthode des coûts spécifiques

Liste des charges de l'activité restauration pour la période étudiée :

- produits alimentaires + énergie : 30 % du ticket moyen ;
- coût du personnel :
  - coût des intérimaires : 10 % du ticket moyen ;
  - coût du personnel permanent : 200 000 € ;
- charges d'eau, de gaz, d'électricité supposées fixes : 20 000 € ;
- primes d'assurances : 50 000 € ;
- publicité : 30 000 € ;
- services bancaires : 10 000 € ;
- loyer du restaurant : 60 000 € ;
- dotations aux amortissements des matériels d'équipement de cuisine, de salle, de mobilier de restauration : 40 000 € ;
- intérêts des emprunts : 20 000 €.

Typologie des charges selon la méthode des coûts spécifiques

	Charges directes	Charges indirectes
Charges variables (proportionnelles avec le volume d'activité)	Charges opérationnelles : matières premières, salaires versés au personnel intérimaire affecté à la production d'un bien, etc.	Charges évoluant avec l'activité et concernant plusieurs produits ou l'ensemble de l'entité : énergie, fournitures, etc.
Charges fixes (montant indépendant du volume d'activité)	Charges régulières dans leur montant et leur périodicité supportées et affectées à un produit, un service : utilisation des machines spécifiques à la production, publicité pour un produit, rémunération du personnel permanent affecté à un produit, etc.	Charges de structure : utilisation des installations communes, frais généraux/administratifs, salaires de l'encadrement, loyer du siège social, etc.

Foucher, 2020

3 Évaluez les charges variables de l'entreprise Aquarev.

4 Retrouvez le montant total des charges fixes directes de l'entreprise.

DOC 3 Le calcul des coûts spécifiques

Chiffre d'affaires
– Charges variables des produits vendus
= Marge sur coût variable
– Charges fixes directes
= Marge sur coût spécifique

La marge sur coûts spécifiques (MCS) d'un produit doit contribuer à couvrir les charges fixes indirectes.
Si la MCS est positive, le produit ou le service contribue à couvrir les frais fixes indirects.
Si la MCS est négative, l'abandon du produit doit être étudié car l'activité ne couvre pas elle-même tous ses coûts spécifiques.

5 Calculez la marge sur coûts spécifiques de l'activité restauration de l'entreprise.

6 Commentez le résultat obtenu.

7 Formulez une recommandation à la problématique rencontrée par l'entreprise.

DOC 4 Intérêts des coûts spécifiques

La méthode des coûts spécifiques est une démarche intermédiaire entre les coûts variables et les coûts complets. Elle écarte donc du calcul des coûts une partie des charges : les charges indirectes fixes (frais généraux du siège social : loyers, salaires du P-DG et des administratifs… ; frais des installations communes : électricité, gaz…). Le contrôle des coûts n'est pas exhaustif mais permet une analyse plus fine, car il se base sur une double distinction des charges : directes/indirectes et variables/fixes.
La méthode des coûts spécifiques consiste à attribuer à un produit ses coûts variables (matières premières, composants…) et ses coûts spécifiques fixes (main-d'œuvre liée à la fabrication du produit, loyers de l'usine…). Un coût fixe spécifique est considéré comme tel si l'abandon du produit engendre la disparition de ce coût. Par exemple, l'abandon d'une activité restauration entraîne la suppression des salaires des cuisiniers et des serveurs, du loyer et des assurances versés pour le restaurant…

La méthode, qui revient à calculer une marge sur coûts spécifiques, permet de réaliser facilement des simulations en faisant varier les quantités, le niveau des charges. Elle est particulièrement appropriée pour décider si une activité doit être conservée ou au contraire abandonnée. Elle est donc d'une aide précieuse pour les décisions stratégiques.

Foucher, 2020

8 Mettez en évidence les apports de la méthode des coûts spécifiques par rapport à la méthode des coûts complets.

L'essentiel

- La méthode des coûts spécifiques propose une analyse plus détaillée que celle des coûts complets, car elle repose sur une étude plus fine des charges indirectes.
- Une marge sur coûts spécifiques est obtenue en retranchant à la marge sur coûts variables les charges fixes affectées au produit étudié.

Passerelle vers la gestion et finance

La **méthode des coûts spécifiques** impute à chaque produit les charges directes fixes qui lui sont propres.

> Thème 3, question 3.4 Qu'apporte l'analyse des coûts à la prise de décision ?

Synthèse

3 minutes pour comprendre
foucherconnect.fr/20tmsdg71

1 Pourquoi contrôler les coûts dans les organisations ?

- Entreprises
- Organisations publiques
- Organisations de la société civile

→ **Contrôle des coûts** ▶

- Meilleure information financière
- Mesure et amélioration de la performance
- Prise de décision

2 Comment calculer un coût complet ?

Charges directes
+
Charges indirectes

→ Coût d'achat ▶ Coût de production
+
Coût hors production

= Coût de revient

Chiffre d'affaires
–
Coût de revient
=
Résultat

3 Comment calculer un coût spécifique ?

Chiffre d'affaires
–
Charges variables

= Marge sur coûts variables
–
Charges fixes directes

= Marge sur coûts spécifiques

Mots-clés

Comptabilité de gestion : comptabilité à vocation interne, qui a pour objectif principal d'informer sur les coûts et la rentabilité d'un produit, d'un service... Elle complète les informations issues de la comptabilité financière.

Coût : ensemble des charges relatives à un objet de coût : produit, service, activité...

Coûts complets : méthode de calcul de coûts, basée sur la distinction entre charges directes et indirectes, ayant pour objectif de calculer le coût de revient total d'un produit ou d'un service.

Coûts spécifiques : méthode de calcul des coûts, basée sur une double analyse des charges (directes/indirectes et variables/fixes), ayant pour objectif de calculer une marge sur coûts spécifiques d'un produit ou d'un service. Elle écarte de l'analyse les charges fixes communes, difficilement rattachables à un produit ou un service.

Gestion du cycle de vie des produits (*product lifecycle management*) : démarche qui permet de suivre l'ensemble des étapes du cycle de vie du produit, de sa conception jusqu'à sa mise au rebut.

Activités

3 minutes pour s'évaluer

foucherconnect.fr/20tmsdg72

TESTEZ-VOUS

Répondez par vrai ou faux aux questions suivantes.

1. Le contrôle des coûts est obligatoire pour tous les types d'organisation.
2. Le contrôle des coûts permet de mesurer la performance et facilite la prise de décision.
3. Il n'existe qu'une seule méthode de calcul de coûts, transposable dans tous les types d'organisation.
4. Un coût complet est un coût exhaustif.
5. Un coût spécifique est un coût partiel.

ZOOM vidéo p. 69

Jules & Jenn et la *slow fashion*

La marque Jules & Jenn ne se reconnaît pas dans le modèle de la *fast fashion* et n'hésite pas à le revendiquer dans ses actions de communication. Pour ses deux fondateurs, Julien et Jennifer Maumont, il faut transformer le modèle industriel du prêt-à-porter. Plus question pour cette nouvelle marque de pratiquer des soldes et des réductions devenues aujourd'hui trop régulières. Selon Jules & Jenn, ces techniques de vente poussent à la surconsommation et ont des effets désastreux sur la planète.

L'objectif pour Jules & Jenn est de contrecarrer ce mouvement en proposant des produits durables à un prix juste. Les prix proposés sont abordables, car l'entreprise a réduit les marges habituellement réalisées sur ce type de produit. Elle affiche d'ailleurs à côté des articles de son catalogue disponible sur Internet une infographie expliquant de façon détaillée les coûts supportés et la marge réalisée sur chaque produit.

Les ventes sont pour l'instant assez modestes, mais en hausse régulière. La marque souhaite développer sa production *made in* France. Pour réduire son impact environnemental, elle a récemment décidé de commercialiser des baskets en toile fabriquées à partir de plastique récupéré dans la mer.

Foucher, 2020

Les prix Jules & Jenn en toute transparence

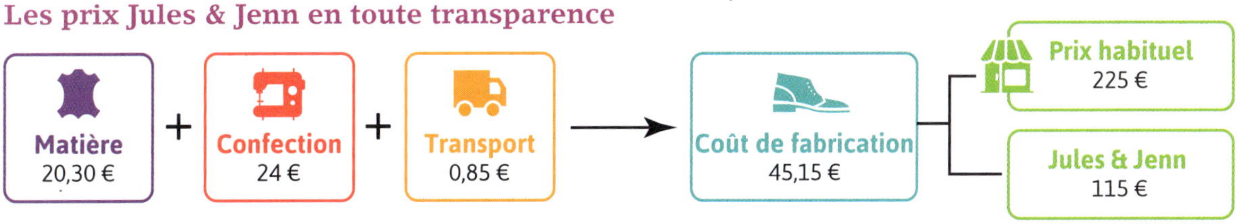

Questions

1. Retrouvez le coût d'achat et le coût de production de la paire de chaussures vendue par Jules & Jenn.
2. Indiquez si le coût de fabrication calculé par Jules & Jenn est un coût complet.
3. Appréciez la démarche de gestion du cycle de vie des produits chez Jules & Jenn.

Vers le BAC

GRAND ORAL

3 minutes pour convaincre

Pourquoi le contrôle des coûts est-il nécessaire pour l'organisation ?

Cas Délices sucrés

Délices sucrés produit des gâteaux, des compotes et des thés glacés à partir de fruits locaux : mirabelles, pommes, poires, etc.

PME relativement jeune implantée dans la région Grand-Est, elle emploie une vingtaine de salariés. Ses clients sont tous situés sur le Grand-Est : collectivités qui s'approvisionnent auprès d'elle pour leur service restauration et commerçants vendant des produits régionaux.

Présentation simplifiée du processus de production des gâteaux, compotes et thés glacés
L'entreprise accorde une attention particulière à ses procédés de fabrication :

- étape 1 : réception des matières premières et contrôle qualité ;
- étape 2 : préparation (épluchage, lavage, découpe) des matières premières puis mélange, façonnage ou mixage pour obtenir des pâtons (boules de pâte prêtes à cuire) ;
- étape 3 : cuisson uniquement pour les gâteaux aux fruits et les compotes ;
- étape 4 : refroidissement des produits cuisinés et nouveau contrôle qualité ;
- étape 5 : conditionnement (emballage, étiquetage) des produits, puis stockage avant livraison et vente.

Résultats financiers de l'année N
Les résultats financiers sont inquiétants. En effet, pour la première fois depuis sa création, Délices sucrés a réalisé une perte. Son dirigeant s'interroge sur sa capacité à générer du profit et décide donc de contrôler ses coûts de façon plus affinée.

Questions

1. Indiquez le problème de management rencontré par l'entreprise Délices sucrés.
2. Expliquez en quoi la méthode des coûts spécifiques permettra d'apporter une réponse au problème de management.
3. Calculez la marge sur coûts spécifiques des produits de l'entreprise Délices sucrés (fichier Excel) et retrouvez le montant du résultat.
4. Faites une recommandation au dirigeant.
5. Analysez, à partir des résultats de la question 3 et du fichier Excel, les conséquences des hypothèses H1, H2 et H3 sur la structure des coûts spécifiques.

MÉTHODE
Calculer la marge sur coûts spécifiques d'un produit revient à retrancher les charges fixes directes à sa marge sur coûts variables.

 # fichier Excel
Coûts spécifiques de Délices sucrés
foucherconnect.fr/20tmsdg77

Annexe 1 Le contrôle des coûts dans l'entreprise Délices sucrés

Informations chiffrées de l'année N

	Gâteaux 	Compotes 	Thés glacés 
Prix de vente	2 €	3 €	2 €
Quantités vendues	50 000	40 000	45 000
Coût des matières premières entrant dans la composition du produit + emballage	1 €/gâteau	1,75 €/compote	1,25 €/thé glacé
Charges fixes directes	34 000 €	30 000 €	36 000 €
Charges fixes indirectes	35 000 €		
Résultat N	– 1 250 €		

Annexe 2 Hypothèses envisagées dans le cadre du contrôle des coûts

Le dirigeant de Délices sucrés vous demande d'analyser l'impact sur la structure des coûts de plusieurs hypothèses envisagées pour renouer avec les bénéfices.

• Hypothèse 1 : suppression de l'activité « thés glacés »

L'entreprise pourrait décider de supprimer son activité « thés glacés » pour se concentrer sur son cœur de métier : la production de desserts sucrés.

• Hypothèse 2 : baisse du coût d'une matière première du produit « thés glacés »

Si l'entreprise décide de poursuivre tout de même son activité « thés glacés », elle doit parvenir à baisser le coût des matières premières entrant dans la composition de ce produit. En renégociant avec ses fournisseurs, elle parvient à obtenir un coût des matières premières entrant dans la composition du produit de 1 € au lieu de 1,25 € actuellement.

• Hypothèse 3 : passage en production biologique pour les compotes

L'entreprise, déjà très soucieuse de la qualité de ses produits, souhaite aller plus loin et s'engager dans la production bio. Cette orientation de la production ne concernerait dans un premier temps que les compotes de fruits.

Voici quelques informations permettant de chiffrer les conséquences financières du passage des compotes en production bio :

- augmentation du prix de vente : + 30 % ;
- augmentation du coût des matières premières : 2,25 € au lieu de 1,75 € ;
- augmentation des charges fixes directes : 40 000 € au lieu de 30 000 €.

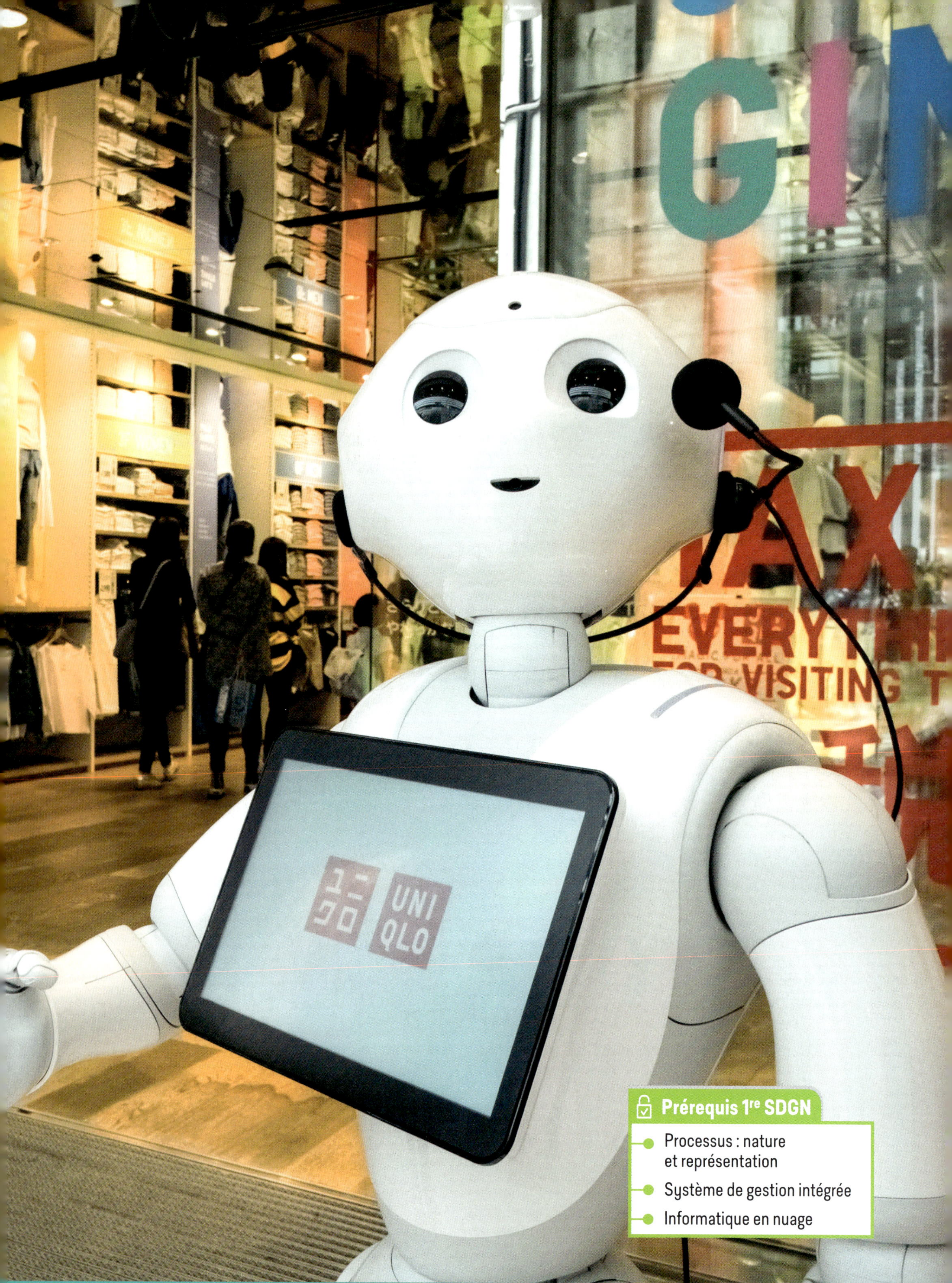

Prérequis 1re SDGN

- Processus : nature et représentation
- Système de gestion intégrée
- Informatique en nuage

7 Le rôle des technologies numériques dans la production

3 minutes pour découvrir

Uniqlo suit l'exemple d'Amazon avec son premier entrepôt robotisé au Japon
foucherconnect.fr/20tmsdg63

> **Quelle décision a été prise par la marque de textile Uniqlo ?**
> **Quels sont les impacts d'une telle décision pour l'entreprise ?**

CAPACITÉ × Identifier le rôle des technologies numériques dans la production

Notions

Transformations digitales : dématérialisation, automatisation des processus + flux de travaux (*workflow*) + intégration des nouvelles technologies : informatique en nuage (*cloud computing*), objets connectés, intelligence artificielle, données ouvertes + représentation de la circulation des données et des informations : diagramme des flux

1 En quoi consistent les transformations digitales ?

DOC 1 Le système d'information de gestion

Lorsqu'un client désire acheter un véhicule, il se rend en concession. Il choisit son modèle, la couleur et les équipements qu'il désire.

La commande est transmise immédiatement par voie numérique à l'usine qui lance alors le processus de fabrication. On appelle cela la production en juste-à-temps. Cela permet d'éviter une gestion des stocks trop coûteuse et favorise la personnalisation de l'offre.

Une fois la voiture fabriquée, le service commercial est alerté et le client reçoit également une notification pour le prévenir que sa voiture l'attend. De même, cela déclenche la facturation.

Toutes ces informations sont transmises en temps réel grâce au système d'information de gestion qui permet la connexion de tous les services d'une entreprise.

Foucher, 2020

1 Identifiez l'intérêt du système d'information de gestion pour l'organisation.

DOC 2 L'automatisation des processus

Chez Sandvik Coromant, l'industrie 4.0 ne saute pas aux yeux. […] Pourtant, les apparences sont trompeuses, car le spécialiste suédois des outils de coupe des métaux poursuit depuis vingt ans l'automatisation et la transformation numérique de ses usines. « Nous ne faisons pas de la numérisation parce que c'est à la mode ou que c'est cool, mais bien parce que nous sommes persuadés que la communication entre les systèmes et les machines est une nouvelle étape dans notre stratégie d'optimisation de la production », reconnaît Simon Smedberg, le responsable de l'automation[1] de l'usine. […] L'entreprise suédoise a mis l'accent sur « la personnalisation des besoins de ses clients » en créant « des solutions de fabrication numérique et une automation intelligente permettant de produire en grand volume des lots de petite taille à un prix compétitif ». Grâce à la numérisation, Sandvik Coromant espère économiser 40 millions de couronnes suédoises (3,7 millions d'euros) dans ses neuf unités de production à travers le monde et gagner 64 000 heures de temps de production. […]

1. L'automation passe par l'utilisation d'un logiciel dans une application informatique. Elle s'apparente à un processus d'automatisation.

Gwénaëlle Deboutte, *L'Usine nouvelle*, 20 janvier 2020

2 Expliquez en quoi consiste l'automatisation des processus.

3 Relevez les avantages recherchés par l'entreprise à travers la mise en œuvre d'une telle stratégie.

DOC 3 Le *workflow* (flux de travaux)

Le *workflow* ou flux de travaux est la représentation d'une suite de tâches ou d'opérations réalisées par un individu ou un groupe d'individus. On parle de flux (*flow*) car cela fait référence à la circulation de produits, de données ou d'informations. Aujourd'hui, les organisations sont équipées de PGI qui permettent la transmission des informations en temps réel à toutes les parties prenantes concernées par la situation. Le *workflow* peut prendre la forme schématique d'un diagramme des flux.

Foucher, 2020

4 Rappelez le rôle du PGI pour une entreprise.

DOC 4 Le diagramme des flux d'un supermarché

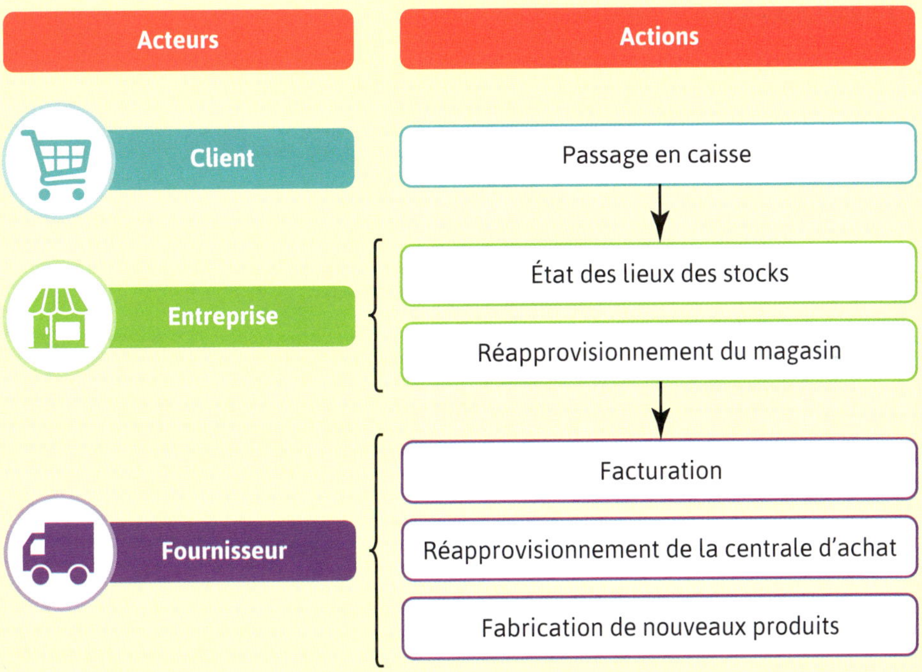

5 Présentez le diagramme des flux d'un supermarché.

6 Montrez en quoi ce diagramme des flux peut favoriser l'automatisation des processus dans une organisation.

Passerelle vers les systèmes d'information de gestion

Les **systèmes d'information fonctionnels** (gestion de la production, gestion comptable...) accompagnent les activités et améliorent les performances de l'organisation.

> Thème 1, question 1.1 Comment l'organisation se structure-t-elle pour gérer l'information ?

L'essentiel

- Le système d'information de gestion permet l'exploitation des données en temps réel et cela est rendu possible grâce à l'utilisation d'un PGI.
- L'automatisation du processus de production favorise la productivité de l'entreprise et permet l'amélioration des flux de travail (*workflow*).

2 Comment les nouvelles technologies sont-elles utilisées par les organisations ?

DOC 1 L'informatique en nuage (*cloud computing*)

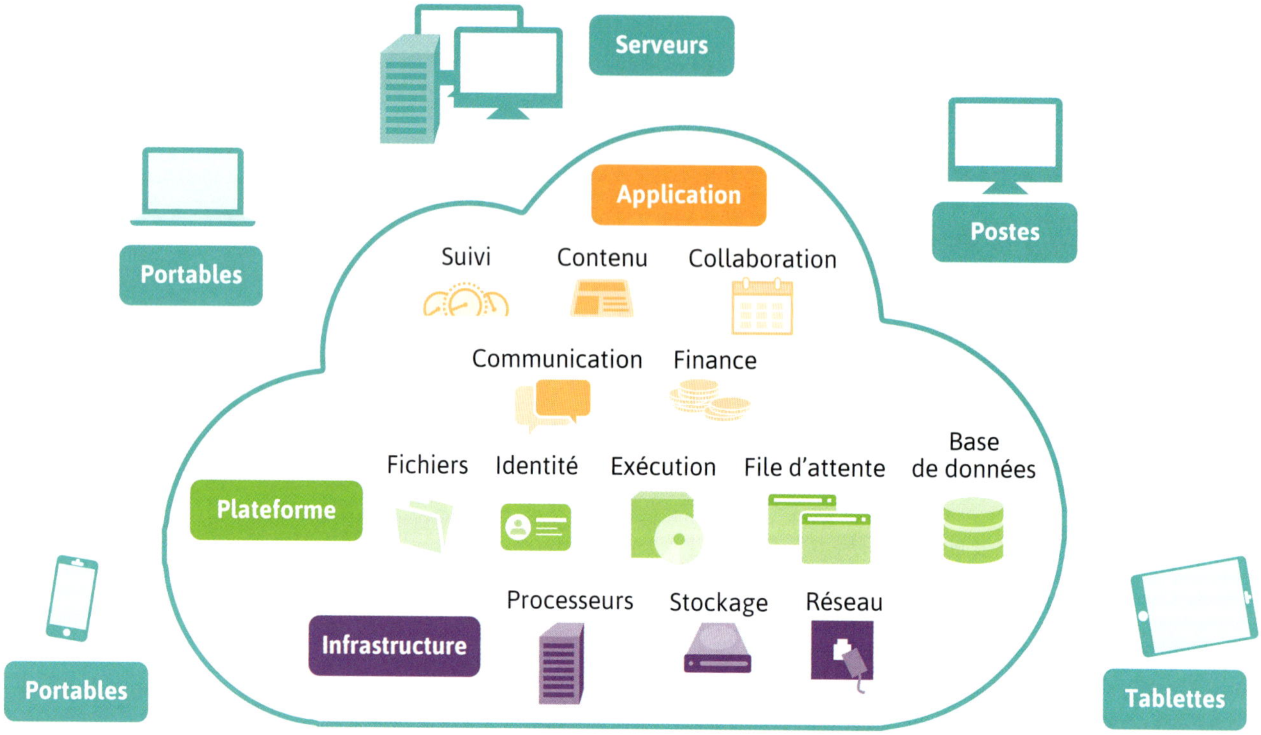

1 Donnez une définition du *cloud computing* (informatique en nuage) en vous appuyant sur le schéma.

DOC 2 Le *cloud computing* dans les organisations

Volkswagen est sur le point de faire un grand pas en avant avec ce que Martin Hofmann, le directeur des systèmes d'information du groupe du géant allemand de l'automobile, appelle « l'un des plus grands projets de *cloud* industriel de l'hémisphère occidental ». […] Le *cloud* industriel est un élément clé du plan de Volkswagen visant à accroître la productivité de 30 % d'ici 2025. […] Volkswagen, qui expédie près de 11 millions de véhicules par an, compte sur le *cloud computing* pour résoudre un gros problème. Selon Martin Hofmann, une « architecture spaghetti » de centaines de systèmes informatiques différents dans chacune de ses usines entrave certains efforts d'optimisation de l'efficacité. […] Le projet de *cloud* industriel de Volkswagen […] résoudra ces problèmes en créant une plateforme de production numérique avec des interfaces communes pour tous les types d'équipements. Au fil du temps, toutes les usines de Volkswagen seront intégrées à la plateforme et les équipes de production pourront accéder à un *app store* pour partager des applications pouvant être mises en œuvre dans toutes ses usines. L'objectif est de partager des données ainsi que des logiciels […] pour des tâches telles que la maintenance prédictive[1], pouvant être déployée au sein d'usines, ou pour optimiser les opérations entre elles. Une fois ses fournisseurs intégrés au *cloud* industriel, Volkswagen sera en mesure d'exploiter davantage leurs données pour améliorer l'efficacité de sa chaîne d'approvisionnement et de ses opérations logistiques. […]

1. La maintenance prédictive consiste à anticiper les pannes d'une machine en veillant à son bon fonctionnement avant qu'elle ne dysfonctionne.

Forbes, 4 décembre 2019

2 Présentez le projet mis en œuvre par Volkswagen et montrez en quoi il est stratégique.

3 Analysez les conséquences de la mise en œuvre d'une telle solution pour l'entreprise et ses partenaires.

DOC 3 Les objets connectés

Touchant tous les secteurs d'activité, l'IoT[1] a tout particulièrement investi l'industrie et les collectivités locales. Ainsi la ville d'Aix-en-Provence s'est donné l'objectif dans le cadre de la stratégie « *smart city* » d'améliorer la qualité de vie des citoyens et touristes. Pour cela, la ville utilise les objets connectés afin de gérer de façon intelligente l'éclairage de la ville, d'assurer la gestion intelligente des poubelles, d'analyser le flux des piétons et contrôler la qualité de l'air.

De son côté, le CROUS de Montpellier utilise l'IoT à des fins de développement durable. La corrélation des données de consommation d'électricité collectées dans les chambres avec celles issues des badges d'entrée, permet à l'établissement de repérer une consommation d'électricité alors même que l'occupant de la pièce est absent.

[…] L'industrie (*smart industry*) utilise les données des objets connectés à des fins d'optimisation de production d'une usine, en basculant par exemple une chaîne de production sur une autre en prévision d'une intervention sur un appareil. Ainsi, en croisant des données collectées sur les équipements avec celles issues des caractéristiques produits et des contextes d'utilisation, une entreprise peut prévenir une panne et choisir le moment le plus propice pour réaliser l'intervention de maintenance.

1. L'IoT, « *Internet of Things* », est l'Internet des objets.

Stephan Guidarini, www.silicon.fr, 2 janvier 2020

 # vidéo
Smart City – 60 secondes pour comprendre - 1,17 min
foucherconnect.fr/20tmsdg64

4 Identifiez ce que permet l'installation d'objets connectés.

5 Montrez que toutes les organisations sont concernées par le déploiement des objets connectés.

DOC 4 Le chatbot et l'intelligence artificielle

Fondé par Michael Benchabat, le réseau MeilleursBiens.com, une plateforme 100 % digitale dédiée aux professionnels indépendants de l'immobilier, existe depuis 2010 à Paris. […] Toujours dans le but de simplifier le travail de son réseau, la start-up intègre, à partir de mi-janvier, un chatbot pour répondre et assister ses agents grâce à l'intelligence artificielle. Jusqu'à présent, les agents du réseau MeilleursBiens.com bénéficiaient d'une assistance en ligne du lundi au vendredi de 9 h à 19 h et le samedi de 9 h à 12 h. Toujours soucieux de faciliter le travail de ses agents *via* le conseil, le service et l'expertise, MeilleursBiens leur propose désormais un chatbot nourri par l'intelligence artificielle afin de pouvoir leur apporter une assistance en dehors de ces horaires et ce, 24 h/24 et 7 jours sur 7. En effet, après 18 mois, MeilleursBiens a recensé les questions les plus fréquemment posées par les agents et les a scénarisées afin de pouvoir répondre de manière personnalisée aux différentes requêtes utilisateurs. […]

Michael Benchabat, journaldelagence.com, 31 janvier 2020

6 Identifiez les raisons pour lesquelles la start-up MeilleursBiens.com propose un chatbot à ses collaborateurs.

7 Expliquez pourquoi le chatbot est « nourri par l'intelligence artificielle ».

L'essentiel

- La dématérialisation favorisée par le *cloud computing* permet d'homogénéiser les pratiques et de partager les informations au sein des organisations.
- Le développement des objets connectés et le recours à l'intelligence artificielle favorisent l'amélioration continue des processus.

Passerelle vers les systèmes d'information de gestion

Le **système d'information** constitue pour les organisations une ressource stratégique qu'il faut protéger en identifiant les risques associés.

> **Thème 1, question 1.2 Les évolutions numériques sont-elles exemptes de risques ?**

3 Quels sont les enjeux des transformations numériques pour les organisations ?

DOC 1 Données ouvertes et développement de nouveaux services

Les caractéristiques des données ouvertes

- Accessibles librement
- Exploitables
- Réutilisables

Tenues d'ouvrir leurs données depuis le 7 octobre 2018, les collectivités de plus de 3 500 habitants ou de plus de 50 agents sont encore loin d'avoir rempli leurs obligations. Pourtant, beaucoup réfléchissent déjà à l'étape suivante. C'est ainsi que de nouveaux services aux usagers font leur apparition. […] Les nouveaux services proposés aux usagers ne relèvent pas forcément des collectivités. Ils peuvent être développés par tout porteur de projet puisant dans les jeux de données ouvertes. […]

Dans le cadre de la *smart city*, Toulouse métropole (37 communes, 763 000 habitants) a expérimenté, à partir de 2015, l'appli QuiDitMiam! […] « L'appli affiche le menu des cantines en toute transparence : bio, local, allergènes… et permet de payer les repas. Les parents ont la possibilité de signaler toute allergie alimentaire et de recevoir une notification lorsque l'allergène est présent dans l'un des repas. Les convives peuvent aussi noter les plats et cette information est ensuite communiquée aux prestataires. De leur côté, les cuisines centrales s'en servent pour évaluer le nombre réel de repas », détaille Jean-Philippe Delgado, P-DG de la société QuiDitMiam! […]

Gaëlle Ginibrière, lagazette.fr, 15 novembre 2019

1 Donnez une définition de la donnée ouverte.

2 Analysez les retombées de l'utilisation de ces données pour les organisations.

DOC 2 La personnalisation de l'offre

[…] Dynamic Yield, spécialiste du *big data* et de l'intelligence artificielle, aide ses clients à proposer une expérience en ligne personnalisée. […] McDonald's, qui a testé cette technologie dans plusieurs restaurants l'an dernier, compte la déployer partout aux États-Unis cette année, puis à l'international, afin de personnaliser les menus proposés par ses bornes de drive. Les suggestions pourront dépendre de l'heure de la journée, de la météo, de la fréquentation du restaurant sur le moment, des menus les plus choisis, et bien sûr des éléments déjà sélectionnés par le client. La chaîne de fast-food réfléchit également à mettre à profit son nouvel outil dans ses autres canaux numériques, kiosques self-service en restaurant et application mobile. […]

Flore Fauconnier, *LSA Conso*, 27 mars 2019

 # vidéo
McDonald's rachète la start-up israélienne Dynamic Yield - 1,23 min
foucherconnect.fr/20tmsdg65

3 Identifiez le projet de McDonald's.

4 Montrez en quoi cette technologie améliore la satisfaction des clients.

DOC 3 Les craintes des Français liées à l'intelligence artificielle

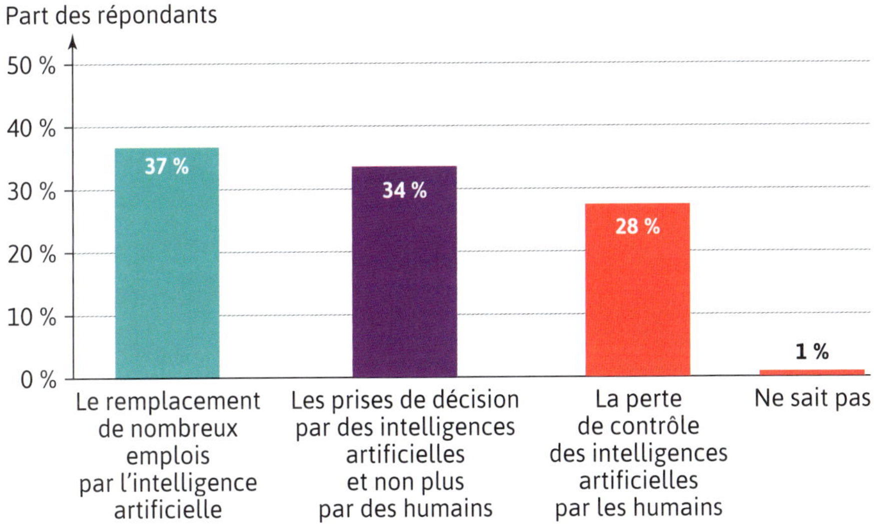

D'après statista.com

5 Relevez les craintes des individus à l'égard de l'intelligence artificielle.

6 Montrez en quoi cela peut nuire au développement de telles technologies dans l'organisation.

DOC 4 Les risques liés à la sécurisation des données

En avril 2019, les chercheurs en sécurité d'UpGuard découvraient que les ensembles de données de deux applications Facebook développées par des tiers étaient exposés sur le Web. La première base de données provenait de l'entreprise mexicaine Cultura Colectiva. Elle pesait 146 gigabytes et contenait plus de 540 millions d'enregistrements tels que les commentaires, *likes*, réactions, noms de compte et identifiants Facebook des victimes. La seconde application, « At the Pool », a été exposée sur le Web par le biais d'un bucket Amazon S3[1]. Elle contenait là encore des informations telles que les noms d'utilisateur, les listes d'amis, les centres d'intérêt ou les identifiants Facebook des utilisateurs…

1. Service de stockage en ligne.

Bastien L., lebigdata.fr, 20 décembre 2019

7 Identifiez l'événement survenu en avril 2019 au sein de Facebook.

8 Analysez les conséquences d'un tel événement pour l'organisation.

L'essentiel

- La transformation digitale permet à la fois de personnaliser l'offre et de développer de nouveaux services (données ouvertes).
- Les organisations doivent veiller à l'utilisation des technologies qui peuvent comporter des risques en matière de sécurité et de confiance.

Synthèse

3 minutes pour comprendre
foucherconnect.fr/20tmsdg66

1 En quoi consistent les transformations digitales ?

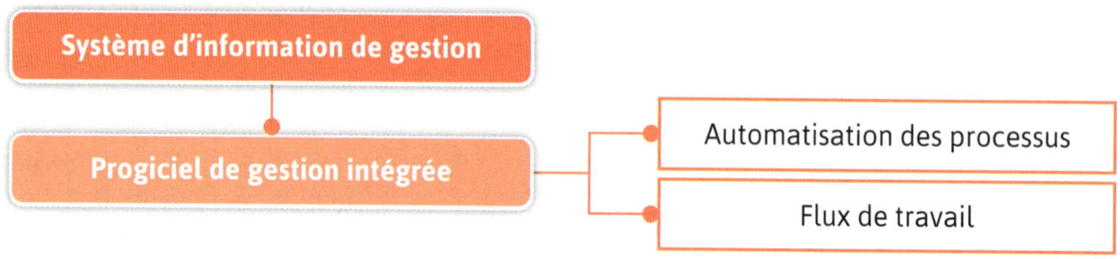

2 Comment les nouvelles technologies sont-elles utilisées par les organisations ?

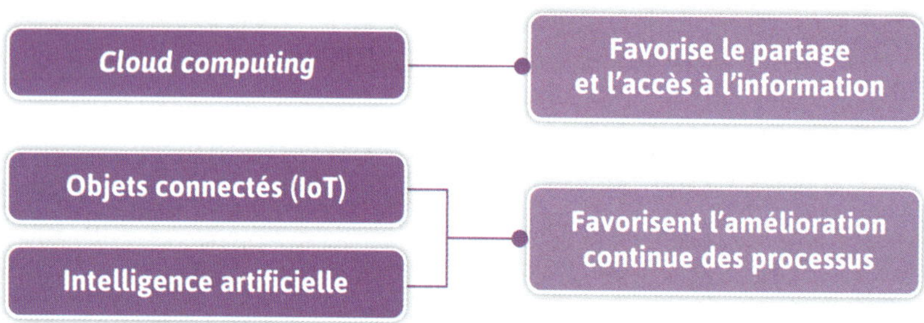

3 Quels sont les enjeux des transformations numériques pour les organisations ?

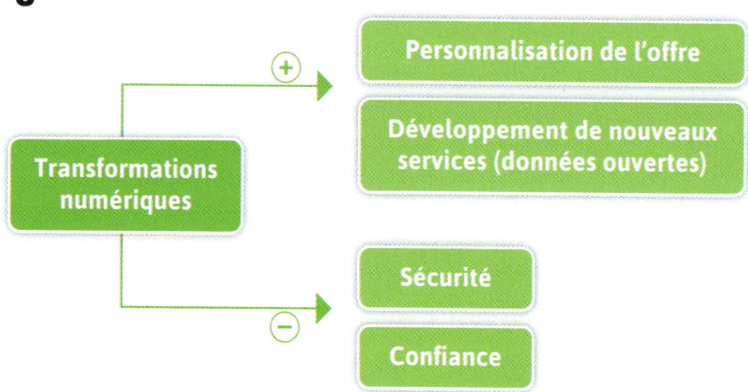

Mots-clés

Automatisation des processus : démarche visant à renforcer l'utilisation de machines et d'outils numériques afin de réaliser un ensemble de tâches, sans qu'il n'y ait nécessité d'une intervention humaine.

Données ouvertes : données numériques dont l'accès et l'usage sont laissés libres aux utilisateurs.

Informatique en nuage (*cloud computing*) : utilisation de serveurs distants afin de stocker et d'exploiter des données.

Activités

3 minutes pour s'évaluer

foucherconnect.fr/20tmsdg67

TESTEZ-VOUS

Répondez par vrai ou faux aux propositions suivantes.

1. Le système d'information de gestion permet la centralisation de l'information.
2. Le PGI est un logiciel puissant capable de lancer le processus de production.
3. L'automatisation des processus vise à accroître la productivité de l'entreprise.
4. Le *cloud computing* implique l'achat de logiciels pour l'organisation.
5. Les données ouvertes sont protégées pour offrir davantage de sécurité informatique.
6. L'intelligence artificielle favorise la personnalisation de l'offre.

ZOOM vidéo p. 81

Uniqlo suit l'exemple d'Amazon avec son premier entrepôt robotisé au Japon

Dans les usines Uniqlo, les robots savent désormais plier les t-shirts

Dans l'entrepôt pilote d'Uniqlo, situé dans le quartier d'Ariake à Tokyo, l'automatisation a le vent en poupe. Sur ce site, la marque de prêt-à-porter nippone a lancé fin 2018 une expérience de robotisation de ses chaînes de production […]. Les robots de stockage Skypod, conçus par la start-up française Exotec, sont en mesure de gérer l'ensemble de la logistique, y compris la préparation des commandes grâce au logiciel Astar qui utilise « le meilleur de la modélisation et des mathématiques » pour opérer plus rapidement qu'un être humain. Ceux mis au point par Daifuku, spécialiste de la manutention automatisée, peuvent emballer les produits dans un carton, lire les étiquettes électroniques collées sur ceux-ci, les transférer depuis l'entrepôt jusque dans les camions de livraison, effectuer rapidement et avec une très grande précision les inventaires. Le résultat a été plus que prometteur avec un gain réel de productivité, les robots pouvant travailler 24 heures sur 24.
Résultat : au cours de l'année 2019, 90 % des employé(e)s ont été remplacé(e)s par des machines. […] Ce n'était pourtant qu'une première étape.
Fin 2019, Uniqlo révélait tester un nouveau robot révolutionnaire, mis au point par la start-up japonaise Mujin, muni de deux bras capables de plier les t-shirts et de les ranger impeccablement. Cette opération, très simple pour une personne, a toujours été un défi pour les robots, en raison de la dextérité nécessaire pour manipuler des objets souples. Uniqlo a ainsi fait un pas de plus vers l'entrepôt 100 % automatique en confiant à une machine une tâche que seul(e)s les ouvrier(ère)s pouvaient exécuter jusqu'à présent. […]

Arnaud Pagès, *Kori Slate*, 2 janvier 2020

Questions

1. Identifiez les orientations stratégiques de l'entreprise Uniqlo.
2. Montrez en quoi on peut parler d'automatisation des processus.
3. Analysez les conséquences de ces choix liés au processus de production.

Vers le BAC

GRAND ORAL

3 minutes pour convaincre

En quoi l'intelligence artificielle modifie-t-elle le fonctionnement de l'organisation ?

Cas Orange Bank

Orange Bank est une filiale de l'opérateur de téléphonie Orange. Lancée en novembre 2017, elle résulte du rapprochement entre Orange et Groupama Banque qui, pour l'occasion, a changé de nom.

L'assureur Groupama détient ainsi 35 % du capital de la banque en ligne. La particularité d'Orange Bank est d'être un service exclusivement proposé à distance et entièrement gratuit : c'est ce qu'on appelle une « néobanque ». Au moment de son lancement, Orange Bank s'est fixé un objectif de 2 millions de clients à l'horizon 2025. En octobre 2019, l'entreprise comptait 344 000 comptes ouverts.

Questions

1. Identifiez le problème managérial d'Orange Bank.
2. Analysez les solutions mises en œuvre par l'opérateur pour répondre à ces difficultés.
3. Présentez l'outil Djingo développé par Orange Bank.
4. Expliquez le lien entre cet outil et l'intelligence artificielle.
5. Montrez les enjeux de la mise en œuvre d'un tel outil pour l'entreprise.

MÉTHODE

Lorsque l'on vous demande de présenter les enjeux, il est important d'identifier les conséquences d'une action et d'évoquer les avantages et inconvénients de cette dernière.

Annexe 1 La stratégie d'Orange Bank pour devenir rentable d'ici 2023

[…] Pour l'heure, la banque en ligne française, filiale de l'opérateur français Orange et de l'assureur français Groupama, est très loin du seuil de rentabilité. Avec un peu moins de 160 millions d'euros de pertes affichées sur l'ensemble de l'année 2019 (contre 169 millions en 2018), Orange Bank fait face à une concurrence féroce, avec d'un côté les néobanques dont elle fait partie, de l'autre les établissements bancaires traditionnels. Plus de deux ans après sa création, la banque en ligne tricolore peine à tirer son épingle du jeu. Mais Paul de Leusse, nommé à la tête d'Orange Bank il y a un peu plus d'un an, affine sa stratégie de conquête du marché. […] Il explique avoir réduit les coûts d'acquisition des clients d'Orange Bank de 20 % en 2019 par rapport à 2018. En outre, il a déployé les moyens nécessaires afin qu'une grande partie de sa clientèle arrive *via* des offres payantes. « 40 % de nos clients […] nous rejoignent par du crédit ou par une offre *premium* qui est payante, donc forcément on améliore nos revenus », assure Paul de Leusse. […] Orange Bank frôle les 500 millions d'euros de pertes cumulées depuis le lancement du service en 2017. […] À ce jour, Orange Bank revendique 500 000 clients, mais espère bien fédérer 4 millions de clients en Europe d'ici 2023 et atteindre ainsi son seuil de rentabilité. Encore faut-il trouver la bonne « recette ». Mais Paul de Leusse tient à le préciser : « La martingale[1], ce n'est pas de faire du volume pour du volume. La martingale aujourd'hui, c'est que nos clients sont plus actifs que toutes les autres néobanques. […] Mais nos clients, ils sont également plus actifs que ceux des banques traditionnelles. La martingale […], ce n'est pas juste d'acquérir des clients qui vont mettre la carte au fond du placard, dans un tiroir. C'est avoir des clients qui sont engagés. Et c'est ça qui fait que l'on sera rentable. C'est que nos clients étant engagés, ils vont peu à peu s'équiper », conclut-il. Autrement dit, souscrire à des offres (assurance, crédit…).

1. Une martingale est une technique visant à maximiser les chances de gagner. Ici, on peut remplacer le terme par « objectif ».

BFM TV, 13 janvier 2020

Annexe 2 — Nombre de clients et primes de bienvenue d'une sélection de banques en ligne en France (en 2018)

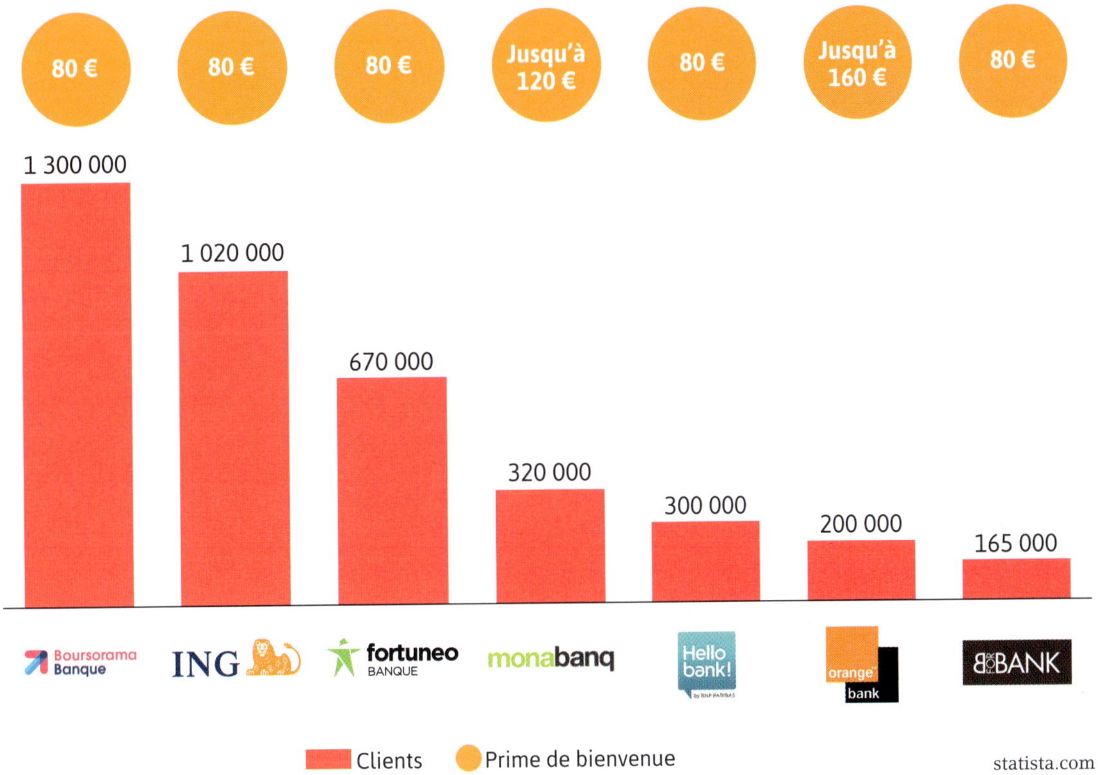

statista.com

Annexe 3 — Nos banques se convertissent à l'intelligence artificielle

Analyse de risque, détection des fraudes, réglementation… Les banques de détail françaises ont de plus en plus recours à l'intelligence artificielle (IA) ! Les banques françaises s'emparent progressivement des technologies d'intelligence artificielle comme un moyen de se réinventer, à l'heure où la numérisation transforme leur relation avec les clients. « Lancer une banque en 2017 sans embarquer l'IA aurait été, de notre point de vue, une faute », assure André Coisne, le directeur général d'Orange Bank, la nouvelle banque en ligne qui a conquis près de 100 000 clients en quatre mois. Chez Orange Bank, l'IA a pris la forme d'un chatbot, ou robot conversationnel. « Djingo » peut répondre 24 h/24 aux questions des clients, même personnalisées, et déclencher certaines actions, comme bloquer une carte bancaire. Une année a été nécessaire pour rendre le robot opérationnel et il « comprend » aujourd'hui 85 % des demandes, contre environ 70 % au début. Quelques blocages subsistent, notamment sémantiques : « Notre langue française est parfois très nuancée », s'amuse André Coisne. C'est une des caractéristiques essentielles de l'IA : la capacité de la machine à apprendre. Il ne s'agit plus seulement de coder un logiciel en envisageant toutes les possibilités de façon exhaustive, mais bien de nourrir le programme avec beaucoup, beaucoup de données. L'utilisation devient un moyen de faire progresser la machine. […]

AFP, 29 mars 2018

Prérequis 1re SDGN

- Performance sociale

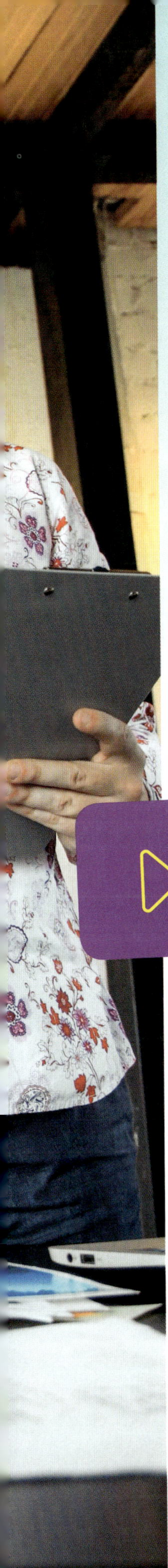

8 Le fonctionnement des organisations

3 minutes pour découvrir

My-Serious-Game recrute un game designer et un chef de projet !

foucherconnect.fr/20tmsdg19

> **Dans quel état d'esprit travaillent les collaborateurs de My-Serious-Game ?**
> **Comment le travail est-il organisé au sein de l'entreprise ?**

CAPACITÉS ✖ Distinguer et justifier le type d'organisation du travail choisi ✖ Décrire les mécanismes de coordination mis en place

Notions

Organisation du travail souple/rigide : flexibilité, réactivité, polyvalence, enrichissement des tâches + définition des postes de travail, répartition des tâches, spécialisation + mécanismes de coordination du travail + ligne hiérarchique + degré de centralisation du pouvoir + *lean management*

1 Comment l'environnement influence-t-il l'organisation du travail ?

DOC 1 Les différents modes de flexibilité de l'organisation

La flexibilité est une politique de gestion de la main-d'œuvre mise en place dans les organisations pour adapter la production et l'emploi aux fluctuations rapides de l'environnement.

Foucher, 2020

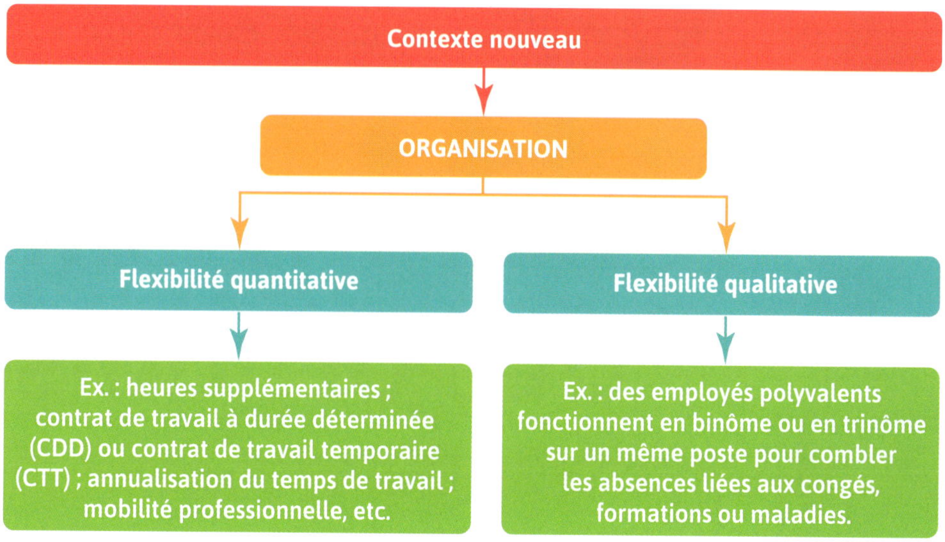

1 Indiquez, à l'aide d'un exemple, à quelles formes de flexibilité peut recourir l'organisation pour s'adapter à un changement de son environnement.

DOC 2 La réactivité de l'organisation

Luxor Lighting fête ses 100 ans. Spécialisée dans la conception et la fabrication d'éléments lumineux pour les voitures, cette PME de 120 salariés installée à Angoulême exporte la moitié de ses produits outre-Manche : les clients là-bas s'appellent Jaguar et Land Rover.

Mais, avec le Brexit, le Royaume-Uni pourrait devenir un pays tiers comme un autre. Alors que se passerait-il pour les formalités aux douanes ? Y aurait-il une augmentation des taxes ?

Patrick Scholz, le patron de Luxor Lighting, espère avoir prévu le pire. « Ici, c'est la zone des produits finis, on gère très peu de stock, on a à peu près un jour de produits finis, pas plus. Un des gros problèmes du Brexit, c'est que si on rajoute 2 jours de douanes, ça va se traduire par des à-coups de production avec des mises à l'arrêt de l'usine et des redémarrages très forts. Il va falloir rendre notre production plus flexible et imaginer de nouvelles procédures pour pouvoir répondre efficacement à la demande et maintenir nos marges. »

Foucher, 2020

2 Identifiez comment la production est organisée chez Luxor Lighting.

3 Expliquez l'impact possible du Brexit sur cette organisation du travail.

4 Déterminez comment Luxor Lighting a prévu de s'adapter à l'incertitude et à l'instabilité de son environnement.

vidéo
C'est quoi le Brexit ? - 1,41 min
foucherconnect.fr/20tmsdg20

DOC 3 La polyvalence

Dans un contexte actuel naviguant entre la nécessité de produire plus sans dépenser davantage, les entreprises s'engagent vers une solution plus économique : la polyvalence des collaborateurs. Cette technique, spécialement appréciée dans les PME, permet à l'entreprise de garder une stabilité dans la productivité sans alourdir la masse salariale. L'augmentation des commandes impose l'intensification de l'équipe de travail.
Mais là où la polyvalence gagne du terrain, l'entreprise réussit à maintenir un chiffre d'affaires élevé, sans s'engager dans des dépenses complémentaires en termes de recrutement. Une méthode infaillible qui permet à l'entreprise de garder le rythme en période d'instabilité. [...] Être polyvalent permet au salarié de s'éloigner de la routine en diversifiant ses activités au sein d'une même entreprise. Il se nourrit de ses découvertes quotidiennes pour se motiver davantage et s'engager pleinement dans son travail.

interaction-interim.com, 7 octobre 2019

5 Citez la raison qui conduit les PME à encourager la polyvalence de leurs collaborateurs.

6 Présentez les avantages de la polyvalence des salariés pour les PME.

DOC 4 L'enrichissement des tâches

La chaîne d'assemblage chez Peugeot en 1952 et en 2019.

7 Montrez que l'évolution technologique change l'organisation du travail chez PSA Peugeot Citroën.

8 Concluez, à partir des **DOCS 1** à **4**, sur le rôle de l'environnement dans l'organisation du travail.

L'essentiel

- Le fonctionnement des organisations est déterminé par les caractéristiques de leur environnement.
- La réactivité et la flexibilité permettent aux organisations de s'adapter à un environnement incertain.
- La polyvalence et l'enrichissement des tâches sont également des réponses à l'instabilité de l'environnement.

2 Quel fonctionnement choisir pour organiser le travail ?

DOC 1 Le taylorisme

Dans le contexte de la révolution industrielle du début du xxe siècle, Frederick Winslow Taylor, ingénieur américain (1856-1915), a élaboré une organisation scientifique du travail (OST) appelée « taylorisme » qui repose sur trois principes.

Les trois principes du taylorisme

- **Division verticale** du travail séparant les cadres (tâches de conception) des ouvriers (tâches d'exécution)
- **Division horizontale** du travail spécialisant l'ouvrier sur une tâche simple et répétitive avec un rythme imposé
- **Salaire au rendement** consistant à faire augmenter la rémunération en fonction de la production

Foucher, 2020

1 Identifiez l'objectif de l'OST.

 # vidéo
Dans les coulisses des « drives » des supermarchés - 4,06 min
foucherconnect.fr/20tmsdg21

DOC 2 L'organisation rigide du travail

Comment les services « drive » des supermarchés peuvent-ils livrer en quelques minutes les courses à leurs clients ? [...] « Le but, c'est que tu fasses une livraison en moins de cinq minutes », explique d'emblée le formateur.

Cinq minutes, ça c'est pour la théorie. En réalité, c'est encore plus ambitieux. « Normalement c'est 27 livraisons par heure », selon une collègue. Soit exactement deux minutes et treize secondes par commande. Dans ce temps record, les salariés doivent trouver les codes correspondant aux commandes à livrer, les scanner avec un appareil appelé « douchette », qui chronomètre chacun de leurs gestes et enfin livrer les sacs au client dans sa voiture. Une cadence impossible à oublier. [...] Au-dessus des têtes des employés, sur un grand écran, les commandes en cours sont affichées. Au bout de quatre minutes, elles passent du vert au rouge, signe qu'ils sont en retard. [...] Ici, une quarantaine d'employés travaille en moyenne six jours par semaine, 6 heures par jour, avec seulement 18 minutes de pause quotidienne. Pour un salaire équivalent au Smic, soit 1 140 euros nets par mois. Un classement est même établi sur un ordinateur après chaque vacation, du plus productif au moins efficace.

France TV Info, 31 octobre 2018

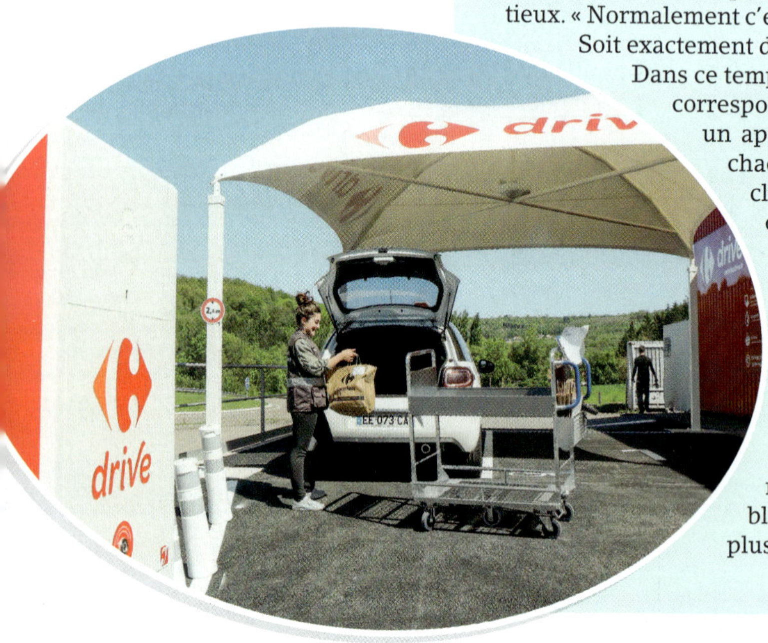

2 Indiquez comment le travail est organisé dans les services drive des supermarchés.

3 Déterminez en quoi les principes du taylorisme sont appliqués dans les services drive.

4 Appréciez les avantages et les inconvénients de cette organisation pour les salariés, pour l'organisation elle-même et pour les clients.

DOC 3 Le toyotisme

Dans les années 1960, Taiichi Ōno (1912-1990), ingénieur chez Toyota, met en œuvre une organisation du travail appelée « toyotisme », plus adaptée que le taylorisme au contexte économique nouveau (concurrence ; clients plus exigeants…).

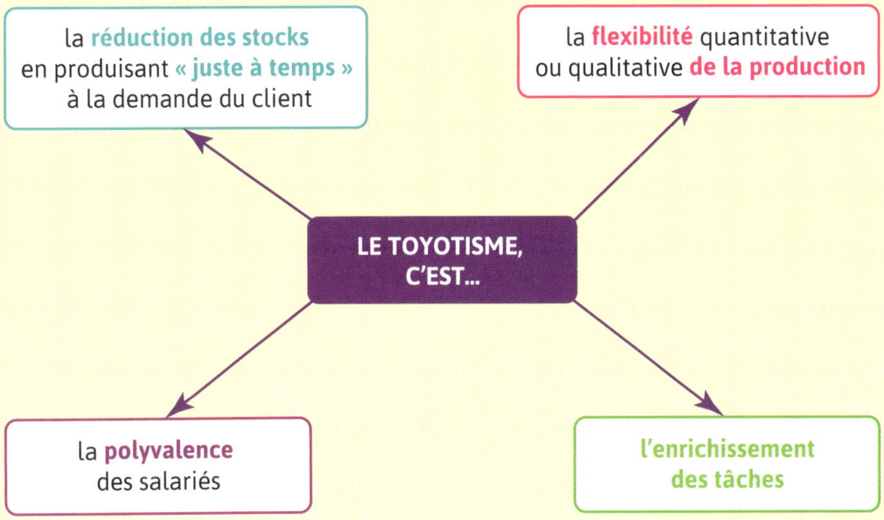

Foucher, 2020

5 Repérez les éléments caractéristiques du toyotisme.

6 Expliquez en quoi consiste la production « juste à temps » en vous appuyant sur un exemple d'organisation et une recherche Internet.

DOC 4 L'organisation souple du travail

L'entreprise française Velox existe depuis 1903. Elle est spécialisée dans la fabrication de roues et de produits divers pour le vélo. […] C'est à Argenteuil, près de Paris, que sont fabriqués les accessoires, tandis que les roues de vélo sont produites à La Guerche-de-Bretagne (Ille-et-Vilaine). Velox a obtenu, depuis le 5 novembre 2017, un contrat avec l'entreprise Smoove pour fabriquer les roues des Velib 2 qui circulent à Paris. […] « C'est 22 500 vélos et donc 45 000 roues par an pour nous. » Il y a trois types de roues : avant, arrière et électrique. Pour chacune d'entre elles, ce sont différents réglages lors des dix étapes de construction. Les employés, dont la moyenne d'âge est assez basse, évoluent entre des postes mécanisés et manuels.

actu.fr, rédaction Vitré, 5 mars 2018

7 Expliquez le type d'organisation du travail choisie chez Velox.

8 Montrez que Velox applique les principes du toyotisme.

L'essentiel

- Une organisation du travail est rigide si le degré d'autonomie dans le travail est limité.
- Frederick Taylor a élaboré le cadre d'une organisation scientifique du travail (OST).
- Une organisation souple du travail se caractérise par la flexibilité, la polyvalence des employés et l'enrichissement des tâches.

3 Comment coordonner le travail dans les organisations ?

DOC 1 Les différents mécanismes de coordination

L'ajustement mutuel

Les individus s'organisent par communication informelle pour réaliser les tâches.
Exemple : dans un restaurant, deux serveurs s'entendent pour se répartir les tables à servir.

La supervision directe

Un seul individu donne des ordres et contrôle le travail des autres.
Exemple : le chef d'atelier indique aux ouvriers le travail qu'ils doivent effectuer.

L'automatisation de procédures

Des procédures automatisées permettent d'exécuter une tâche.
Exemple : un algorithme utilisé par un conseiller bancaire pour déterminer un taux d'octroi de crédit en fonction des données spécifiques du client.

Les résultats, les normes, les procédures, les qualifications attendus

Un résultat est attendu, quelles que soient les méthodes utilisées pour y parvenir.
Exemple : dans une entreprise, la direction peut fixer des objectifs de rentabilité, mais laisser à chaque division le choix des moyens à prendre pour arriver au résultat.

Foucher, 2020

1 Retrouvez le mécanisme de coordination qui consiste à réaliser des tâches ensemble par communication informelle.

2 Précisez quel est l'objectif des mécanismes de coordination pour une organisation.

DOC 2 Le système de contrôle

Les risques sont au cœur de l'exercice du métier de banquier : faire crédit, c'est prendre un pari sur un avenir forcément incertain. [...] Un système de contrôle interne efficace est une composante essentielle de la gestion d'un établissement et constitue le fondement d'un fonctionnement sûr et prudent d'une organisation bancaire. [...]
Les objectifs sont notamment d'établir une culture de contrôle des risques dans toutes les activités, de se doter des instruments appropriés de reconnaissance et d'évaluation des risques et d'établir une organisation interne garantissant une séparation entre activités de contrôle et tâches opérationnelles.

D'après www.lafinancepourtous.com, 6 mai 2019

3 Expliquez la phrase soulignée.

4 Déterminez, à l'appui du **DOC 1**, les mécanismes de coordination à l'œuvre dans une organisation bancaire.

DOC 3 Le degré de centralisation du pouvoir

Créée en 1902, l'association Le Moulin Vert a pour objet de « concevoir, créer, administrer, animer tous services d'aide à la famille et à ses membres sur le plan matériel et moral, dans les domaines de l'action sanitaire, sociale, éducative et socioculturelle » [...].
Selon le règlement intérieur de l'association (1998), le conseil d'administration (CA) dispose des pouvoirs les plus étendus pour administrer l'association. Le directeur général, agissant par délégation et sous l'autorité du président, dirige l'association et son personnel, prépare et exécute les décisions du CA. [...] Les directeurs d'établissement sont nommés par le président sur proposition du directeur général. Ils reçoivent délégation du DG, par une lettre de mission précisant les pouvoirs qui leur sont confiés, pour gérer les établissements et services dont ils ont la responsabilité.

lemoulinvert.asso.fr

5 Indiquez comment est organisée la direction de l'association Le Moulin Vert.

6 Identifiez les acteurs disposant d'une délégation de pouvoir.

DOC 4 L'amélioration continue en supprimant les gaspillages (*lean management*)

Le *lean management* se traduit littéralement par le « management maigre ». L'enjeu de cette méthode est de mettre en place des outils pour réduire le nombre d'erreurs et pour limiter le gaspillage afin de créer plus de valeur pour le client.

Concrètement, cela peut consister à :
- **ranger régulièrement les espaces de travail** pour se débarrasser de ce qui encombre inutilement ;
- **organiser des points d'équipe** réguliers pour mieux communiquer ;
- mettre à disposition des clients des **questionnaires de satisfaction** ;
- **réduire les déplacements** inutiles en équipant certains mobiliers de roulettes (par exemple : tables, chaises ou poubelles) ;
- installer dans l'espace de travail un système permettant de faire du **management visuel** (par exemple : tableau d'affichage).

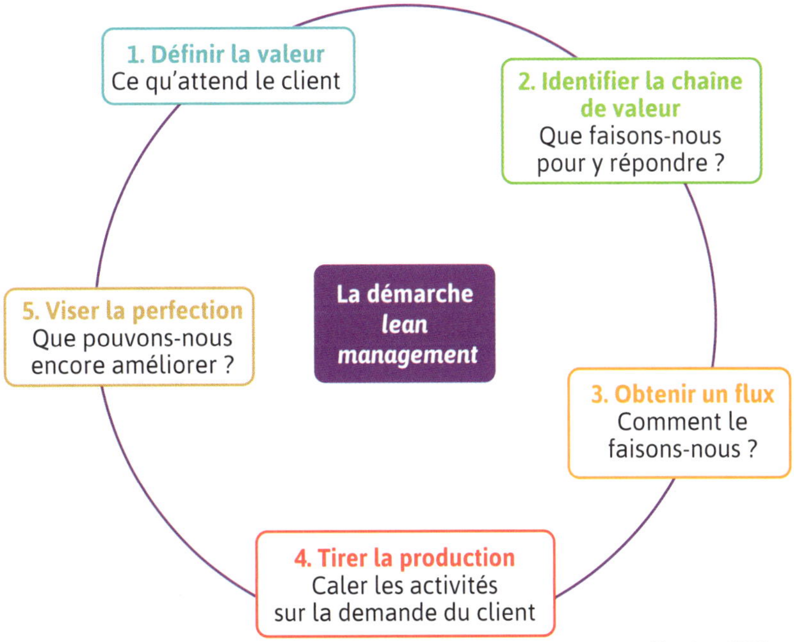

Foucher, 2020

7 Indiquez les objectifs du *lean management*.

8 Expliquez en quoi consiste la démarche de *lean management*.

L'essentiel

- Les quatre principaux modes de coordination sont l'ajustement mutuel, la supervision directe, l'automatisation de procédures et, enfin, les résultats, normes, procédures et qualifications attendus.
- Cette coordination peut s'accompagner d'une délégation du pouvoir de décision matérialisant le degré de centralisation du pouvoir dans l'organisation.
- Le *lean management* consiste à rechercher l'amélioration continue en supprimant les gaspillages.

Synthèse

3 minutes pour comprendre
foucherconnect.fr/20tmsdg22

1 Comment l'environnement influence-t-il l'organisation du travail ?

Environnement instable et incertain
- Réactivité
- Enrichissement des tâches
- Flexibilité
- Polyvalence

2 Quel fonctionnement choisir pour organiser le travail ?

Une organisation rigide

Le taylorisme
- Division verticale du travail
- Division horizontale du travail
- Salaire au rendement

Une organisation souple

Le toyotisme
- Réduction des stocks en produisant « juste à temps » à la demande du client
- Flexibilité
- Polyvalence et enrichissement des tâches

3 Comment coordonner le travail dans les organisations ?

Les mécanismes de coordination du travail
- Ajustement mutuel par communication informelle
- Supervision directe par un seul individu
- Automatisation des procédures
- Résultats, normes, procédures et qualifications attendus

Degré de centralisation du pouvoir – *Lean management*

Mots-clés

Degré de centralisation du pouvoir : manière dont le pouvoir est réparti dans l'organisation et caractérisant le degré d'autonomie et de responsabilité accordé tout au long de la ligne hiérarchique.

Mécanismes de coordination : assurent la cohérence de l'ensemble des tâches dans une organisation.

Organisation rigide du travail : mode de fonctionnement caractérisé par la rationalisation et la normalisation de l'activité et dans lequel la marge d'autonomie des salariés est limitée.

Organisation souple du travail : mode de fonctionnement caractérisé par la flexibilité (capacité d'adaptation), la réactivité, la polyvalence des salariés et l'enrichissement de leurs tâches (variété et contenu plus qualifié).

Activités

3 minutes pour s'évaluer

foucherconnect.fr/20tmsdg23

TESTEZ-VOUS

Qui suis-je ?

1 Je qualifie l'organisation du travail mise en œuvre par Taiichi Ōno.

2 Grâce à moi, les salariés s'appuient sur des compétences multiples dans leurs activités.

3 Nous permettons d'assurer la cohérence de l'ensemble des tâches dans une organisation.

4 Je suis un mode de management fondé sur l'amélioration continue en supprimant les gaspillages.

5 Je consiste à ajouter aux tâches d'exécution des tâches préparatoires en amont et/ou des tâches de contrôle en aval, de manière à accroître la richesse et l'intérêt du travail.

ZOOM vidéo p. 93

My-Serious-Game : la formation par le jeu vidéo

- Date de création : 2014
- Activité : création de formations digitales personnalisées et axées sur le jeu
- Forme juridique : SAS (société par actions simplifiée)
- Capital social : 4 125 euros
- Siège : Tours (Indre-et-Loire)

Leader français sur le marché de la formation digitale sur mesure, My-Serious-Game a récemment déménagé dans le quartier de la gare, à Tours (37). Les locaux sont récents et immenses. Même si l'entreprise affiche en 2018 un chiffre d'affaires de 1 609 800 euros, Frédéric Kuntzmann, le dirigeant fondateur, a souhaité garder un esprit start-up. Certes, il y a de grands espaces de travail avec des bureaux alignés et des espaces de réunion, mais d'autres éléments font aussi partie du décor : des espaces de détente avec des fauteuils et des canapés confortables, un coin cuisine, un hamac suspendu au-dessus d'un sol en faux gazon et un Baby-foot. L'ambiance est donc studieuse mais décontractée pour la quarantaine de salariés qui y travaillent. Leurs profils sont divers : développeurs Web, designers, chefs de projet, commerciaux, ingénieurs pédagogiques ou professionnels de la formation. My-Serious-Game compte des clients comme des grands groupes du CAC 40 (Vinci, Total, Sanofi…), des acteurs publics (ministère de l'Intérieur, EDF) ou des PME.

Foucher, 2020

Questions

1. Repérez les éléments caractéristiques de My-Serious-Game (type, finalité, activité, champ géographique, ressources).
2. Qualifiez l'organisation du travail chez My-Serious-Game en justifiant votre réponse.
3. Déterminez les modes de coordination possibles chez My-Serious-Game.
4. Montrez que l'organisation du travail chez My-Serious-Game s'appuie sur les principes du *lean management*.

Vers le BAC

GRAND ORAL

3 minutes pour convaincre

Quels sont les facteurs influençant l'organisation du travail dans l'entreprise ?

Cas Maison Boinet

Maison Boinet est une marque française de maroquinerie, spécialiste de la ceinture, proposant également des pochettes, sacs-banane, sacs-seau, ainsi qu'une ligne de bracelets en cuir.

Amour de la qualité et du style, sélection de cuirs nobles et remarquable savoir-faire artisanal sont les ingrédients des produits de haute qualité, confectionnés en France au sein de l'atelier de la marque à Château-Renault (Indre-et-Loire).

Entreprise du patrimoine vivant (EPV) depuis 2014, Maison Boinet fait rimer tradition avec modernité, tout en respectant les normes écologiques et environnementales. L'entreprise, en effet, place depuis toujours l'écologie, le développement durable et le respect des hommes au cœur de ses préoccupations.

luxe-en-france.com

Questions

1. Repérez les éléments caractéristiques de Maison Boinet (type, finalités, activité, champ géographique, ressources).
2. Présentez la stratégie globale de Maison Boinet à partir de 1931.
3. Qualifiez l'organisation du travail pratiquée au sein de Maison Boinet.
4. Appréciez l'avantage de ce type d'organisation du travail pour l'organisation elle-même, pour les salariés et pour les clients.
5. Déterminez les mécanismes de coordination au sein de Maison Boinet.
6. Montrez que Maison Boinet a su adapter son organisation du travail à l'environnement.

MÉTHODE

Qualifier l'organisation du travail consiste à déterminer s'il s'agit d'une organisation « rigide » ou « souple » en justifiant son analyse.

Annexe 1 La Maison Boinet : 160 ans d'histoire

L'histoire de Maison Boinet commence par celle d'un passionné de mode et d'accessoires : Ernest Beaumert. En 1858, il se lance dans le commerce de boutons à coudre, en nacre et en ivoire. Dès 1931, Maurice Boinet élargit l'activité de l'entreprise familiale à la fabrication de ceintures et de bretelles. En 2005, l'entreprise est rachetée par Dominique Vigin. C'est en 2010 que Bruno Jourd'hui rejoint l'entreprise en tant que directeur général et qu'il lance la marque Maison Boinet afin de conquérir les marchés internationaux. Le succès est immédiat en Asie. En 2012, pour répondre à la demande de ses clients, Maison Boinet lance une collection de bracelets. C'est en 2017 que la collection de maroquinerie, articulée autour de sacs à porter ceinturés, voit le jour. En 2018, l'entreprise fête ses 160 ans d'existence et profite de cette date anniversaire pour lancer son e-boutique. Aujourd'hui, si les méthodes ont changé, l'excellence et l'exigence sont les mêmes. Maison Boinet est le symbole du luxe et d'un savoir-faire unique dont la qualité « *made in France* » est la signature.

Foucher, 2020, d'après le site Internet maisonboinet.fr

Annexe 2

La ceinture : tout un art !

C'est à Château-Renault, en Indre-et-Loire, que se trouve l'un des derniers fabricants français de ceintures et c'est tout un art ! En effet, cet accessoire que tout le monde porte régulièrement peut être une pièce très originale, voire haute couture.

Dans cette manufacture familiale, avec ses 36 salariés et ses 4 stagiaires, tout le monde se connaît. La plupart des ouvrières, dont certaines travaillent ici depuis plus de trente ans, sont polyvalentes et passent d'un poste à l'autre. Un jour à la couture des pochettes Origami en vinyle de la collection été ; le lendemain au poste de perçage puis à celui de la pareuse[1]. Cette organisation permet à la manufacture d'être plus souple et évite la monotonie aux ouvrières.

Le maître mot de la petite usine, labellisée Entreprise du patrimoine vivant, est la qualité. Car Boinet est façonnier pour plusieurs marques haut de gamme et fabrique des pièces uniques pour de grands couturiers. Elle vend également ses propres créations au Bon Marché, à Paris, mais aussi dans des magasins de luxe à Tokyo, Séoul, Singapour…

À 160 ans, la Maison Boinet s'est même offert une nouvelle jeunesse en ouvrant sa boutique en ligne, une évolution indispensable pour l'entreprise qui utilise encore des machines centenaires mais qui imagine des corsets en vinyle fluo.

1. Machine pour décorer les peaux.

Foucher, 2020

Annexe 3

Entre tradition et modernité

Si les méthodes et les équipements évoluent, ils servent toujours la même exigence. Les procédés de fabrication de Maison Boinet trouvent le juste équilibre entre tradition et modernité. Chaque cuir est sélectionné avec soin et parfaitement détaillé avant d'entrer en production. Et les tanneurs respectent les normes écologiques et environnementales. […]

Depuis toujours, l'écologie, le développement durable et le respect des hommes sont au cœur des valeurs de l'entreprise. L'utilisation de la colle aqueuse, sans solvant et sans conséquence pour l'environnement, en est la première preuve. Afin de valoriser le savoir-faire et l'économie locale, l'ensemble de la chaîne de fabrication de ceinture et de maroquinerie se situe en France à Château-Renault.

Foucher, 2020

▲ La Croix-Rouge française est le premier opérateur du Samu Social en France.

Prérequis 1re mana

- Conflits
- Parties prenantes

9 Les acteurs de l'organisation

3 minutes pour découvrir

« Des Étoiles dans les yeux » : un événement de la Croix-Rouge française sous le chapiteau du cirque Phénix

foucherconnect.fr/20tmsdg24

> Sur quels acteurs internes l'association de la Croix-Rouge s'appuie-t-elle pour accomplir sa mission ?
> Quelles valeurs animent les acteurs de la Croix-Rouge pour l'organisation de cet événement « Des Étoiles dans les yeux » sous le chapiteau du cirque Phénix ?

CAPACITÉ × Identifier les différents acteurs dans les organisations et leurs intérêts respectifs

Notions

Intérêts et attentes divergents et convergents des acteurs internes + culture de l'organisation

1 Qui sont les différents acteurs dans les organisations ?

DOC 1 Le personnel

Dans les organisations privées	Dans les organisations publiques	Dans les organisations de la société civile
Salariés (ouvriers, employés administratifs, cadres), apprentis, stagiaires, intérimaires, intermittents	Fonctionnaires, salariés contractuels, stagiaires, élus	Bénévoles, salariés, stagiaires, administrateurs

Salarié, fonctionnaire, intermittent du spectacle, intérimaire… Les statuts professionnels posent un cadre légal qui va notamment déterminer les conditions de travail, l'environnement professionnel et la rémunération du personnel de l'organisation.

Foucher, 2020

1 Repérez l'acteur interne caractéristique et emblématique de chaque type d'organisation.

2 Précisez à quoi servent les statuts professionnels.

DOC 2 Les décideurs

« On a besoin de vous. » Plus qu'un appel aux dons, c'est un appel à la solidarité et à une prise de conscience élargie que les Banques alimentaires s'apprêtent à lancer, une fois de plus, dans toute la France, du 29 novembre au 1er décembre pour la collecte nationale. Cet appel, ce sera le 35e depuis la création en 1984 de la toute première Banque alimentaire à Paris. […]

La logistique professionnelle et précise mise en place dans l'ensemble de notre réseau permet aux 130 000 bénévoles Gilets orange mobilisés sur le terrain de récolter, trier, stocker plus de 11 000 tonnes de denrées chaque année – soit l'équivalent de 23 millions de repas et 11 % des denrées annuelles collectées en seulement 3 jours. En revanche, nous avons toujours besoin de la générosité de nos concitoyens. […]

Alors partout, le week-end prochain, revêtons nos Gilets orange, remplissons des paniers et donnons corps à cette solidarité et à ce grand mouvement de générosité.

Jacques Bailet, président du réseau des Banques alimentaires, 22 novembre 2019

3 Relevez la fonction de la personne qui décide du lancement de la collecte nationale de la Banque alimentaire.

4 Indiquez le statut professionnel des autres acteurs internes de cette association.

DOC 3 Les financeurs

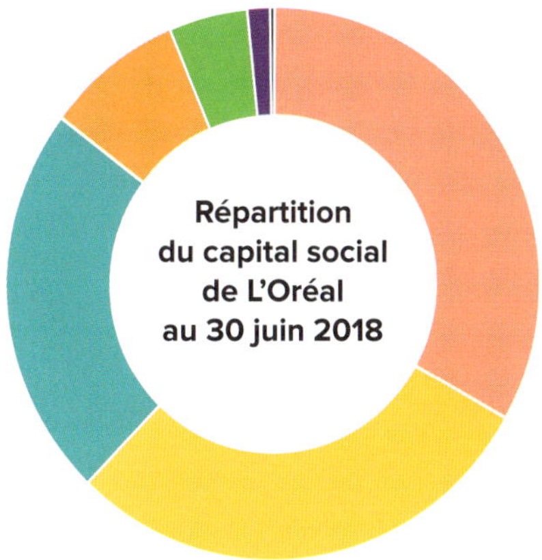

L'Oréal Finance

5 Identifiez les acteurs internes de L'Oréal intervenant dans le financement de cette organisation.

6 Appréciez la part représentée par les acteurs internes de L'Oréal dans la répartition du capital de cette organisation.

DOC 4 Les délégués du personnel et les délégués syndicaux

Le délégué du personnel représente le personnel de l'entreprise auprès de l'employeur. Dans ce cadre, il fait part à ce dernier des réclamations individuelles et collectives concernant l'application de la réglementation du droit du travail.
Le délégué syndical représente son syndicat auprès de l'employeur. [...] Contrairement au délégué du personnel, le délégué syndical a deux rôles : un rôle exclusif dans la négociation et la conclusion des accords collectifs d'entreprise et un rôle de revendication, qui se distingue de la réclamation du ressort du délégué du personnel. [...] Pour exercer chacun leur rôle, le délégué du personnel et le délégué syndical disposent de moyens mis à disposition par l'employeur en application du Code du travail : des crédits d'heures, un local, le droit de se réunir avec l'employeur et de communiquer avec les salariés.

cse-guide.fr

7 Distinguez le rôle du délégué du personnel de celui du délégué syndical.

8 Citez des acteurs internes d'une organisation de votre choix (personnel de l'organisation, décideur, financeur, délégué du personnel, délégué syndical), à partir d'une recherche Internet.

L'essentiel

- Divers acteurs sont impliqués dans le fonctionnement des organisations.
- Les acteurs internes peuvent être classés par catégorie : le personnel, les décideurs, les financeurs, les délégués du personnel et les délégués syndicaux.
- Les acteurs internes peuvent cumuler plusieurs fonctions et plusieurs rôles.

2 Pourquoi les attentes et les intérêts des acteurs internes ne convergent-ils pas toujours ?

DOC 1 Des attentes spécifiques

Le personnel
- Obtenir une rémunération équitable
- Défendre la pérennité de l'organisation pour la sécurité de son emploi
- S'épanouir dans son travail ou dans son action bénévole (pour les organisations de la société civile)

Les décideurs
- Assurer la pérennité de l'organisation
- Obtenir une rémunération équitable
- Maintenir leur pouvoir

Les financeurs
- Rentabiliser les fonds investis
- Assurer la pérennité de l'organisation

Les délégués du personnel et les délégués syndicaux
- Défendre les intérêts individuels et collectifs auprès de l'employeur
- Veiller au respect du droit du travail
- Assurer la pérennité de l'organisation

1 Indiquez à quelles fonctions du management correspond la gestion des attentes des différents acteurs dans les organisations.

2 Comparez les attentes du personnel avec celles des financeurs.

DOC 2 Des intérêts convergents

« La compétitivité industrielle sera discutée dans tous les sites français, affirme le DRH France de Michelin, Jean-Paul Chiocchetti. En tenant compte du meilleur timing pour chacun d'eux. » En France, Michelin a signé ces dernières années trois accords de compétitivité avec ses organisations syndicales, à Roanne (Loire) en mai 2015, à La Roche-sur-Yon (Vendée) et à Vannes (Morbihan) en 2016. Baptisés « Pactes d'avenir », ils mettent en place la meilleure organisation du travail possible pour répondre aux attentes du marché. Les salariés font des efforts, notamment sur l'organisation du travail, en échange la direction s'engage sur des investissements, donc *a priori* sur l'avenir du site et de ses emplois. Une révolution chez Michelin, où le dialogue social a longtemps été difficile.

Cécile Maillard, *Usine nouvelle*, 20 septembre 2018

3 Précisez les intérêts respectifs des différents acteurs internes, parties prenantes des accords « Pactes d'avenir » chez Michelin.

4 Qualifiez les intérêts des acteurs internes chez Michelin.

DOC 3 Des intérêts divergents générateurs de conflits

L'appel à la « grève générale » lancé ce samedi par plusieurs syndicats des hypermarchés Carrefour pour défendre les emplois et le pouvoir d'achat a été entendu. Au moins 300 magasins ont été impactés dans toute la France. [...]

Une grève générale pour protester contre le plan de leur nouveau président Alexandre Bompard, qui a notamment annoncé la suppression de 2 400 emplois au sein du groupe. Mais aussi la fermeture de 273 magasins comme le Carrefour Contact de Plaisance-du-Touch en Haute-Garonne. L'humiliation pour beaucoup de salariés grévistes, c'est la baisse de la prime de participation. « Elle est passée, en un an, de 610 à 57 euros, dénonce Sabine Barbier, élue CGT. Les actionnaires vont se partager 300 millions d'euros et on nous demande de faire sans cette prime parce que les objectifs de chiffre d'affaires n'ont pas été atteints. C'est la goutte d'eau qui fait déborder le vase. » [...] Le mouvement pourrait entraîner, selon la SNEC CFE-CGC, « entre 40 et 50 millions d'euros » de perte de chiffre d'affaires.

Stéphane Garcia, Radio France/France Bleu, 31 mars 2018

5 Déterminez les enjeux de la grève de mars 2018 pour chacun des différents acteurs internes de Carrefour.

6 Qualifiez les intérêts des acteurs internes du groupe Carrefour.

pdf
Comment bien gérer un conflit ? L'histoire de la fenêtre de la bibliothèque
foucherconnect.fr/20tmsdg25

DOC 4 Le dépassement du conflit

Mary Parker Follett (1868-1933), conseillère en management et pionnière de la théorie des organisations, enseigne de ne pas chercher à éviter le conflit, mais au contraire à le résoudre par l'intégration des différences. En effet, les conflits rencontrés dans les entreprises, par exemple, sont propices à l'intégration car les acteurs concernés ont généralement des objectifs communs : la pérennité de l'organisation. L'intégration consiste à faire preuve de créativité pour résoudre le conflit en intégrant les différences qu'il a mises en évidence et à en faire quelque chose de nouveau.

Foucher, 2020

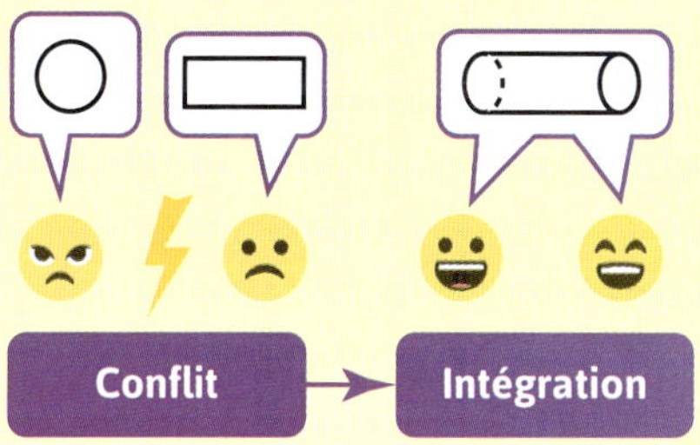

7 Expliquez en quoi consiste l'intégration d'un conflit pour Mary Parker Follett.

8 À partir de l'histoire de la fenêtre (PDF foucherconnect), montrez comment Mary Parker Follett illustre sa théorie de l'intégration du conflit.

Passerelle vers les ressources humaines et communication

Les **relations professionnelles** sont caractérisées par des interactions, mais aussi par des tensions qui peuvent conduire à l'émergence de conflits.

> Thème 3, question 3.1 Les tensions professionnelles peuvent-elles renforcer la cohésion ?

L'essentiel

- Les différents acteurs internes ont des attentes spécifiques.
- Leurs intérêts peuvent être convergents, mais également divergents et générateurs de conflits.
- L'intégration des différences à la source du conflit est une voie créative de dépassement de celui-ci.

3 Comment la culture contribue-t-elle à la cohésion d'une organisation ?

DOC 1 Les rituels d'intégration

En décembre, impossible d'y échapper : Noël a trouvé depuis longtemps sa place dans l'entreprise. Les arbres de Noël pour les enfants des employés, les petits cadeaux du patron et les repas de fête dans les cantines sont depuis des décennies un incontournable de la vie des salariés. [...] « Les fêtes de Noël permettent de souder une équipe, et encore davantage dans les entreprises où tous les salariés ne travaillent pas dans les mêmes lieux, renchérit Laëtitia Vitaud, professeure à Sciences-Po spécialiste des ressources humaines. C'est l'un des rares moments de l'année où l'on se retrouve, cela permet de créer un ciment entre les gens. »

Ariane Kujawski, *Les Echos*, 16 décembre 2018

1 Indiquez à quoi correspond la fête des arbres de Noël dans les entreprises.

2 Montrez l'intérêt de cette fête pour l'organisation et pour les employés.

DOC 2 Les valeurs affichées

Courage, dévouement, intégrité
Sont les valeurs de la Police nationale.
La Police nationale est au service de tous.
Les femmes et les hommes qui la composent sont engagés avec détermination et courage.
La confiance et le respect des citoyens reposent sur leur intégrité.
Les policiers sont en phase avec la société et leur dévouement est total.

Devenir Policier

3 Identifiez les valeurs affichées par la police nationale.

4 Précisez le rôle de ces valeurs pour les policiers.

DOC 3 Les symboles

Le logo SNCF (Société nationale des chemins de fer français) a évolué depuis sa création en 1937. Des changements qui symbolisent autant les mutations du service public que les attentes des Français en matière de transports en commun.

- **1937** – Le premier logo SNCF est le symbole de la fusion des cinq grandes compagnies de chemin de fer françaises.
- **1947** – Le nouveau logo d'après-guerre évoque l'ambition de la société de relier une grande partie de l'Hexagone, en se lançant dans de grands travaux de modernisation et de construction.
- **1972** – Ce logo change totalement de style : lettres épaisses pour affirmer la puissance d'une entreprise en plein essor et écriture en italique symbolisant le record du monde de vitesse sur rail récemment atteint.
- **1992** – Une flèche s'ajoute au logo, pour donner le cap vers l'avenir à l'international : c'est l'époque de l'Eurostar, du Thalys et le début des marchés gagnés à l'étranger.
- **2005** – Une nouvelle ambition est exprimée dans ce logo : associer au transport de nouveaux services qui améliorent la qualité de tous les voyages. La couleur « Carmillon », créée expressément pour la marque, est tout en nuances pour symboliser la diversité des activités.

Creads.fr

5 Déterminez en quoi le logo de la SNCF permet de faire le lien avec la stratégie de cette entreprise.

DOC 4 Les héros

Le 26 septembre 1985, Coluche lançait sur la radio Europe 1 un appel à la générosité pour aider les Français qui n'arrivaient pas à manger. L'idée des Restos du cœur était née, mais l'humoriste trublion était loin de se douter de l'ampleur qu'allait prendre son initiative. [...] Trente ans plus tard, les Restos du cœur sont devenus une institution indispensable à des centaines de milliers de Français.

Foucher, 2020

6 Commentez la phrase soulignée.

7 Montrez que Coluche fait figure de héros pour les « Restos du cœur », en vous appuyant sur la définition de cette notion retrouvée sur Internet ou dans un dictionnaire.

L'essentiel

- La culture contribue à la cohésion de l'organisation : elle fédère les acteurs internes.
- Chaque organisation développe sa propre culture au fil du temps.
- Les rituels d'intégration, les valeurs, les symboles et les héros sont des éléments visibles, audibles et tangibles de la culture de l'organisation.

Synthèse

3 minutes pour comprendre

foucherconnect.fr/20tmsdg26

1 Qui sont les différents acteurs dans les organisations ?

Les acteurs internes dans les organisations

- **Le personnel** Ex. : salariés, fonctionnaires, bénévoles
- **Les décideurs** Ex. : dirigeants (P-DG...), cadres, cadres administratifs, président d'une association
- **Les financeurs** Ex. : propriétaires, actionnaires, dirigeants salariés
- **Les délégués du personnel et les délégués syndicaux**

2 Pourquoi les attentes et les intérêts des acteurs internes ne convergent-ils pas toujours ?

Attentes spécifiques propres à chaque catégorie d'acteurs internes

- **Intérêts convergents**
- **Intérêts divergents** → **Intégration des différences** → Dépassement du conflit

3 Comment la culture contribue-t-elle à la cohésion d'une organisation ?

La cohésion par la culture de l'organisation

- **Rituels d'intégration**
- **Valeurs**
- **Symboles**
- **Héros**

Mots-clés

Acteur interne : partie prenante faisant partie de l'organisation et agissant directement pour elle (propriétaires, dirigeants, salariés, fonctionnaires, bénévoles, représentants du personnel, etc.).

Culture de l'organisation : ensemble d'éléments visibles, audibles et tangibles de représentations (rituels, valeurs, symboles, héros...) propres à une organisation et qui contribuent à sa cohésion.

Intérêt convergent : l'ensemble des parties prenantes tend vers un même but ou un même résultat.

Intérêt divergent : l'ensemble des parties prenantes tend vers un but ou un résultat différent, voire opposé ou contraire.

Activités

3 minutes pour s'évaluer

foucherconnect.fr/20tmsdg27

TESTEZ-VOUS

Répondez par vrai ou faux aux propositions suivantes.

1. Les fournisseurs sont des acteurs internes de l'organisation.
2. Dans les organisations de la société civile, les acteurs internes sont pour la plupart bénévoles.
3. La recherche de la pérennité de l'organisation représente un intérêt convergent des acteurs internes.
4. Les actionnaires et les salariés ont souvent des intérêts convergents.
5. La culture de l'organisation correspond à sa responsabilité sociétale.
6. Les valeurs, les rituels d'intégration et les symboles fédèrent les acteurs internes de l'organisation.

ZOOM vidéo p. 105

« Des Étoiles dans les yeux » : un événement de la Croix-Rouge française sous le chapiteau du cirque Phénix

Témoin de la bataille de Solférino (1859), un citoyen suisse, Henry Dunant, improvise des secours avec le concours des populations civiles locales. C'est l'acte fondateur de la Croix-Rouge. Association loi 1901, auxiliaire des pouvoirs publics, elle repose sur l'engagement de ses adhérents et de ses bénévoles qui agissent chaque jour selon un même principe de solidarité.
La Croix-Rouge française regroupe, aujourd'hui, cinq domaines d'activité : urgence et opérations secouristes (aide aux personnes sinistrées en complément des secours publics) ; action sociale (aide à l'insertion et à l'autonomie des personnes en situation de précarité) ; métiers sanitaires, sociaux et médico-sociaux (établissements et services de la Croix-Rouge française) ; formation (formations initiales, continues et pour le grand public) ; action internationale.

Une nouvelle stratégie RH

Nous mettons en place une stratégie RH ambitieuse et différenciante qui positionne la Croix-Rouge française en tant qu'employeur attractif et soucieux de l'accompagnement de chacun de ses salariés dans son parcours professionnel. Cette stratégie porte un modèle de management fondé sur des principes de transparence, collégialité, responsabilité, autonomie.

Chiffres clés

- **60 571** bénévoles
- **16 719** salariés
- **1 037** implantations locales
- **108** délégations territoriales
- **577** établissements et services sociaux, médico-sociaux et sanitaires
- **135 154** personnes initiées et formées aux premiers secours

La Croix Rouge francaise

Questions

1. Identifiez les acteurs internes de la Croix-Rouge française.
2. Expliquez comment la Croix-Rouge française assure la cohésion entre ses acteurs internes.
3. Montrez qu'Henry Dunant fait figure de héros pour la Croix-Rouge française.

Vers le BAC

GRAND ORAL

3 minutes pour convaincre

En quoi la culture de l'organisation favorise-t-elle la cohésion de ses membres ?

Cas Les Compagnons du devoir

Mobilité et transmission du savoir-faire sont les fondements du compagnonnage. Depuis des siècles, les compagnons voyagent et adaptent leurs connaissances aux nouvelles techniques et matériaux. Ainsi, au fil du temps, le compagnonnage a vu des métiers disparaître et d'autres naître.

La constitution de notre association il y a plus de 70 ans a permis de développer un réseau de maisons pour accueillir les itinérants de tous les métiers sous un même toit : avant la Seconde Guerre mondiale, chaque corps de métier du compagnonnage avait ses lieux de passage et organisait pour son propre compte l'hébergement de ses itinérants. Depuis 70 ans, la vie communautaire permet des échanges interprofessionnels fructueux.

Au début des années 1970, une deuxième étape importante pour notre association a été la décision de développer un vivier d'apprentis en créant et développant nos propres centres de formation des apprentis (CFA).

Puis dans les années 1990, nous avons décidé d'enrichir nos expériences professionnelles en développant le voyage international.

Plus récemment, une nouvelle étape a été franchie avec l'arrivée de jeunes femmes dans des métiers qui étaient essentiellement pratiqués par les hommes. Puis ce début de XXIe siècle a vu l'arrivée de bacheliers ; ils constituent aujourd'hui la majeure partie des jeunes qui choisissent de se former et se diplômer avec nous.

En 2010, le compagnonnage a été inscrit par l'Unesco sur la liste du patrimoine culturel immatériel de l'humanité. Et tout dernièrement, l'admission de notre association à la Conférence des grandes écoles a marqué la reconnaissance des valeurs humaines et professionnelles que nous défendons depuis toujours.

compagnons-du-devoir.com

Questions

1. Analysez les choix stratégiques de l'association des Compagnons du devoir au cours de son histoire.
2. Expliquez le problème de management auquel l'association des Compagnons du devoir pourrait être confrontée.
3. Identifiez les rituels d'intégration pratiqués dans l'association des Compagnons du devoir.
4. Listez les valeurs affichées par l'association des Compagnons du devoir.
5. Présentez les éléments matérialisant la culture de l'association des Compagnons du devoir.
6. Montrez en quoi cette culture de l'organisation est un vecteur de cohésion des Compagnons du devoir.

MÉTHODE

Expliquer un problème de management consiste à déterminer la nature de la situation impactant négativement l'organisation. Par exemple : problème financier, économique, organisationnel, structurel, conjoncturel, de concurrence, de recrutement, de rotation des effectifs (turn-over), d'approvisionnement, de sécurité (données, personnes, biens).

Annexe 1 Partons à la rencontre d'un compagnon du devoir !

Objectif Réussite [OR] a rencontré un compagnon du devoir et vous dit tout sur cette formation d'exception ! Matthieu[1], 22 ans, s'est confié sur son expérience chez les Compagnons du devoir et du tour de France qu'il a rejoints il y a trois ans. […]

OR : Mais qu'est-ce que c'est exactement les Compagnons du devoir ?

M. : C'est une association reconnue d'utilité publique qui propose de former des jeunes en alternance. Les alternants sont formés à une trentaine de métiers différents allant des métiers du BTP aux métiers du vivant ou encore aux métiers de bouche. […]

OR : Mais alors c'est quoi ce fameux tour de France ?

M. : C'est une période de trois à quatre ans lors de laquelle nous ne sommes plus apprentis mais aspirants. Nous sommes dans des entreprises, dans les corps de métier qui sont ceux qu'on a choisis. Une fois par an [en général], on change de ville et d'entreprise. […]

OR : Et donc à la fin de ce Tour de France, ta formation est finie ?

M. : Pas tout à fait. Une autre valeur fondamentale chez les compagnons est la transmission. Une fois que l'on devient compagnon, suite à la cérémonie de la « réception », on devient responsable de la formation des nouveaux apprentis. […]

OR : Tu parles beaucoup de valeurs, c'est quelque chose qui est très présent dans ta formation ?

M. : Oui, c'est central dans notre cursus. Le compagnonnage est une formation qui repose sur des principes moraux communs. Pour ne citer que les sept qui étaient au cœur de notre cérémonie d'adoption : la fidélité au groupe, l'honnêteté, la fraternité, le courage, la générosité, la discipline et la patience. En plus de ces valeurs communes, chaque corps de métier dispose d'une identité et de symboles forts. Ces symboles apparaissent notamment sur la canne que le nouveau compagnon reçoit lors de sa cérémonie de réception.

1. Le prénom a été modifié pour des raisons d'anonymat.

Camille Bastide, objectif-reussite-edhec.org, 13 mars 2019

Annexe 2 Les sources de financement des Compagnons du devoir

Le financement de notre association s'organise autour de deux objectifs bien définis : garantir aux jeunes la gratuité de leur formation et l'indépendance d'action de la structure. Ses ressources proviennent de deux volets distincts : les actions de formation et l'accueil des jeunes.
Les diverses ressources :

- la taxe d'apprentissage : l'association est habilitée à la collecter et à en bénéficier en tant qu'organisme de formation ;
- les subventions accordées par les régions et l'État au titre de la formation par l'apprentissage ;
- les financements européens ;
- la rétribution des heures de formation continue dispensées à des salariés d'entreprise ;
- les ressources issues des prestations d'hôtellerie et de restauration destinées aux jeunes ;
- les dons et legs, l'association étant habilitée à en percevoir ;
- le mécénat ;
- les cotisations des membres de l'association.

compagnons-du-devoir.com

Prérequis 1re mana

- Action collective
- Objectifs
- Intérêts individuels et collectifs
- Groupe organisé
- Organisation
- Définition du management

10 Pouvoir et motivation

3 minutes pour découvrir

« Les Bleus 2018 » : Didier Deschamps fait la morale aux joueurs après France-Australie

foucherconnect.fr/20tmsdg28

> **Quel est le but de l'intervention de Didier Deschamps après le match contre l'Australie ?**
> **Didier Deschamps sollicite-t-il l'avis de ses joueurs lors de son intervention ?**

CAPACITÉS ✖ Apprécier le degré de concentration du pouvoir de décision ✖ Reconnaître les différents types et styles de direction ✖ Identifier les modalités de coopération dans une organisation ✖ Distinguer les facteurs de motivation

Notions

Style de direction + dynamique de groupe : leadership, cohésion, décision de groupe + coopération + modes d'action coopératifs, groupes de projet, réunions, techniques de créativité, outils collaboratifs, réseaux sociaux d'entreprise, communautés de pratiques + facteurs de motivation : facteurs internes et externes + dispositions favorisant la motivation et l'implication dans le travail + qualité de vie au travail

1 Quel style de direction l'organisation doit-elle adopter ?

DOC 1 Le style de direction paternaliste

Phil Neville, sélectionneur de l'équipe de football féminine anglaise, est une figure paternelle pour ses joueuses. Il n'hésite pas à pousser des « coups de gueule » quand il n'est pas satisfait et à récompenser ses joueuses quand elles le méritent.

Foucher, 2020

1 Exprimez ce que vous ressentez en regardant cette image.

2 Précisez en quoi le style de direction de Phil Neville est paternaliste.

DOC 2 Le style de direction autoritaire

Patrick Pouyanné a été propulsé aux commandes de Total dans une période où l'entreprise s'enfonçait dans la crise.

Les mesures d'économies mises en œuvre ont produit des résultats spectaculaires. Mais son tempérament volcanique et son management autoritaire bousculent l'entreprise toute entière. [...] La réduction des coûts devient son obsession. Et quand Patrick Pouyanné veut obtenir quelque chose, il met rarement les formes... « Dix niveaux hiérarchiques en dessous, on entend encore sa voix, c'est vrai. » [...] « Ma personnalité s'adaptait peut-être mieux à la crise que nous traversions que celle de Christophe [de Margerie[1], NDLR] », reconnaît-il. [...] On n'obtient pas de tels résultats sans une implication de chaque instant, sans exercer une pression maximale sur les équipes. C'est ce qui distingue « Pougnax » – son surnom à Polytechnique – d'un patron ordinaire. Lui ne lâche rien, jamais. [...]

1. Christophe de Margerie, décédé dans un accident d'avion en 2014, est l'ancien P-DG de Total.

Pascal Pogam, *Les Echos*, 17 décembre 2018

3 Expliquez en quoi le style de direction de Patrick Pouyanné est autoritaire.

4 Montrez que le style de direction de Patrick Pouyanné découle de sa personnalité.

5 Expliquez les facteurs qui ont conduit il y a quatre ans à nommer Patrick Pouyanné à la tête de Total.

DOC 3 Le style de direction consultatif

Comment les managers français décident-ils ? Pour y répondre, MPI Executive, cabinet de conseil en management de la transition, a lancé un baromètre Décision [...]. Il apparaît que les managers français ont un peu plus tendance que leurs voisins à prendre leurs décisions seuls, sans consulter leurs équipes [...]. Or, l'étude établit un lien entre le fait de décider seul, et les manquements des managers dans leur travail. [...] En effet, quand les managers consultent leurs collaborateurs avant de décider, 82 % des salariés estiment qu'ils font tout leur possible pour trouver des solutions aux problèmes de leurs équipes. Ce pourcentage tombe à 59 % quand ils prennent leurs décisions seuls. De la même façon, 41 % des salariés estiment que leur manager n'assume pas ses responsabilités en cas de difficulté quand c'est un manager qui décide seul. Chiffre qui tombe à 18 % pour les salariés dont le manager consulte ses équipes avant de décider. Et quand le manager décide seul, 55 % des salariés estiment qu'il a pour principale motivation son intérêt personnel, contre 37 % chez les salariés dont le manager a une démarche plus collective. [...]

Aude David, *Actionco*, 1er mars 2019

6 Précisez les atouts d'un style de direction consultatif.

DOC 4 Le style de direction participatif

Aller toujours plus loin dans l'innovation, la satisfaction des clients, la croissance durable, le bien-être des équipes... Voici quelques-uns des objectifs formalisés dans le « Projet 2022 », sixième projet d'entreprise du groupe Gruau. [...] Ce leader de la transformation de véhicules destinés aux professionnels se démarque par bien des façons : depuis plus de trente ans, l'entreprise positionne les collaborateurs au cœur de son projet d'entreprise, favorise le management participatif et fait de l'esprit d'équipe l'une de ses valeurs pivot. [...]
« La direction donne le cap, mais l'ensemble des équipes est associé à la construction des plans d'actions pour atteindre les objectifs. Pour faire remonter l'information depuis le terrain, chaque site s'organise en fonction de sa taille et de ses spécificités : parfois, le manager sollicite directement ses collaborateurs ; ailleurs, la démarche peut être collégiale et s'opérer lors des réunions quotidiennes..., détaille Patrick Gruau, qui assure que cette façon de faire garantit des résultats durables, surtout quand on y associe la manière. C'est aussi parce que toute l'équipe partage la vision, sur le long terme, qu'elle donne le meilleur d'elle-même », estime-t-il. [...]

Julie Le Bolzer, *Les Echos*, 9 octobre 2019

7 Montrez en quoi Gruau fait participer ses salariés à la vie de l'entreprise et encourage la communication.

8 Établissez un lien entre le style de direction et le pouvoir de décision.

9 Expliquez l'utilité de ce style de direction pour Gruau.

10 Expliquez pourquoi, en vous appuyant sur les exemples de Total et de Phil Neville, le style de direction participatif ne s'applique pas à toutes les organisations.

L'essentiel

- Le style de direction désigne la manière dont le manager dirige ses collaborateurs au quotidien. On distingue quatre styles de direction : autoritaire, paternaliste, consultatif et participatif.
- Le style de direction adopté est fonction de facteurs divers : personnalité du dirigeant, situation dans laquelle se trouve l'organisation, culture, etc.
- Il n'existe pas de style de direction idéal. Pour être efficace, il devra être adapté à l'organisation et tenir compte du contexte.
- Le pouvoir de décision est plus ou moins concentré selon le style de direction choisi.

2 Comment impulser une bonne dynamique de groupe ?

DOC 1 La coopération au sein du groupe

▲ Le paradoxe d'un manager encourageant ses collaborateurs à se montrer collectifs avec des leviers de motivation individuels (objectifs individuels et récompenses individuelles).

1 Identifiez ce que dénonce ce dessin.

2 Expliquez, en vous appuyant sur le **DOC 1**, pourquoi les membres d'un groupe ne sont pas toujours enclins à coopérer.

DOC 2 Les modes d'action coopératifs

Pour améliorer la collaboration entre les praticiens et les personnels de ses cliniques réparties dans plusieurs régions françaises, le groupe Vivalto Santé a transformé son portail Intranet en « un vrai réseau social d'entreprise » (RSE). […] « Notre problématique était de faire que chaque établissement se sente intégré dans le groupe. Surtout, nous voulions faciliter la collaboration entre les établissements et, à l'intérieur de chacun d'entre eux, favoriser le partage d'expérience et d'informations. Par exemple, un hygiéniste qui travaille seul dans une clinique peut interroger ses collègues dans les 25 établissements et bénéficier de leur expérience », explique Olivier Boixière. […] Vivalto Santé a retenu l'application collaborative de la société eXo Platform qui propose des fonctionnalités de réseau social, de partage de connaissances ainsi que de gestion de projets, de contenus et de documents. […] La solution intègre […] l'agenda des praticiens, une documenthèque et des applets comme le covoiturage ou la visioconférence […]. « Nous verrons à l'usage à quel rythme nous ferons évoluer la solution. Pour l'instant, nous en attendons qu'elle augmente le sentiment d'appartenance au groupe, mais surtout qu'elle fasse que le temps médical soit plus consacré aux patients et moins à la gestion administrative ! », conclut Olivier Boixière.

Sophy Caulier, *LeMagit*, juillet 2018

3 Identifiez l'outil déployé par Vivalto Santé pour développer la coopération entre ses collaborateurs.

4 Mettez en évidence les bénéfices d'une telle coopération au sein de l'organisation.

DOC 3 Les facteurs et les intérêts de la cohésion du groupe

Ensemble, les hommes sont capables des constructions les plus étonnantes ; ensemble, ils ont envoyé des individus sur la Lune. […] L'esprit d'équipe induit des éléments essentiels pour l'entreprise, en facilitant :

- **la délégation :** […] une équipe soudée est une équipe dans laquelle les leaders et les membres deviennent de véritables experts en matière de délégation, parvenant à attribuer les tâches à accomplir aux personnes les plus qualifiées en fonction du travail à faire ;
- **l'efficacité :** […] lorsqu'une tâche est soumise à une équipe bien rodée, elle peut être prise en charge rapidement et de manière précise, faisant en sorte que chacun comprenne immédiatement quel est son rôle et comment il doit procéder […] ;
- **les idées :** les entreprises dans lesquelles l'esprit d'équipe est fort sont celles dont les salariés se réunissent pour trouver des solutions, à l'occasion de réunions où chacun exprime ses idées sans retenue […] ;
- **le soutien :** […] les membres d'une seule et même équipe se soutiennent les uns les autres et avancent sur la base mutuelle de la confiance. Se créent alors des liens importants qui permettent à l'équipe de réagir dans toutes les situations les plus difficiles et à surmonter les défis les plus compliqués. […]

Josselin Leydier, *Forbes*, 30 mai 2017

5 Identifiez les facteurs de cohésion d'un groupe.

6 Expliquez pourquoi le manager doit veiller à la cohésion du groupe.

DOC 4 Des outils originaux au service de la cohésion du groupe

 # vidéo
Entreprise : comment souder une équipe ? - 3,08 min
foucherconnect.fr/20tmsdg29

L'*escape game* séduit de plus en plus d'entreprises. Dans un cadre amusant, cette activité permet aux managers de renforcer l'esprit d'équipe, d'améliorer la gestion du stress, du temps et la communication entre ses salariés.

L'atelier cuisine est un outil de cohésion. Au cours d'une préparation culinaire ou d'une dégustation, les salariés apprennent à mieux se connaître et à tisser des liens. Cette activité est propice aux échanges et à la découverte de l'autre.

Foucher, 2020

7 Identifiez les outils à disposition des managers pour développer la cohésion.

8 Montrez en quoi ces outils sont sources de cohésion.

L'essentiel

- La coopération entre les membres d'un groupe est favorisée par la mise en place de dispositifs, notamment numériques : Intranet, réseau social d'entreprise, agenda partagé, plateforme collaborative, etc.
- La qualité du groupe et son efficacité se construisent à partir de la dynamique globale et des relations qui s'y développent. Le manager œuvre pour la cohésion de son groupe.

3 Quels sont les déterminants de la motivation au travail ?

DOC 1 Les facteurs de motivation au travail

Foucher, 2020

1 Repérez les facteurs de motivation au travail du joueur de football.

2 Identifiez ceux qui semblent indispensables à l'amélioration de ses performances.

DOC 2 Typologie des facteurs de motivation au travail

Facteurs de motivation internes	Facteurs de motivation externes
Facteurs liés à l'individu lui-même. Propres raisons d'agir, en dehors de toute stimulation extérieure : se surpasser, prendre du plaisir, s'accomplir, être fier de soi-même, etc. Facteurs stables et propres à l'individu.	Facteurs provenant des actions mises en œuvre par le manager pour motiver les individus : prime, bonnes conditions de travail, climat social, etc. Facteurs d'élan de motivation.

Foucher, 2020

3 Identifiez les différents facteurs de motivation.

4 Classez les facteurs proposés dans le **DOC 1** en vous appuyant sur la typologie du **DOC 2**.

5 Expliquez pourquoi les facteurs internes sont considérés comme plus stables que les facteurs externes.

DOC 3 La qualité de vie au travail (QVT)

Inscrite dans la loi Rebsamen du 17 août 2015, la qualité de vie au travail a pour but de reconnaître l'engagement des salariés au travail et à le soutenir. Cette logique doit permettre au salarié d'exercer son métier dans de bonnes conditions en tenant compte des facteurs de pénibilité qu'il est susceptible de rencontrer. [...]

Définir la qualité de vie au travail

En juin 2013, l'Accord national interprofessionnel sur l'égalité professionnelle et la qualité de vie au travail (ANI) a défini la notion de QVT comme étant « les conditions dans lesquelles les salariés exercent leur travail, et leur capacité à s'exprimer et à agir sur le contenu de celui-ci [...]. »

Cette nouvelle vision séduit aujourd'hui de plus en plus d'entreprises car elle s'articule autour du bien-être des salariés. Pour ce faire, il faut être attentif aux conditions de travail mais pas seulement. L'environnement de travail, les relations de travail et le climat social sont tout aussi importants. Il est impératif que le dialogue social s'ouvre et que les décisions soient prises unanimement, autant par les salariés que par leurs dirigeants. [...]

pyramis-protection-sociale.com

6 Relevez les fondements de la qualité de vie au travail.

7 Proposez des indicateurs permettant de mesurer la qualité de vie au travail.

DOC 4 L'amélioration des conditions de travail

Icade, une entreprise investie dans le bien-être de ses salariés

En déménageant dans l'immeuble Open, à Issy-les-Moulineaux, en septembre 2017, Icade[1] a souhaité impulser une véritable dynamique de transformation. [...] Dès novembre 2017, Icade entendait réaliser un espace innovant, connecté, pour en faire un espace de travail ouvert, transversal et dédié au collaboratif. [...] Parmi les efforts réalisés : l'environnement, avec un bâtiment certifié [...] en rénovation et en exploitation. Mais aussi la santé et l'hygiène de vie, à travers l'incitation à la pratique sportive (coach sportif, activités proposées, etc.) et l'implantation d'une cabine médicale pour des check-up et téléconsultations avec un médecin généraliste.

La spécificité d'Open ? Les bureaux sont 100 % en *flex office* – comité exécutif compris –, c'est-à-dire qu'aucun bureau n'est attribué. Il existe 8 typologies de bureaux différentes, selon les besoins : concentration, réunion assise ou debout... En revanche, chaque collaborateur possède son propre casier personnalisable et bénéficie du même matériel informatique. Autre aspect étudié : l'équilibre vie professionnelle et vie privée, avec des chartes et accords en matière de déplacements et de télétravail. Enfin, un réseau d'« ambassadeurs » a été constitué sur la base du volontariat pour animer des groupes de discussion et favoriser les améliorations. Le bien-être des collaborateurs est un enjeu stratégique central pour les entreprises. Levier de croissance, d'innovation, de compétitivité mais aussi de résilience, l'humain est au carrefour de toutes les transitions auquel l'entreprise fait face. [...]

1. Groupe immobilier français.

Claire Lemonnier, *Batiweb*, 21 juin 2019

8 Identifiez les actions entreprises par Icade pour améliorer la qualité de vie au travail.

9 Montrez les bénéfices de telles actions pour les organisations.

L'essentiel

- L'organisation a besoin d'un personnel motivé pour accroître ses performances.
- La motivation des individus dépend de facteurs internes et externes.
- La qualité de vie au travail est un déterminant de la motivation et de la performance.

Passerelle vers les ressources humaines et communication

La **qualité de vie au travail** est notamment abordée dans ses aspects opérationnels et réglementaires.

> Thème 2, question 2.1 La recherche du mieux-vivre au travail est-elle compatible avec les objectifs de performance ?

Synthèse

3 minutes pour comprendre

foucherconnect.fr/20tmsdg30

1 Quel style de direction l'organisation doit-elle adopter ?

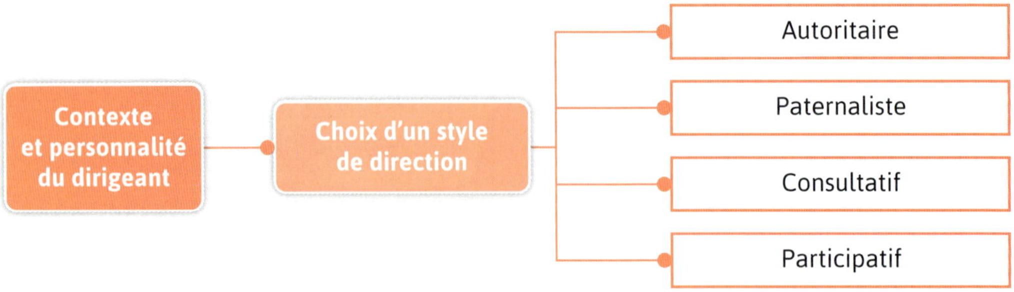

2 Comment impulser une bonne dynamique de groupe ?

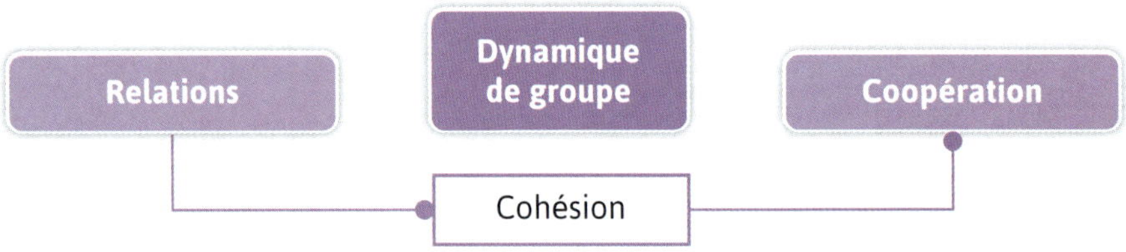

3 Quels sont les déterminants de la motivation au travail ?

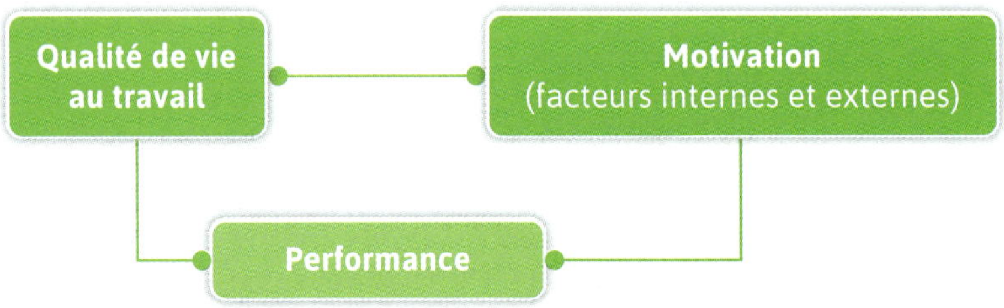

Mots-clés

Cohésion : forte union entre les membres d'un groupe. La prise en charge du groupe par le management, le traitement des phénomènes d'influence et la prise de décision collective conduisent les membres de l'organisation à être unis.

Coopération : entraide, participation à une action commune. La coopération est accompagnée par des dispositifs numériques au sein des organisations.

Dynamique de groupe : ensemble des phénomènes et mécanismes qui émergent et se développent au sein des groupes.

Style de direction : manière dont le manager dirige ses collaborateurs au quotidien. Il résulte de la combinaison de la personnalité du dirigeant et des composantes propres à l'organisation qu'il conduit.

Activités

3 minutes pour s'évaluer

foucherconnect.fr/20tmsdg31

TESTEZ-VOUS

Qui suis-je ?

1. À la fois sévère et proche de mes collaborateurs, je sais les récompenser.
2. Le style de direction où le pouvoir est le moins concentré.
3. Développée pour rendre le groupe plus efficace et soudé.
4. Lorsqu'un salarié l'est, il est généralement plus productif.
5. Nécessaire à l'épanouissement des salariés au quotidien.
6. Nous sommes les fondements de la qualité de vie au travail.

ZOOM vidéo p. 117

« Les Bleus 2018 » : Didier Deschamps fait la morale aux joueurs après France-Australie

Didier Deschamps, un coach qui peut inspirer les managers

Souvent critiqué pour ses choix et la qualité de jeu de l'équipe de France, le sélectionneur des Bleus a su insuffler un esprit d'équipe et un pragmatisme qui l'ont conduit au sommet.

De quoi inspirer les entreprises ? […]

La première chose que j'ai remarquée, c'est qu'il sait congratuler les joueurs. Il n'hésite pas à se mouiller, à aller à leur rencontre pour les étreindre à la sortie du terrain, pour les féliciter (même lorsque la prestation n'a pas été folle). Le joueur se sent reconnu. […] En entreprise, cela fonctionne pareil. Un « bravo », un « merci », un « je suis fier de travailler avec toi » ou « tu nous as sortis d'un beau pétrin avec ce client », cela aide le salarié à se sentir à sa place. […]

Que peut-on retirer de sa manière de gérer un collectif ? Une équipe de foot n'est pas une entreprise…

Non, mais tout manager peut s'inspirer de la manière dont il a su s'effacer au profit du collectif. Didier Deschamps n'est pas « bling-bling », on ne l'a pas vu venir, il n'a jamais trop été le chouchou des médias, du public. Il a imposé son autorité par le travail. Et il n'a pas hésité à se passer de bons éléments (Benzema, Nasri…) après avoir constaté que le collectif fonctionnait mieux sans eux. Il a, aussi, su concilier plusieurs egos, des individualités qui travaillent dans de grands clubs. Pour cela, je pense qu'il s'est s'appuyé sur une vision, qu'il a réussi à centrer l'équipe sur un objectif, en allant chercher les ressorts de chacun pour s'en rapprocher. Le tout est d'arriver à rendre les salariés fiers de travailler pour le groupe et ses objectifs. Cela nécessite de donner du sens, de donner une vision, une vision partagée et expliquée. Je pense que Didier Deschamps a su leur faire prendre conscience que cette année, c'était possible, afin de pousser les egos à se donner pour le collectif. […]

Gaétan Supertino, *Europe 1*, 12 juillet 2018

Questions

1. Montrez l'importance de la coopération au sein de cette organisation.
2. Identifiez le style de direction de Didier Deschamps et justifiez-le.
3. Distinguez les leviers de motivation sur lesquels s'appuie Didier Deschamps pour atteindre ses objectifs.

Vers le BAC

GRAND ORAL

3 minutes pour convaincre

Pourquoi la prise en compte de la qualité de vie au travail (QVT) permet-elle une plus grande implication des acteurs ?

Cas groupe Renault

Constructeur automobile depuis 1898, nous sommes présents dans 134 pays.

Pour répondre aux grands défis technologiques du futur et poursuivre notre stratégie de croissance rentable, nous nous appuyons sur notre développement à l'international et misons sur la complémentarité de nos cinq marques : Renault, Dacia, Renault Samsung Motors, Alpine et Lada.

renault.fr

Questions

1. Caractérisez l'organisation Renault.
2. Identifiez le problème de management auquel est confronté Renault.
3. Présentez les solutions managériales permettant de répondre à ce problème.
4. Montrez les intérêts de ces solutions.
5. Appréciez le degré de concentration du pouvoir chez Renault après l'adoption de ces solutions.
6. Distinguez les leviers de motivation actionnés par Renault en direction de ses salariés.

MÉTHODE

Caractériser une organisation signifie donner ses éléments caractéristiques : raison sociale, statut juridique, type d'organisation, activité, finalités, buts, répartition du pouvoir, taille, ressources, champ d'action géographique.

Annexe 1 Accord-cadre de Renault portant sur l'évolution de la vie au travail (extrait)

Le XXIe siècle est marqué par une accélération inédite de l'évolution du monde du travail, que ce soit sur le plan économique, technologique, numérique, social ou sociétal. Ces évolutions permanentes sont particulièrement évidentes dans le monde automobile qui continuera à vivre dans les années à venir une complète métamorphose.

Pour mieux préparer et vivre ses mutations, le groupe Renault franchit une étape décisive en concluant, avec IndustriALL Global Union, les fédérations syndicales françaises et les autres fédérations syndicales ou syndicats représentés au sein du comité de groupe, un nouvel accord-cadre mondial « Construire ensemble le monde du travail au sein du groupe Renault », dont le comité de groupe est partie prenante.

Ce nouvel accord « Construire ensemble le monde du travail au sein du groupe Renault » vient en complément de l'accord-cadre signé le 2 juillet 2013, « S'engager ensemble pour une croissance et un développement durables », qui intègre déjà deux préalables essentiels pour le développement des salariés(e)s : « Agir pour la santé, la sécurité et la qualité de vie au travail » et « Promouvoir la diversité ».

Il décrit une dynamique pérenne, qui va au-delà de la question des conditions de travail, permettant de mobiliser et de développer le potentiel des salariés(e)s présent(e)s et à venir et d'être un réel facteur d'engagement pour tous.

Il aborde ainsi de nombreux aspects de la vie au travail, et plus particulièrement ceux qui permettent aux salariés(e)s de conjuguer performance et bien-être.

group.renault.com

Annexe 2 Quels sont les objectifs de l'accord-cadre signé par le groupe Renault ?

Il vise à mettre en place, en abordant de nombreux aspects de la vie au travail, « une dynamique pérenne permettant de mobiliser et de développer le potentiel » des salariés, « d'être un réel facteur d'engagement pour tous » ainsi que de « conjuguer performance et bien-être ». Pour y parvenir, il entend encourager les prises d'initiative et la conclusion d'accords locaux. [...]

Un système de management collaboratif

L'accord-cadre entend donner un rôle prépondérant aux managers pour assurer la qualité de vie au travail. Ainsi, le « système de management du groupe » doit reposer sur un cadre d'action commun qui favorise la collaboration, la responsabilisation, l'écoute et le respect mutuel, le parler vrai et la prise de décision transparente et rapide. [...]

Des réunions d'équipe régulières favorisent en outre le dialogue et l'expression. Elles permettent aux managers d'échanger sur les objectifs à atteindre et la répartition de la charge de travail, ainsi que sur les moyens de réduire la complexité des processus. Elles sont complétées par des dispositifs d'enquêtes.

Pour les signataires, il est également important de célébrer et de partager les succès, individuels et collectifs. Des programmes de reconnaissance professionnelle, monétaires ou non, sont formalisés et déployés à cet effet au niveau local et par les métiers. D'une manière plus globale, l'accord-cadre invite à cultiver la convivialité au sein des équipes grâce à des événements festifs.

Un engagement durable pour l'inclusion

Pour favoriser l'inclusion, les managers organisent un parcours d'intégration au sein de leur établissement et/ou de leur pays d'appartenance. Pour faciliter le partage des connaissances, le groupe doit favoriser « le développement de tout outil ou méthode, comme les plateformes collaboratives, les réseaux sociaux internes, les clubs métiers, les *benchmarks* internes et externes ». [...]

Un cadre de travail adapté

La qualité de vie au travail passe encore par « un aménagement adapté des espaces de travail ». Ceux-ci doivent prendre en compte les besoins singuliers des salariés (dont le handicap), faciliter le travail en commun comme individuel et intégrer des espaces de concentration et de détente. Pour faciliter le développement de ces nouvelles modalités de travail, « le groupe Renault met à la disposition de ses salarié(e)s différents outils numériques qui leur permettent, au quotidien, de s'affranchir des contraintes spatiales et d'accéder, en tout lieu et sur tout type de terminal, y compris sur leurs propres terminaux, aux systèmes de l'entreprise dont ils ont besoin. C'est ainsi que, en fonction de leur activité, les salarié(e)s peuvent disposer d'un ordinateur portable ou d'une tablette et que tou(te)s les salarié(e)s itinérant(e)s peuvent disposer d'un smartphone ». [...]

www.wk-rh.fr, 11 juillet 2019

Prérequis 1re SDGN

- Système d'information
- Système de gestion intégrée
- Applications métier

11 Connaissance clients/usagers et numérique

3 minutes pour découvrir

Démocratique Burger : l'élection la plus démocratique jamais organisée pour un burger
foucherconnect.fr/20tmsdg32

> **Comment Burger King fait-il pour découvrir le burger préféré des Français ?**
> **En quoi le numérique permet-il à Burger King de proposer une offre adaptée à ses clients et les satisfaire ?**

CAPACITÉ ✖ Décrire l'apport des technologies numériques aux relations entre l'organisation, ses clients ou ses usagers

Notions

Consommateur, usager + processus d'achat + facteurs explicatifs des comportements du consommateur : besoins, motivations, freins, attitudes + digitalisation de la relation client, connaissance client, interactivité, outils + traces numériques, réseaux sociaux grand public (outils et usages) + administration électronique

1 Quels sont les facteurs explicatifs du comportement du consommateur ?

DOC 1 Les besoins du consommateur

Les besoins de Milla, jeune étudiante à l'université, ayant envie de s'inscrire dans une salle de sport pour répondre à une insatisfaction ressentie.

Besoins
- « Me maintenir en bonne santé »
- « Sculpter mon corps avant l'été »
- « Évacuer le stress »
- « Faire des rencontres »

1 Définissez le terme « besoin » au regard de la situation de Milla.

DOC 2 Les attitudes du consommateur

L'attitude est l'ensemble des croyances, expériences et sentiments induisant une prédisposition de l'individu à agir d'une certaine manière. L'attitude est le précurseur du comportement. Exemple : un enfant qui n'aime pas les épinards (attitude de dégoût) refusera d'en manger (comportement).

Composantes de l'attitude	Attitude de Milla suite à sa visite d'une salle de sport
Informations cognitives Informations à l'égard d'un produit	• Ouverte 7 j/7 • Machines modernes • Sauna, hammam • « La salle est à 1 km de chez moi. »
+	+
Informations affectives Sentiments	• Belle salle • Coach sympa • « Je me sens bien dans cet endroit. »
+	+
Informations conatives Intention d'agir ou de ne pas agir	« J'ai demandé à réaliser une séance d'essai gratuite car je voulais visiter la salle. »
→ **Attitude**	→ **« C'est décidé, je vais m'inscrire dans cette salle de sport ! »**

2 Différenciez les notions d'attitude et de comportement.

3 Identifiez les composantes de l'attitude de Milla à l'égard de la salle de sport qu'elle a visitée.

4 Expliquez comment ses attitudes ont un impact sur son comportement.

DOC 3 Les motivations et les freins

Les motivations sont les forces qui poussent l'individu à agir. On distingue les motivations : hédonistes (se faire plaisir), oblatives (faire plaisir aux autres), d'auto-expression (exprimer qui l'on est). Les freins sont les forces négatives qui empêchent l'individu d'agir.

Foucher, 2020

5 Différenciez les notions de motivation et de frein.

6 Identifiez les motivations et les freins des consommatrices de produits d'hygiène et de beauté « bio » ou naturels.

7 Expliquez comment les motivations et les freins influent sur le comportement de ces consommatrices.

DOC 4 Étude des motivations et des freins du consommateur

Une enquête sur la consommation de produits d'hygiène et de beauté « bio » ou naturels.

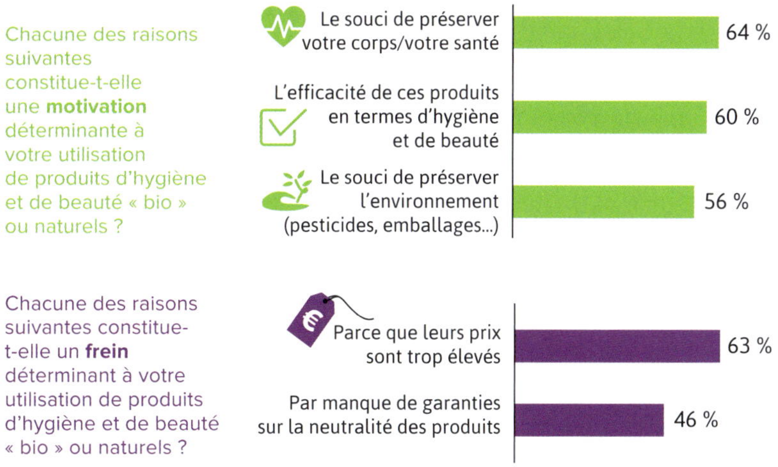

Étude Ifop pour Nuoobox.com réalisée par questionnaire auto-administré en ligne du 6 au 10 septembre 2018 auprès d'un échantillon de 1 047 femmes, représentatif de la population féminine âgée de 18 ans et plus

DOC 5 Le processus d'achat du consommateur

Octavia, 18 ans, acheteuse d'une place pour regarder jouer l'Angleterre en Coupe du monde de rugby.

Pourquoi avoir décidé d'assister à un match de coupe du monde ?
« Ma famille est très branchée rugby. Nous sommes fans et c'est frustrant de voir les matchs derrière un écran. J'avais besoin d'être actrice du spectacle et d'aller encourager les joueurs. »

Pourquoi avoir choisi de supporter l'équipe anglaise ? « J'ai tout d'abord recherché des informations sur les différentes équipes que j'appréciais, notamment celles de la France et de l'Angleterre. J'ai ensuite évalué ces deux alternatives et j'en ai conclu que la France était peu armée pour cette Coupe du monde et multipliait les contre-performances. J'ai finalement choisi d'aller voir l'équipe anglaise au jeu spectaculaire, à la fois rustre et élégant. Je ne regrette pas mon choix car ils ont largement dominé la rencontre en quarts de finale contre l'Australie (40 à 16) et j'ai passé un merveilleux moment ! »

Foucher, 2020

8 Identifiez dans un tableau les cinq étapes du processus d'achat d'Octavia.

L'essentiel

- L'individu ressent un manque (besoin) qu'il cherche à combler par la consommation.
- Ses attitudes (cognitive, affective, conative) sont les précurseurs de son comportement.
- Les motivations et les freins sont des forces qui poussent ou empêchent l'individu d'agir.
- L'individu passe par un ensemble d'étapes avant d'acheter : c'est le processus d'achat.

Passerelle vers la mercatique

Les notions relatives au **comportement du consommateur** seront un préalable à la définition d'une offre adaptée au marché.

> Thème 1, question 1.1 La personnalisation de l'offre est-elle incontournable ?

2 Comment le numérique permet-il une meilleure connaissance des consommateurs et des usagers ?

DOC 1 Le big data : une masse d'informations sur le consommateur

Big data : le volume de données créés va exploser

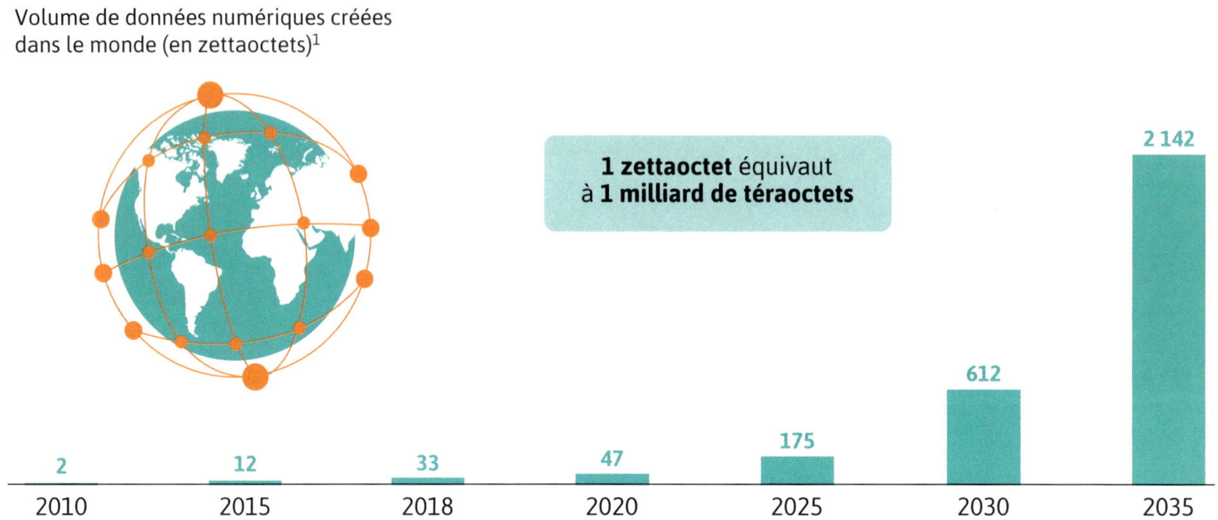

1. Prévisions de 2020 à 2035.

Statista, *Digital Economy Compass 2019*

DOC 2 L'utilisation des traces numériques par les organisations

 # vidéo
Concrètement, c'est quoi un cookie ? - 3,04 min
foucherconnect.fr/20tmsdg33

Vous allez fêter votre anniversaire cet été et voilà que, sur votre fil d'actualité Facebook, on vous propose d'acheter un tee-shirt où est inscrit « Les meilleurs sont nés en juillet ». Vous consultez régulièrement des sites de recettes italiennes et une publicité apparaît sur votre écran, vantant un tablier de cuisine où s'affiche le slogan « Les filles aiment les garçons qui aiment les pâtes ». Comme des centaines de milliers d'internautes, vous venez d'être la proie d'une publicité ciblée qui a utilisé vos données personnelles. Car les réseaux sociaux, mais aussi la plupart des sites Internet que vous fréquentez savent beaucoup de choses sur vous et ne se privent pas de vendre à leurs clients des informations sociologiques ou géographiques vous concernant. […]

Pour toutes ces bannières publicitaires, l'élément central est le cookie. On peut le définir comme un ensemble d'informations textuelles enregistrées sur le navigateur de votre ordinateur après la visite d'un site Internet. À chaque fois que l'on revient sur cette page, l'information est transmise par l'ordinateur au serveur Web qui vous identifie immédiatement. Les cookies basiques, dits « internes », ne sont utilisés que par le site Web que vous avez visité. Mais, très souvent, ces sites partagent ces petits intrus avec des régies publicitaires, qui peuvent ainsi cibler leurs publicités à partir de plusieurs adresses Internet. Grâce à un simple cookie, votre profil d'internaute se précise et les publicités qui s'afficheront sur votre écran correspondront de mieux en mieux à vos données sociologiques et à vos habitudes de consommation. […]

© PRISMA MEDIA/Capital, Bruno Godard, 29 août 2019

1. Analysez l'évolution du nombre de données numériques depuis 2010.
2. Montrez que le numérique, au travers des cookies, permet aux organisations de mieux connaître le consommateur.
3. Expliquez comment les entreprises exploitent les traces numériques laissées par les consommateurs sur Internet.

DOC 3 L'analyse prédictive : comment anticiper le comportement du consommateur ?

Chacun a aujourd'hui le pouvoir de s'exprimer sur une marque, de conseiller les internautes sur l'achat de tel ou tel produit ou encore sur l'adhésion à telle ou telle marque. Un nouveau paradigme qui pousse les marques à se tourner vers une nouvelle tendance du marketing : l'analyse prédictive. L'objectif : tenter de prédire le comportement ou l'appétence des consommateurs aux diverses actions marketing d'une entreprise. […]

Forbes, 23 mai 2018

vidéo
Comprendre le marketing prédictif
- 2,09 min
foucherconnect.fr/20tmsdg34

Processus utilisés par les systèmes prédictifs

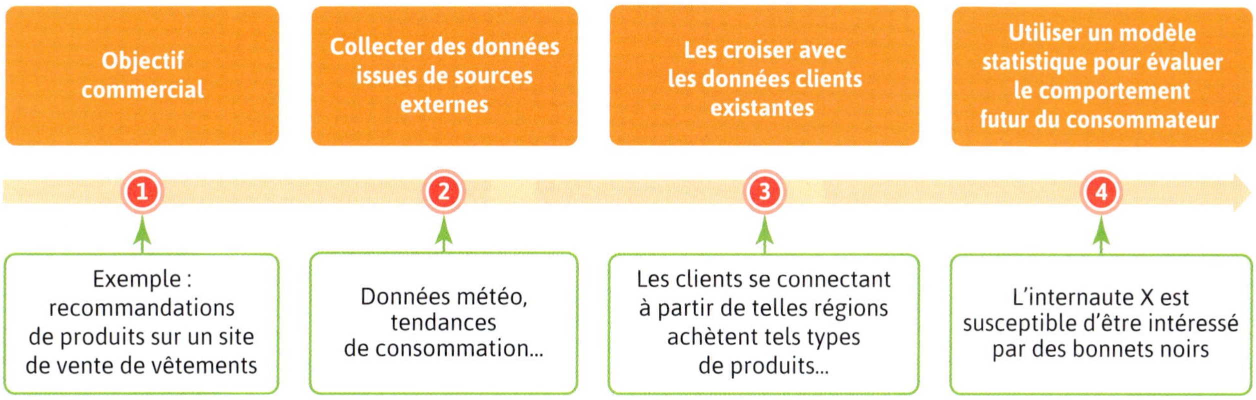

4 Expliquez comment le numérique permet de prédire le comportement des consommateurs.

DOC 4 Le numérique pour un meilleur suivi de la relation client

Ouvert en juin dernier, le tout premier point de vente d'Autosphere révolutionne la vente physique de véhicules d'occasion. […] À bien des égards, ce point de vente nantais se veut unique. Unique déjà dans sa définition du parcours client. L'inspiration du net est évidente et d'une certaine manière a été transposée à un point de vente physique.

Pour preuve, dès l'entrée sur le parking, une caméra de détection identifie le véhicule qui pénètre dans l'enceinte. Une information recoupée immédiatement avec le CRM[1]. Comme un site Internet pourrait le faire avec des cookies en quelque sorte. Tout aussi automatiquement, un voiturier se présente, récupère les clés et effectue une expertise du véhicule.

Une exécution rapide imposée par la promesse forte d'Autosphere : « Arrivez avec une voiture et repartez avec une autre en moins de deux heures. » […] L'hôtesse positionnée à l'accueil […] se consacre entièrement aux clients physiques. « Le parcours du client part d'une visite. Nous ne demandons aucune coordonnée ou identifiant. Ces informations seront recoupées par la suite dans le CRM. Il se sent alors moins agressé par des requêtes intrusives. »

1. Logiciel CRM : logiciel ayant pour objectif d'optimiser le traitement et l'analyse des données relatives aux clients et prospects.

Gredy Raffin, *Le Journal de l'Automobile*, 9 octobre 2019

5 Identifiez les outils numériques déployés par Autosphere pour la gestion du parcours client.

6 Montrez leurs apports dans le suivi de la relation client.

L'essentiel

- Le Web contient des masses d'informations (*big data*) sur les consommateurs et les usagers.
- Les organisations utilisent les traces numériques des internautes pour appréhender et prédire leurs comportements.
- Le numérique facilite le suivi de la relation client par un meilleur partage de l'information.

3 En quoi le numérique améliore-t-il la relation de l'organisation avec ses clients/usagers et leur satisfaction ?

DOC 1 Numérique et communication

Une question ?
Contactez-nous comme et quand vous le souhaitez ! Nos conseillers mettent toute leur expertise à votre disposition pour répondre à chacune de vos questions sur votre contrat d'électricité et/ou de gaz, votre facture EDF ou votre consommation d'énergie.

Par téléphone

Pour souscrire une nouvelle offre d'énergie :

3004 Service & appel gratuits

Du lundi au samedi, de 8h à 20h

Demande en ligne

Votre conseiller EDF vous répond dans les plus brefs délais !

FAIRE UNE DEMANDE

Disponible 24h/24 et 7j/7

Réclamation en ligne

Votre service client EDF vous apporte une réponse rapide !

FAIRE UNE RÉCLAMATION

Disponible 24h/24 et 7j/7

Par courrier

Adressez-nous vos demandes à :

EDF Service Clients
TSA - 21941
62978 ARRAS CEDEX 9

Espace sourds et malentendants

Échangez avec votre conseiller EDF en langue des signes française.

COMMENCER

Du lundi au vendredi, de 9h à 18h

Des questions ?

Un conseiller EDF est à votre écoute et répond à toutes vos questions.

APPELER UN CONSEILLER

Capture d'écran du site Internet particulier edf.fr

1. Listez les différents moyens pour un client d'entrer en contact avec EDF.
2. Repérez les moments où les clients peuvent entrer en contact avec EDF.

DOC 2 Numérique et qualité de la relation client

Chez EDF, il y a désormais trois fois plus de contacts avec les clients *via* l'application et le site Web que par téléphone. Si la tendance est installée en BtoC, elle touche désormais aussi le BtoB. Et l'électricien s'emploie désormais à suivre les tendances en se servant de l'innovation comme moteur pour proposer de nouveaux services et générer de nouveaux revenus liés à son cœur de métier. [...] EDF a donc développé EDF Business Club, une application utilisable par ses clients BtoB, sur le même modèle que les applications à destination des particuliers. Concrètement, elle leur permet d'avoir accès à des informations pointues, comme le prix de l'énergie en France et en Europe, ainsi que des informations techniques.
Le groupe a aussi mis au point EDF Business Board, une application plus spécifiquement conçue pour les grands comptes. Elle leur permet, quand ils n'ont pas encore contractualisé, de comparer plusieurs offres complexes et de faire des simulations pour savoir laquelle prendre. Une fois le contrat signé, ils peuvent y suivre leur consommation et faire des prévisions budgétaires. À noter que les clients stratégiques disposent également d'un outil de gestion de l'énergie, livré clés en main, multisite et multifluide (eau, gaz, électricité). [...]

Aude David, *Actionco*, 19 avril 2019

3. Montrez que le numérique améliore la relation d'EDF avec ses clients.
4. Montrez qu'EDF utilise le numérique pour proposer des offres adaptées à ses clients.

DOC 3 Le numérique simplifie les processus administratifs

Capture d'écran du site Internet de l'Agence nationale des titres sécurisés

5 Identifiez les services offerts aux usagers par l'Agence nationale des titres sécurisés.

6 Expliquez comment le numérique simplifie le processus d'obtention du permis de conduire.

DOC 4 Le numérique pour un meilleur échange avec les usagers

Tweet d'un usager et réponse de la Régie autonome des transports parisiens (RATP)

Mike @milkyway
@ ClientsRATP Bonjour, j'ai une question concernant mon pass. J'ai actuellement un Imagine R mais je ne serai plus étudiant donc je vais changer pour un Navigo annuel. Je dois donc faire une lettre de résiliation et commander une nouvelle carte ? Merci beaucoup.

1

Service client RATP
@ClientsRATP

En réponse à @milkyway
Bonjour Mike, vous avez actuellement un pass Imagine-R avec l'abonnement 2019/2020 ? Votre abonnement est actif ? Pouvons-nous échanger en DM s'il vous plaît ? Merci, Luc.

Envoyez-nous un message privé

1 J'aime

7 Montrez que la RATP s'appuie sur le numérique pour entretenir des relations avec ses usagers.

8 Mettez en avant les bénéfices de tels échanges pour la RATP et pour les usagers.

L'essentiel

- Le numérique offre de nombreuses solutions aux organisations pour communiquer en tout temps et en tout lieu avec leurs clients et usagers.
- Le numérique améliore la qualité de la relation avec le client-usager et sa satisfaction.

Synthèse

3 minutes pour comprendre

foucherconnect.fr/20tmsdg35

1 Quels sont les facteurs explicatifs du comportement du consommateur ?

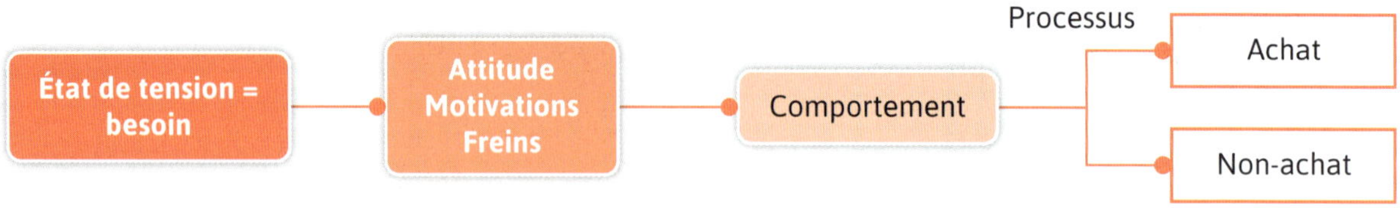

2 Comment le numérique permet-il une meilleure connaissance des consommateurs et des usagers ?

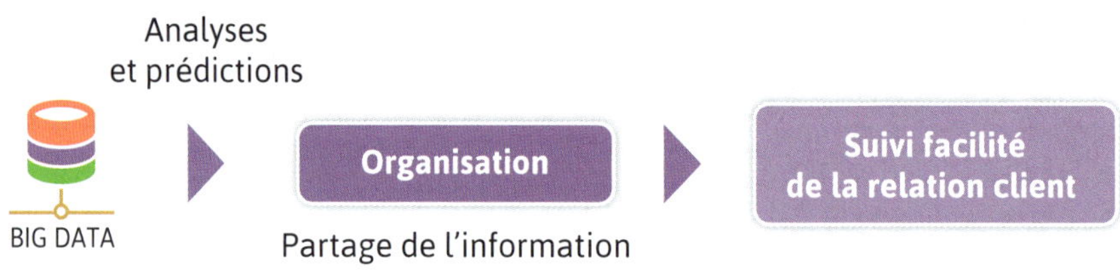

3 En quoi le numérique améliore-t-il la relation de l'organisation avec ses clients/usagers et leur satisfaction ?

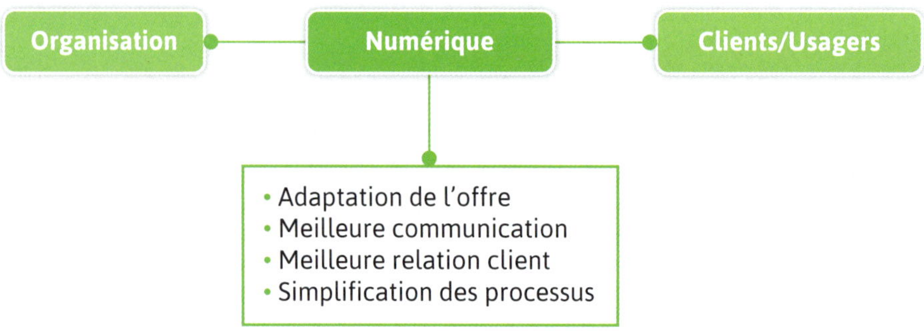

Mots-clés

Administration électronique : utilisation des technologies numériques par les administrations pour faciliter les communications avec leurs usagers et rendre les services publics plus accessibles.

Digitalisation de la relation client : insertion du digital dans la gestion de la relation client.

Processus d'achat : ensemble des étapes par lesquelles passe le consommateur avant de réaliser l'acte d'achat (éveil du besoin, recherche de solutions, évaluation des alternatives, décision d'achat, sentiment post-achat).

Réseaux sociaux grand public : ensemble des sites Internet qui permet de constituer un réseau d'amis ou de connaissances et qui fournit à ses membres des outils et des interfaces d'interaction.

Activités

3 minutes pour s'évaluer

foucherconnect.fr/20tmsdg36

TESTEZ-VOUS

Vrai ou faux ?

1. Le consommateur ressent des besoins, les entreprises cherchent à les combler.
2. Il est nécessaire d'étudier le comportement du consommateur.
3. L'explosion du volume de données numériques s'appelle le big data.
4. Les données numériques sont analysées par les entreprises pour améliorer leur connaissance des consommateurs et leur proposer des offres adaptées.
5. Seules les entreprises s'appuient sur le numérique pour faciliter leurs relations avec leur public.
6. Le numérique augmente les occasions de contact avec les clients/usagers.

ZOOM vidéo p. 129

Démocratique Burger : l'élection la plus démocratique jamais organisée pour un burger

L'application smartphone/tablette Burger King

Amateur de burgers bons et généreux, de cette viande grillée à la flamme et de son inconditionnel Whopper® ? Une vie de King s'offre désormais à vous ! Dans l'application Burger King®, retrouvez votre programme de fidélité : The Kingdom.
Au programme ? À l'inscription, les membres Kingdom accèdent à leur pass. Ils relèvent les défis qui donnent accès à des avantages et des réductions.
Le secret pour remporter les défis et gagner des privilèges ? Si nous ne devions vous donner qu'un seul conseil : TOUJOURS avoir son pass Kingdom sur soi. Présentez-le lors de vos commandes en restaurant, que ce soit en borne, en caisse ou encore au drive ! Plus vous le présenterez, plus vous serez récompensé.
Et pour la suite des festivités ? Consultez l'intégralité de notre carte et choisissez parmi la sélection de nos snacks et desserts incontournables. Après, il ne suffit pas de coller son nez à l'appli pour sentir l'odeur du steak grillé à la flamme… C'est pourquoi nous vous proposons de retrouver l'adresse de votre restaurant le plus proche pour venir passer commande sur place ou à emporter. Enfin, on vous tient informé de toute l'actualité BK, des nouveautés et des bons plans à ne pas manquer.
Qui a dit que l'application Burger King ne servait à rien ? Un commentaire, une question ou une remarque ? Nous sommes à votre écoute ! Ça se passe ici : https://www.burgerking.fr/service-conso.

D'après play.google.com

Questions

1. Montrez que le numérique permet à Burger King de mieux connaître ses clients.
2. Expliquez comment Burger King utilise le numérique pour proposer des offres adaptées à ses clients et les satisfaire.
3. Indiquez comment le numérique permet à Burger King d'améliorer la relation qu'il entretient avec ses clients.

3 minutes pour convaincre

Quel est le rôle des réseaux sociaux dans le lien qui unit l'entreprise et le consommateur ?

Cas groupe La Poste

La Poste, groupe détenu par la Caisse des dépôts et consignations et l'État français, est historiquement un opérateur de services postaux.

Depuis quelques années, on assiste à une diversification des activités du groupe : livraison de colis, banque, assurance, téléphonie mobile, services numériques. Le groupe La Poste est devenu une société anonyme à capitaux publics le 1er mars 2010.

Questions

1. Caractérisez l'organisation La Poste.
2. Identifiez le problème rencontré par La Poste ces dernières années.
3. Présentez la solution managériale déployée par La Poste pour pallier ce problème.
4. Montrez les intérêts d'une telle solution.
5. Montrez la limite de cette solution et expliquez comment La Poste y répond.

MÉTHODE

Montrer les limites d'une solution managériale signifie qu'il faut trouver un facteur de risque pouvant survenir en amont (l'empêchant ainsi d'être déployée) ou en aval (conséquence négative de sa mise en œuvre).

Annexe 1 La Poste face à la chute du courrier

Il fut un temps où le rôle de La Poste consistait essentiellement à acheminer le courrier. En 1991, cette activité de distribution de plis et de cartes postales comptait pour 71 % des revenus de l'opérateur public.
La révolution numérique – avec ses boîtes mails – étant passée par là, la lettre a rapidement perdu du terrain. En 2018, le courrier ne pesait plus que 28 % du chiffre d'affaires du groupe, exercice au cours duquel les volumes d'envois ont encore reculé de 7,3 %, « la plus forte baisse jamais enregistrée sur un an », a réagi Philippe Wahl, le P-DG de La Poste, à l'occasion de la publication des résultats du groupe, jeudi 21 février.
Non seulement les Français ne s'écrivent plus, mais les entreprises et les administrations communiquent de plus en plus par le biais d'Internet. En 2018, cette rationalisation a particulièrement touché les « secteurs bancaires, publics et de téléphonie, ainsi que le courrier publicitaire adressé », a précisé le groupe.
Face à cette lame de fond, la stratégie de M. Wahl consiste à développer d'autres métiers et à « basculer vers un autre modèle » pour « réduire cette vulnérabilité au courrier traditionnel », qui ne devra pas peser plus de 20 % des revenus du groupe à partir de la fin 2020.

Véronique Chocron, *Le Monde*, 21 février 2019

Annexe

2 La transformation numérique de La Poste

Certes, la baisse des échanges de courrier est une réalité mais, en parallèle, d'autres types d'échanges se multiplient. Le nombre de colis augmente, la publicité en ligne gagne du terrain et les objets connectés se démocratisent. De nouveaux besoins apparaissent et La Poste les anticipe pour permettre aux postiers d'apporter une réponse adaptée aux besoins de leurs clients.

La transformation numérique du groupe

La Poste a formé 253 000 de ses collaborateurs à l'utilisation des nouveaux outils digitaux. […] Cette transformation, c'est aussi la mise en place d'une politique d'innovation active. Portée par un écosystème d'innovation ouverte, elle permet à de nombreuses start-up inspirantes de s'appuyer sur les expertises du groupe La Poste pour accompagner leur développement. L'innovation active, c'est aussi nos trois structures dédiées : le programme d'accompagnement dédié au développement de l'Internet des objets French IoT, la filiale La Poste Services For Equity qui propose aux start-up des services du groupe La Poste en échange d'une prise de participation, et le laboratoire d'idées, Yellow Innovation. Ainsi, La Poste est depuis 2015 convié au plus grand salon mondial consacré aux nouvelles technologies, le CES de Las Vegas.
Elle participe aussi au salon Viva Technology, le rendez-vous européen des acteurs de l'innovation. Autant d'occasions de présenter les dernières innovations numériques du groupe, imaginées pour tirer le meilleur parti du digital et simplifier demain.

Cette impulsion a enfin permis l'émergence d'infrastructures techniques uniques, pour un service toujours mieux adapté. Parmi elles, le hub numérique, dont le rôle est de piloter depuis un seul et même endroit la plupart des objets connectés du marché. Le compte client unique permet quant à lui d'améliorer la connaissance des milliers de clients entrant chaque jour en contact avec le groupe, *via* les facteurs, les bureaux de poste, les automates, le site de la boutique, les applications ou le service client. Les données recueillies permettent de mieux identifier chaque client à chacun de ces points et de lui proposer les offres dont il a besoin le plus rapidement possible. […]
Mais La Poste n'aurait pas la confiance de ses clients, si elle ne s'appliquait pas à garantir – au-delà des exigences du cadre réglementaire – la sécurité de leurs échanges et de leurs informations numériques. Pour preuves, par exemple, une Charte Data a été créée en 2016 et le Serment des postiers impose désormais de respecter aussi la confidentialité des correspondances numériques de ses clients.

groupelaposte.com

Prérequis 2de SNT

- Web et réseaux sociaux

12 La communication de l'organisation

3 minutes pour découvrir

Coca-Cola lutte contre les idées préconçues

foucherconnect.fr/20tmsdg37

> **Quel est le message délivré par Coca-Cola au travers de ce spot publicitaire ?**
> **Pourquoi Coca-Cola propose-t-il ce genre de publicité ?**

CAPACITÉ × Distinguer les différentes modalités de communication mobilisées par une organisation

Notions

Stratégie de communication + communication globale et intégrée + communication interne et externe + identité de l'organisation : marque employeur, e-réputation, identité numérique + communication financière : les besoins d'informations financières des partenaires internes et externes, plan d'affaires (*business plan*)

1 Quels sont les enjeux de la communication interne de l'organisation ?

DOC 1 La communication interne

Eiffage est un groupe de construction français qui exerce dans de nombreux domaines des travaux publics : construction, infrastructures, concessions et énergie.

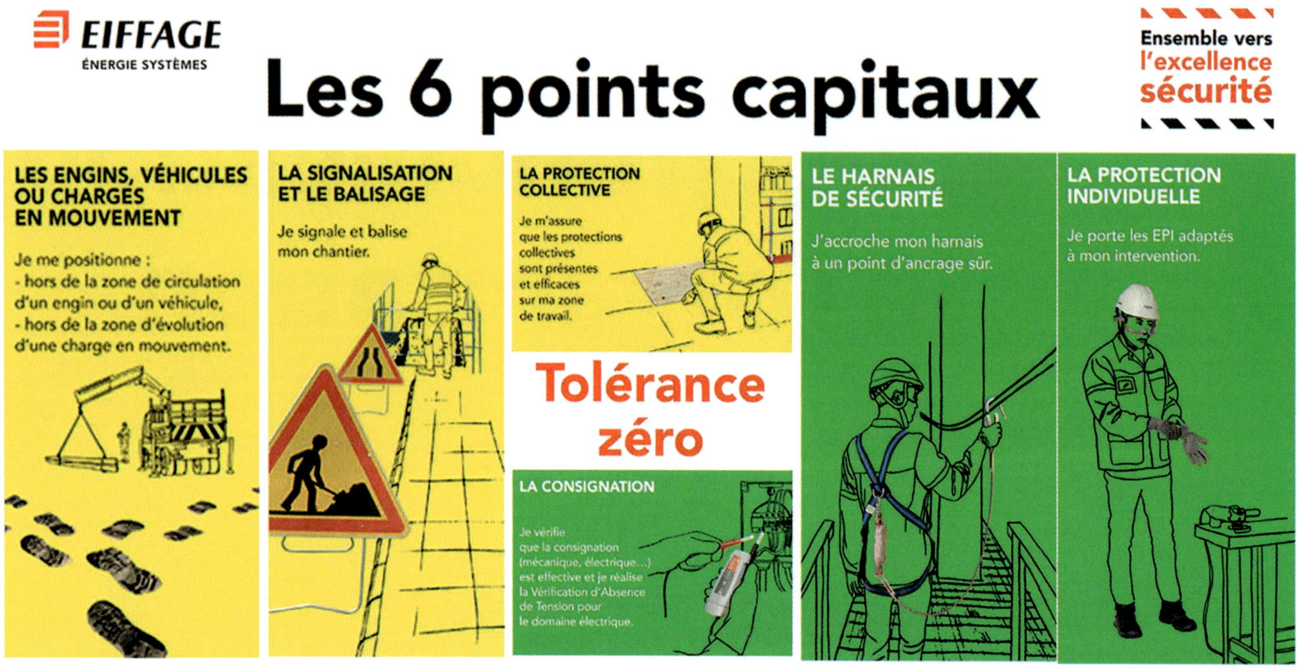

www.eiffageenergiesystemes.com

1. Identifiez l'émetteur et les récepteurs de ce message.
2. Montrez que cette affiche est un outil de communication interne à l'entreprise.

DOC 2 La marque employeur

« Veolia se remet en cause depuis maintenant plusieurs mois. » Rares sont les cas d'introspection et d'autocritique dans les communiqués de presse des grandes entreprises. Pourtant, c'est ainsi que commence celui de Veolia Normandie.

Lundi 1er avril (ce n'est pas une blague), l'entreprise spécialisée, entre autres, dans la gestion de l'eau réunissait ses nouveaux alternants et apprentis à Louviers. Tous étaient issus des six territoires de Veolia Eau en Normandie. Objectif : leur présenter la mue opérée par l'entreprise pour redorer son image.

« On change notre culture managériale »

Dans l'Eure, Veolia Eau compte près de 130 salariés ; ils sont 12 000 environ en France entre les secteurs de l'eau et de l'assainissement. Une situation qui fait suite à près de dix années de vaches maigres, marquées notamment par quatre plans de départs volontaires et de nombreuses démissions en interne. « C'était un système à bout de souffle. Aujourd'hui, on est une entreprise joyeuse où il fait bon travailler, promet Philippe Duverlie, le directeur de l'Eure chez Veolia Eau. […] On change notre culture managériale. Maintenant on s'adresse à nos salariés pour leur demander de participer aux décisions prises, de manière active », poursuit le directeur. […]

Pierre Choisnet, Actu.fr, 19 avril 2019

3. Relevez l'outil utilisé par Veolia en direction des alternants et apprentis.
4. Identifiez l'objectif de cette action de communication interne.
5. Expliquez pourquoi Veolia accorde de la valeur à cet objectif.

DOC 3 La mobilisation et la cohésion des membres de l'organisation

« À fond la forme » pour les clients et « À fond le bien-être » pour les collaborateurs. Pour la deuxième année de suite, Decathlon a été distingué par le cabinet Great Place to Work comme entreprise la plus appréciée par ses salariés en France (parmi celles de plus de 5 000 employés). […]
Decathlon n'est pas l'entreprise parfaite, Xavier Rivoire [responsable communication recrutement et marque employeur de Decathlon] le reconnaît bien volontiers. « Parfois il y a des jours où on arrive fatigué le matin, les tâches peuvent être ingrates ou répétitives. Mais l'objectif, c'est qu'une fois la journée entamée, il y ait une véritable émulation au sein des équipes. » Pour ce faire, le management est structuré autour d'événements. La gestion du personnel passe beaucoup par le *team-building* et les activités sportives entre « coéquipiers ». De quoi forger des liens. « On attendait patiemment les calendriers pour voir avec qui on travaillait. Il y a pas mal d'histoires d'amour qui commencent à Decathlon », assure Rémi [ancien salarié chez Decathlon au rayon montagne], qui glisse avec le sourire : « Je peux en témoigner… »

Clément Lesaffre, *Europe 1*, 28 mars 2018

6 Repérez l'outil de communication interne mobilisé par Decathlon pour ses équipes.
7 Montrez les bénéfices de cet outil pour l'entreprise Decathlon.

DOC 4 La communication globale et intégrée

Multiplier les outils de communication (publicité à la télévision, au cinéma, dans la presse, sur Internet…) apporte de la visibilité, mais pas forcément de la cohérence. L'organisation doit sélectionner, hiérarchiser et établir des connexions entre ces outils pour montrer une image cohérente à son public. C'est le principe de la communication intégrée.
La communication en direction des parties prenantes externes a des impacts certains sur les membres de l'organisation. Une organisation qui montre une image positive d'elle-même au public rendra fiers ses membres d'y appartenir. La communication doit alors être pensée « globale ». C'est-à-dire que la communication interne et la communication externe doivent être harmonieuses et chercher à atteindre un objectif commun : la valorisation de l'organisation.
Le fabricant de jouets Lego mène actuellement une stratégie de communication globale avec un message autour de ses valeurs. Son dernier slogan « *Rebuild the World* » (Reconstruis le monde) met ainsi en avant les notions de créativité et d'imagination promises par Lego aux consommateurs et nécessaires aux salariés pour rester l'une des marques les plus innovantes au monde. Cette campagne est intégrée à travers tous ses supports de communication :
- la télévision permet à Lego de communiquer auprès du plus grand nombre ;
- tandis que son écosystème digital lui permet à la fois de diffuser ses contenus (exemple sur sa chaîne YouTube) et d'échanger avec sa communauté, par exemple grâce à son application d'échanges pour les enfants leur permettant de partager leurs expériences et constructions Lego ou *via* sa page Facebook où Lego communique uniquement auprès des adultes.

Foucher, 2020

 # vidéo
Lego : *Rebuild The World* - Reconstruire le monde - 1,43 min
foucherconnect.fr/20tmsdg38

8 Identifiez les cibles et l'objectif de la communication globale de Lego.
9 Mettez en avant les enjeux de la communication intégrée pour Lego.

L'essentiel

- La communication interne est l'ensemble des messages émis par l'organisation en direction de ses membres.
- La communication interne vise à renforcer l'image de l'organisation, à garantir la cohésion du groupe et à mobiliser chacun autour d'un objectif commun.
- La communication globale et intégrée regroupe les actions de communication interne et externe mobilisant divers outils utilisés de manière cohérente pour atteindre un objectif commun.

Passerelle vers les ressources humaines et communication

L'étude des **outils de communication** interne sera développée dans l'enseignement spécifique de ressources humaines et communication, comme l'approfondissement de la notion de marque employeur.
> Thème 3.3 Comment la communication participe-t-elle à la cohésion et à la performance de l'organisation ?

2 Quelles sont les modalités de la communication externe de l'organisation ?

DOC 1 La communication en direction des parties prenantes externes

1) Opération commerciale chez Biocoop : réduction de 15 % sur une sélection de produits locaux.

2) Biocoop rappelle sa finalité à l'ensemble de ses parties prenantes : protéger la planète grâce à une consommation responsable.

1 Dites ce que vous inspire chacun de ces deux messages publicitaires de Biocoop.

2 Relevez les objectifs propres à chacune de ces deux actions de communication.

DOC 2 La communication commerciale et la communication institutionnelle

Biocoop informe régulièrement les consommateurs de l'arrivée de nouveaux produits locaux et de saison. Ces produits sont parfois proposés avec des réductions : c'est l'occasion de conquérir de nouveaux clients et d'augmenter le panier moyen des clients fidèles.
Mais la stratégie de communication de Biocoop ne cible pas que les consommateurs. Ainsi, quand il vante son engagement pour l'environnement au travers de campagnes mettant en avant sa volonté de protéger la planète, Biocoop conforte son image pour séduire l'ensemble des parties prenantes. Cette communication peut ainsi faciliter le recrutement, car il est valorisant pour un travailleur d'appartenir à une telle enseigne, et attirer des investisseurs en quête d'investissements responsables.

Foucher, 2020

3 Différenciez les notions de communication commerciale et de communication institutionnelle.

4 Qualifiez chacune des campagnes présentées dans le DOC 1.

DOC 3 La communication sur les médias numériques

En 2009, Oasis s'allie à l'agence Marcel, filiale de Publicis, et brandit un nouveau slogan « *Be fruit* », résumé d'une nouvelle philosophie décalée comme l'explique l'agence : « C'est une attitude qui consiste à rire des conventions, à agir de manière décomplexée, spontanée, instinctive. »
La marque se crée un univers large, décalé, plein d'humour avec des personnages uniques (Ramon TaFraise, Mangue DeBol, Cébo LaMûre) permettant d'humaniser la marque. [...] La marque s'est [...] développée massivement sur les réseaux sociaux avec plus de 3 millions de *like* sur sa page Facebook, 200 000 followers sur Twitter et plus de 125 000 abonnés sur YouTube, point clé dans la création d'une réelle communauté fidèle.
Le secret ? Une stratégie de proximité avec un contenu associant humour, actualité et visibilité du produit, déclenchant l'interaction avec les internautes permettant un partage conséquent d'un réseau à l'autre, allant jusqu'à une diffusion importante *online* ou *offline*. [...]

Gabriel Dabi-Schwebel, 1min30.com

5 Identifiez les canaux privilégiés par Oasis dans sa communication.

6 Montrez les bénéfices d'une telle stratégie de communication digitale pour Oasis.

DOC 4 Numérique et e-réputation de l'organisation

En 2007, muni d'un stylo Bic, un internaute démontre sur une vidéo YouTube comment ouvrir un cadenas Kryptonite en moins de 20 secondes. Résultat : l'entreprise a dû rembourser dix millions de dollars pour remplacer les cadenas défectueux. Avec ce cas fondateur, les entreprises ont pris conscience de l'impact du Web sur leur image, et surtout de l'impact de leur image sur leur chiffre d'affaires.
Pour autant, depuis, les crises réputationnelles se sont multipliées. [...] Nestlé doit encore éradiquer les effets néfastes de la campagne menée contre elle sur les dégâts écologiques causés par son usage de l'huile de palme. Effet collatéral de cette crise, Nutella a récemment modifié sa recette suite à cette affaire. [...]
Avec l'essor du nombre de personnes connectées et d'informations disponibles, l'« infobésité » a amplifié les considérations émotionnelles et subjectives dans la construction de la perception des publics. Ajouté à cela, la multiplication des plateformes : forums, sites de recommandations, réseaux sociaux, sites de e-commerce, médias sont autant d'éléments qui induisent une modification profonde des méthodes de veille.

Là où avant un *sourcing*[1] limité et pertinent suffisait à capter l'essentiel des signaux faibles, désormais une veille se doit d'inclure tous les canaux possibles pour la collecte. [...] Pour pallier toute velléité d'attaque réputationnelle, la détection du signal faible doit se faire au plus tôt afin de mettre en place des actions correctives aptes à désamorcer les débuts de crise. En veille, il y a péril en la demeure. Nul n'est à l'abri d'un « *bad buzz* ».

1. *Sourcing* : surveillance d'informations, synonyme de la veille.

www.europresse.com, 22 mars 2018

7 Expliquez pourquoi le numérique peut être dangereux pour la réputation des organisations.

8 Montrez que les organisations intègrent ces dangers dans leur stratégie digitale.

L'essentiel

- La communication institutionnelle vise à travailler l'image de l'organisation auprès de ses parties prenantes à long terme.
- La communication commerciale vise à déclencher une action à court terme de la part d'un individu (par exemple, un achat).
- La communication sur les médias numériques permet de marquer sa présence sur Internet et de gérer ou contrôler sa réputation.

3 En quoi la communication financière est-elle une nécessité pour l'organisation ?

DOC 1 La communication financière

Extraits du rapport annuel 2018 de Danone publié sur son site Internet

Notre mission : « Apporter la santé par l'alimentation au plus grand nombre »

Des positions de leader :

N° 1 mondial Produits laitiers frais et produits d'origine végétale	**N° 1 européen** Nutrition médicale	**N° 2 mondial** Nutrition infantile et eaux conditionnées (en volume)

Une performance solide en 2018 :

24,7 milliards d'euros de chiffre d'affaires	**3,56 €** Bénéfice net par action courant	**+ 2,9 %** Croissance du chiffre d'affaires	**+ 12,8 %** Croissance du bénéfice net par action	**1,94 €** Dividende par action payable en numéraire

Danone, extrait du rapport annuel 2018, www.danone.com

1 Qualifiez la nature des informations dévoilées par Danone dans l'extrait de son rapport annuel.
2 Indiquez quelle est, selon vous, la partie prenante visée au travers d'une telle action de communication.
3 Proposez une définition de la communication financière.

DOC 2 La communication financière, une nécessité pour l'entreprise

La communication financière n'est pas réservée aux entreprises cotées et aux grands groupes. ETI et PME peuvent parfaitement déployer des actions ambitieuses en la matière. [...] *A contrario*, nombre d'entreprises (non cotées) aux chiffres d'affaires et aux résultats parfois très significatifs ne déposent pas leurs comptes et adoptent des stratégies de non-communication financière, estimant que, pour vivre heureux, il convient de vivre caché aux regards du marché, des analystes, des concurrents et des curieux...

La communication financière, à quoi ça sert ?

[...] Elle est en partie imposée par la réglementation, notamment en matière de publication de comptes ou de *reporting*. Mais elle est aussi réalisée sur une base volontaire : communiqués de presse, présentations aux analystes, *roadshows*, etc. [...] La communication financière va donc au-delà d'une obligation légale, c'est un élément de l'image de marque d'une entreprise et le bras armé d'une politique marketing visant à attirer les investisseurs et les grands clients. [...]

Quels enjeux pour la communication des sociétés non cotées ?

[...] La communication financière devient un enjeu capital pour les PME non encore soumises aux obligations des sociétés cotées, mais qui se destinent à entrer sur un marché, fut-ce dans un avenir lointain. L'introduction en Bourse est une échéance qui se prépare parfois des années à l'avance et, dans cette attente, l'entreprise se doit d'être visible, voire de faire parler d'elle. [...]

www.cegid.com, 29 mai 2018

4 Expliquez pourquoi la communication financière est une nécessité pour les organisations.
5 Analysez les enjeux d'une stratégie de communication ou de non-communication financière de la part des entreprises non cotées en Bourse.

DOC 3 Le premier outil de communication financière de l'entrepreneur

 # vidéo
Le *business plan* en 3 minutes : 1re et 2e parties
foucherconnect.fr/20tmsdg39

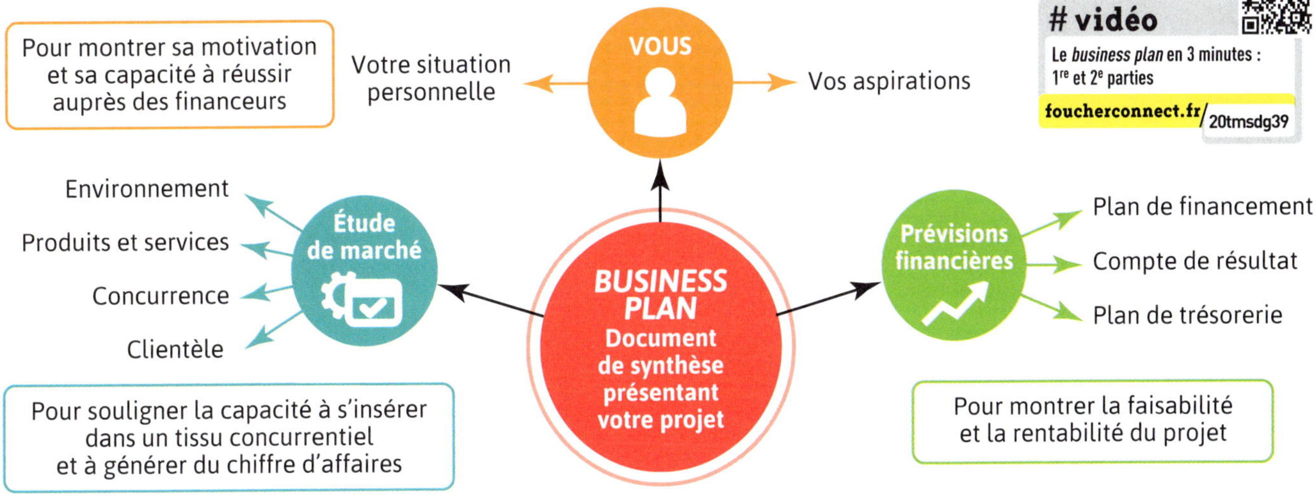

Foucher, 2020

6 Identifiez l'outil de communication financière présenté dans ce document.

7 Dites à quel stade de la vie de l'entreprise cet outil est particulièrement utilisé.

8 Montrez l'utilité de cet outil pour l'entrepreneur.

DOC 4 Le système d'information comptable et financière à l'ère du numérique

La fonction finance et, plus particulièrement, le contrôle de gestion font face à des problèmes récurrents dans des processus tels que le suivi budgétaire ou encore la clôture comptable. Ces difficultés peuvent se traduire dans le système d'information par des erreurs d'imputations comptables ou analytiques. L'automatisation d'une grande partie de ces processus stables de l'entreprise pourrait laisser d'une part une place plus importante à l'analyse, et d'autre part accélérer et améliorer la qualité de leur exécution. […]
La phase fondamentale d'identification des erreurs pourrait être automatisée en grande partie, en utilisant le « *deep learning*[1] ». En effet, en faisant apprendre au « système » les motifs et moyens permettant de détecter des erreurs par l'œil humain, il serait possible de faire reproduire à ce « système » des routines de contrôle lors de la remontée du réalisé en période de clôture, voire de manière anticipée.

1. *Deep learning* : intelligence artificielle où la machine est capable d'apprendre par elle-même.

Vladimir Lernould, Daf-mag.fr, 10 octobre 2019

9 Identifiez la difficulté rencontrée par les organisations dans la gestion de l'information comptable et financière.

10 Expliquez comment le numérique peut améliorer le système d'information comptable et financier.

L'essentiel

- La communication financière a pour but d'informer les parties prenantes de l'organisation sur sa santé financière. La communication financière est une obligation pour certaines organisations.
- Une communication financière efficace permet d'attirer des investisseurs. Le plan d'affaires (*business plan*) est indispensable à l'entrepreneur souhaitant débloquer des fonds pour lancer son projet.
- Le système d'information comptable et financier centralise les informations financières. Le numérique lui offre des perspectives d'amélioration (réduction des erreurs).

Synthèse

3 minutes pour comprendre
foucherconnect.fr/20tmsdg40

1 Quels sont les enjeux de la communication interne de l'organisation ?

Émetteur : Organisation → **Messages** → **Récepteurs** : Membres de l'organisation

- Informer
- Renforcer l'image de l'organisation
- Garantir la cohésion du groupe
- Orienter vers un objectif commun

2 Quelles sont les modalités de la communication externe des organisations ?

- **Communication institutionnelle** → Développer l'image de l'organisation
- **Communication commerciale** → Déclencher une action immédiate
- **Communication sur les médias numériques** → Marquer sa présence sur Internet et contrôler sa e-réputation

3 En quoi la communication financière est-elle une nécessité pour l'organisation ?

Communication financière :
- Une obligation pour certaines organisations
- Un atout pour toutes les organisations

Système d'information comptable et financier :
- Gère l'information
- S'automatise avec le numérique

Mots-clés

Business plan (plan d'affaires) : document présentant les objectifs d'affaires et les moyens et délais pour les atteindre en vue de lever les fonds nécessaires au développement auprès d'investisseurs.

Communication globale : ensemble des actions de communication menées par une organisation (communication interne, institutionnelle, externe, financière).

Communication intégrée : utilisation de la communication sur de multiples canaux (affichage, Internet, etc.) afin de profiter de leurs complémentarités et de multiplier les points de contact avec les cibles.

E-réputation : opinion commune d'une entité sur le Web.

Marque employeur : image de l'entreprise auprès de ses employés et des candidats potentiels.

Activités

3 minutes pour s'évaluer
foucherconnect.fr/20tmsdg41

TESTEZ-VOUS

Répondez par vrai ou faux aux propositions suivantes.

1 La communication de l'entreprise est exclusivement tournée vers l'extérieur.

2 La communication orientée vers les clients a pour objectif de déclencher une action rapide.

3 L'organisation peut contrôler sa réputation sur Internet.

4 L'organisation est obligée de mettre en place une stratégie de communication financière.

5 Le plan d'affaires permet à l'entrepreneur de lever les fonds nécessaires à son développement.

6 Le digital complique la gestion de l'information comptable et financière.

ZOOM vidéo p. 141

Coca-Cola lutte contre les idées préconçues

En mars, The Coca-Cola Company a reconnu produire 3 millions de tonnes de plastique par an. L'association écologiste Greenpeace accuse même la firme d'être le premier pollueur plastique au monde, devant PepsiCo et Nestlé. En réponse, Coca-Cola rappelle son engagement dans le recyclage. […]

Coca-Cola, une marque populaire face à ses démons

Coca rencontre un problème de poids : le sucre. Avec l'équivalent de sept morceaux de sucre par cannette de 33 centilitres, le Coca-Cola original est devenu un symbole de la malbouffe. […] Le géant américain revoit alors la composition de ses sodas. […] « Notre responsabilité, c'est de permettre aux gens de mieux contrôler leur consommation de sucre liée à nos produits », estime François Gay-Bellile. Les promotions sur les gros packs, poussant à la surconsommation, sont limitées, et Coca propose désormais des petites cannettes de 15 ou 20 centilitres, certes plus chères. […] Partenaire des Jeux olympiques et des Mondiaux de football, The Coca-Cola Company pourrait se cantonner à une communication policée, comme la majorité des multinationales. Mais non. Pour montrer que ses produits sont de leur temps, la firme prend des risques, calculés, mais réels, en rebondissant sur les évolutions du monde. Fin 2017, après l'adoption du mariage pour tous en Australie, elle commercialise des cannettes arborant le mot Love et un petit drapeau arc-en-ciel, symbole de la cause LGBT (lesbiennes, gays, bisexuels et transgenres). La même année, la marque met en scène une conductrice en Arabie saoudite peu après l'annonce, par décret du roi, de la fin de l'interdiction de conduire pour les femmes.

Benjamin Jérôme, *Le Parisien*, 12 avril 2019

Questions

1 Mettez en avant les reproches faits à Coca-Cola par la société.

2 Montrez que Coca-Cola, à travers sa communication, répond à ces reproches.

3 Expliquez pourquoi ces réponses peuvent être considérées comme des éléments de communication interne et externe.

Vers le BAC

GRAND ORAL

3 minutes pour convaincre

Pourquoi la communication de l'organisation améliore-t-elle l'image de marque ?

Cas SPA

La Société protectrice des animaux (SPA) est la première association de protection animale en France. Créée en 1845, elle a été reconnue d'utilité publique en 1860.

Ses missions consistent à :
- lutter contre la maltraitance et les abandons ;
- recueillir et héberger les animaux abandonnés, perdus ou maltraités et leur trouver un foyer ;
- soigner les animaux des propriétaires démunis ;
- sensibiliser le grand public et en particulier les jeunes à la protection animale ;
- responsabiliser les propriétaires d'animaux ;
- s'engager auprès des pouvoirs publics pour faire évoluer la cause animale.

la-spa.fr

Questions

1. Caractérisez l'organisation SPA.
2. Identifiez les problèmes de management auxquels fait face la SPA.
3. Caractérisez les solutions managériales apportées par la SPA pour répondre à ces problèmes.
4. Expliquez comment ces solutions permettent de répondre aux problèmes rencontrés par la SPA.

MÉTHODE

Lorsque l'on vous demande de caractériser les solutions managériales, vous devez tout d'abord les identifier sur votre brouillon, puis les classer sur votre copie en utilisant une typologie vue en cours : par exemple, en classant les actions de communication par type (interne, externe, etc.).

Annexe 1 L'association en quête de bénévoles

Valérie Svec, Société protectrice des animaux (SPA) : « Nous sommes constamment à la recherche de nouveaux bénévoles. On doit faire face à un gros turn-over parmi les étudiants et les personnes en insertion qui nous aident. Il est très difficile de fidéliser des bénévoles pour un engagement régulier d'une demi-journée par semaine pour s'occuper des chats ou aller promener les chiens. Les jeunes ont un peu plus de mal quand il s'agit de nettoyer les chenils, ce qui fait aussi partie de la vie d'un refuge. On recherche aussi des bénévoles pour de petits travaux ponctuels. Beaucoup de gens sont pleins de bonne volonté à la rentrée et s'inscrivent partout, sans forcément donner suite sur la durée. »

Mathieu Pélicart, Rémy Quémener, *Le Télégramme*, 7 septembre 2018

Annexe 2 La SPA de Luynes saturée

Actuellement, plus de cinquante chats sont à adopter au refuge de Luynes. Mais ce qui inquiète le plus les équipes, c'est l'arrivée croissante de chiens. Ils sont 80 aujourd'hui, impossible d'en accueillir d'autres. Dans le même temps, le téléphone sonne régulièrement à l'accueil, le plus souvent pour se renseigner quant aux démarches à suivre pour abandonner son animal de compagnie.

Pour éviter d'en arriver là, les équipes de Malitourne proposent aux personnes qui viennent abandonner leurs animaux de nombreuses solutions. Une méthode qui porte parfois ses fruits mais, selon le responsable du refuge Chris Dowson, lorsqu'une adoption n'est pas responsable, elle est facilement vouée à l'échec.

Clémence Gourdon Negrini, Radio France/France Bleu, 23 juillet 2017

Annexe 3 Rapport annuel 2018 de la SPA (extrait)

La SPA a accentué en 2018 sa communication institutionnelle sur la lutte contre la maltraitance et l'importance de la stérilisation, tout en accompagnant les temps forts d'adoption tout au long de l'année. Ces actions permettent à la SPA de rappeler ou de faire découvrir au public l'ensemble de ses missions et ses diverses actions sur le terrain en faveur de la cause animale.

Le développement de la visibilité de la SPA qui s'est accrue depuis quelques années nous a permis d'accroître considérablement les adoptions (+ 10 000 chaque année depuis 2012) et de collecter plus de fonds, nécessaires au bon fonctionnement et à la pérennité des actions de l'association. L'investissement en communication a représenté 1,60 million d'euros en 2018.

Les portes ouvertes : un temps fort pour les refuges

Les portes ouvertes ont eu lieu les 2 et 3 juin, et les 6 et 7 octobre dans l'ensemble des refuges et maisons SPA. Elles ont été soutenues par une campagne d'affichage et de presse nationale complétée par des relations presse, ainsi qu'un dispositif digital. Ces événements incontournables ont permis cette année à 2 403 animaux de trouver un foyer aimant.

La campagne d'été

La SPA a de nouveau appelé durant l'été à la mobilisation de tous pour sensibiliser à l'abandon, un phénomène malheureusement encore très présent et contre lequel elle lutte sans relâche. En 2018, la campagne « Cet été, adoptez le geste qui sauve » a invité le grand public à agir concrètement en soutenant la SPA et ses équipes qui mettent chaque jour leur savoir-faire au service des animaux recueillis en refuge. […]

Communication interne

La première édition des Oswards a été organisée pour valoriser au sein de la SPA les actions et initiatives des salariés et des bénévoles en faveur de l'association et de la protection animale, et remercier l'investissement des équipes qui œuvrent au quotidien pour la réalisation de nos missions. Il a été proposé aux équipes de candidater dans dix catégories : meilleur accueil des animaux, meilleure enquête, meilleur engagement bénévole, meilleure action solidaire, meilleure action de Club jeunes, meilleure action de médiation animale ou de sensibilisation, meilleur(e) sauvetage ou rééducation, meilleure action de promotion, meilleure animation, meilleure communication digitale.

Tous les candidats ont été conviés à une cérémonie à Paris le 15 mai 2018, lors de laquelle les candidatures des trois nominés de chaque catégorie ont été présentées par une projection de mini-films. Le gagnant de chaque catégorie a été annoncé.

la-spa.fr

▲ Anaïs Dautais Warmel, la fondatrice des Récupérables. Les Récupérables, jeune marque de mode écoresponsable, fonctionne selon le principe de l'économie circulaire : les collections sont réalisées à partir de textile acheté auprès de ses partenaires et la confection est confiée à de petits ateliers parisiens ou à des ateliers d'insertion.

Prérequis 1re mana

- Parties prenantes
- Responsabilité sociétale des entreprises (RSE)

13 Les organisations et les questions de société

3 minutes pour découvrir

Les Récupérables : un projet de mode responsable
foucherconnect.fr/20tmsdg42

> Que propose l'entreprise Les Récupérables ?
> Pourquoi est-il important pour une organisation de prendre en compte son impact économique, social, environnemental ?

CAPACITÉ × Préciser les enjeux éthiques de l'activité d'une organisation, d'une entreprise

Notions

Éthique : définition et origine ; déontologie + éthique dans les affaires + éthique dans les organisations non gouvernementales, organisations gouvernementales et territoriales + principes de la normalisation comptable et information financière, transparence des pratiques + lutte contre les discriminations dans les relations de travail, égalité hommes-femmes + organisation civique : mécénat, démocratie participative

1 Les organisations manquent-elles d'éthique ?

DOC 1 Le *greenwashing* (ou écoblanchiment) dans les organisations

La chaîne Arte a diffusé en 2018 une enquête* Starbucks sans filtre *sur les dessous du succès de l'enseigne de café Starbucks.

Le documentaire révèle que « le commerce équitable que la compagnie affirme pratiquer » est un coup de « bluff », aussi appelé « *greenwashing* » – le fait de laver son image avec de fausses démarches écologiques ou équitables. « Starbucks s'impose aujourd'hui comme le premier acheteur de café certifié commerce équitable au monde », peut-on lire sur leur site Internet.

Pourtant, l'équipe [de tournage] s'est rendue au Mexique pour rencontrer des producteurs de café d'une petite coopérative du Chiapas avec qui la firme travaille. Devant la caméra, ils racontent la déconvenue de leur « partenariat » avec Starbucks quand « plusieurs intermédiaires avec des commissions au passage leur ont été imposés ». Loin de l'image idyllique présentée sur la vitrine du site. D'autant que l'entreprise jette chaque année quatre milliards de gobelets non recyclables en plastique recouverts d'une pellicule de papier.

AFP, 29 octobre 2018

1 Définissez le *greenwashing*.

2 Précisez pourquoi le *greenwashing* correspond à un manque d'éthique.

3 Montrez en quoi cela nuit à l'image de marque de l'entreprise.

DOC 2 L'éthique des entreprises

Coton biologique et équitable

Salaires des ouvriers brésiliens supérieurs à la moyenne

Veja, entreprise française fabriquant des baskets, cherchant à limiter son impact écologique et social

Plateforme logistique employant des salariés en réinsertion

Caoutchouc naturel des semelles

4 Expliquez pourquoi les pratiques de Veja respectent des principes éthiques.

5 Proposez une définition de l'éthique.

DOC 3 L'éthique des organisations non gouvernementales

Amnesty international est une organisation non gouvernementale internationale. Depuis sa création, elle agit pour la défense des droits humains. Sur son site Internet, cette organisation propose à la vente des produits issus du commerce équitable, qui favorisent le développement de projets sociaux des populations les plus démunies et préservent l'environnement : café, miel, agendas, tee-shirts, serviettes, crayons…
Les bénéfices réalisés par la vente de tous les produits sont consacrés aux actions de l'organisation en faveur des droits humains à travers le monde.

Foucher, 2020

6 Montrez que les produits proposés par Amnesty international sont éthiques.
7 Expliquez pourquoi il est important qu'une organisation non gouvernementale respecte des principes éthiques.

DOC 4 Les conséquences du manque d'éthique

Sur les 175 écoles publiques du premier degré visitées par les inspecteurs santé et sécurité au travail (ISST), 88 % sont susceptibles de présenter des risques pour la santé liés à la présence d'amiante. 70 % des collèges sont aussi concernés par des matériaux amiantés.
Un rapport a été remis au Comité d'hygiène, de sécurité et des conditions de travail (CHSCT) du ministère de l'Éducation nationale au printemps dernier, alertant sur un « défaut de transparence préjudiciable à l'appréciation et à l'évaluation du risque d'exposition passive à l'amiante ». Selon l'Agence de l'environnement et de la maîtrise de l'énergie, encore 15 millions de tonnes de matériaux contenant de l'amiante contaminent les bâtiments français. L'amiante est responsable de plus en plus de cancers spécifiques, pour lequel la médiane d'espérance de vie est établie à 13 mois après diagnostic.

Foucher, 2020

8 Relevez les parties prenantes dans cette affaire.
9 Indiquez les conséquences de la présence d'amiante dans les bâtiments.
10 Précisez pourquoi, dans ce cas, les organisations gouvernementales manquent d'éthique.
11 Expliquez pourquoi les règles éthiques sont nécessaires dans les organisations.

L'essentiel

- L'éthique est un ensemble de principes moraux que les organisations appliquent à leur conduite.
- L'éthique est aujourd'hui l'affaire de l'ensemble des acteurs du monde économique : entreprises (éthiques des affaires), mais aussi organisations non gouvernementales, gouvernementales et territoriales.
- Certaines organisations ne sont pas éthiques et pratiquent le *greenwashing*.

Passerelle vers la mercatique

L'entreprise est abordée en tant qu'acteur devant prendre en compte les **enjeux éthiques** liés au numérique.

Thème 3, question 3.2 Comment enrichir la relation client grâce au numérique ?

2 Comment les organisations luttent-elles contre les pratiques posant des questions d'éthique ?

DOC 1 La lutte contre les discriminations hommes-femmes

◄ Cette caricature de Chereau a été utilisée par le groupe Randstad (spécialiste des ressources humaines) dans le cadre d'une campagne en faveur de l'égalité femmes-hommes.

1 Expliquez le message du **DOC 1**.

2 Précisez le but poursuivi par le groupe Randstad à travers cette campagne de communication.

DOC 2 Une autre forme de lutte contre les pratiques non éthiques

Dans le cadre de son accord d'entreprise en faveur de l'emploi des personnes handicapées, BNP Paribas veut accroître ses prestations réalisées par les ESAT (établissement et service d'aide par le travail) qui emploient des personnes en situation de handicap.

France Télévisions a inclus, dans l'ensemble de ses contrats de production, une « clause de diversité » qui exige que les équipes de tournage, d'écriture ou artistiques des sociétés de production reflètent la diversité de la société française.

L'entreprise Volvo a publié un guide dédié à la lutte contre l'homophobie au travail qu'elle diffuse auprès de ses salariés.

Le groupe PSA a adhéré aux « Women's Empowerment Principles » des Nations unies. Cette charte s'engage en faveur de l'égalité, pour la lutte contre les discriminations de genre et pour la formation et le développement professionnel des femmes.

3 Identifiez les actions mises en place par les quatre entreprises ci-dessus pour lutter contre la discrimination dans les relations professionnelles.

4 Retrouvez l'objectif de chacune des actions menées.

5 Expliquez pourquoi les discriminations dans les relations professionnelles posent des questions d'éthique.

DOC 3 Exemple d'un cas de mécénat

L'incendie de Notre-Dame de Paris va coûter très cher en restauration. François Pinault (homme d'affaires possédant par exemple Gucci ou Yves Saint Laurent) a ainsi promis de débloquer 100 millions d'euros pour participer à l'effort de reconstruction via le « Fonds Cathédrale de Paris ».
Ce type d'initiative s'appelle du mécénat : c'est un soutien financier ou matériel, sans contrepartie directe, apporté par une entreprise au profit d'une cause d'intérêt général (comme les œuvres caritatives ou culturelles). Le mécénat contribue au rayonnement de l'entreprise et lui permet une réduction fiscale de 60 % du montant du don.

Foucher, 2020

6 Relevez ce qu'a fait François Pinault après l'incendie de Notre-Dame de Paris.
7 Expliquez pourquoi cette initiative peut être qualifiée d'« initiative privée ».
8 Indiquez les avantages du mécénat pour chacune des parties.

DOC 4 La démocratie participative au sein d'une coopérative autogérée

Le Court-Circuit est une SCOP autogérée. Ce bar-restaurant lyonnais s'approvisionne auprès de producteurs locaux et en général bio. Héloïse est salariée-associée et cogérante du Court-Circuit depuis plus de trois ans.

Pouvez-vous expliquer ce qu'est une SCOP ?
Une SCOP est une société commerciale qui se distingue des sociétés classiques par une détention majoritaire du capital et du pouvoir de décision par les salariés. Au Court-Circuit, nous sommes une SCOP autogérée : en plus d'être une SCOP, il n'y a pas de hiérarchie au sein de notre entreprise.

Comment les décisions sont-elles prises dans la coopérative ?
Pour prendre les décisions, les salariés-associés sont répartis en groupe, qui ont chacun une spécialité : aspect économique et financier, ressources humaines et organisation des événements culturels. Il n'y a pas vraiment de vote formel pour prendre les décisions : nous discutons, débattons et aboutissons à une solution qui convient à tous. Nous informons ensuite l'ensemble des salariés associés des décisions qui ont été prises en groupe de travail.

Pour vous, quelle est la différence entre le travail dans cette entreprise et le travail dans une entreprise « classique » ?
J'aime le fait de pouvoir directement influencer l'entreprise. Pour moi, c'est logique que ce soient les personnes qui travaillent dans l'entreprise qui organisent le travail.

Foucher, 2020

9 Indiquez pourquoi le Court-Circuit, dans son fonctionnement, tient compte des évolutions des comportements de certaines parties prenantes.
10 Proposez une définition de la démocratie participative dans les organisations.
11 Expliquez comment la démocratie participative est mise en place au Court-Circuit.

 # vidéo
Une SCOP, c'est quoi ? - 3,45 min
foucherconnect.fr/20tmsdg43

Passerelle vers la mercatique

La **communication de l'entreprise** est abordée en tant que possibilité pour l'entreprise de montrer qu'elle lutte contre les pratiques posant des questions d'éthique.
Thème 3, question 3.1 Communiquer : quelle visibilité et quels médias pour valoriser l'offre ?

L'essentiel

- Les organisations doivent parfois intégrer des préoccupations civiques : lutte contre la discrimination dans les relations hommes-femmes, lutte contre les discriminations raciales, atteintes à la vie privée, etc.
- Les organisations sont aussi libres d'intégrer ou non certaines préoccupations civiques (mécénat, démocratie participative, etc.).

3 Comment les organisations assurent-elles la transparence de leur activité ?

DOC 1 La nécessité d'assurer une transparence des activités

C'est à la suite de nombreuses pratiques douteuses et d'affaires médiatiques que les organisations ont pris conscience qu'il était important d'adopter des règles qui assuraient davantage de transparence dans leurs activités.

Par exemple, en 2001, l'entreprise américaine Enron, spécialisée dans le gaz naturel et l'achat et revente d'électricité, fait faillite en raison de ses pertes sur le marché boursier de l'électricité, qui avaient été maquillées en bénéfices via des manipulations comptables. Environ 20 000 salariés sont licenciés et des centaines de milliers de petits épargnants perdent leur retraite.

À la suite de cette affaire, la loi Sarbanes-Oxley (dite « loi SOX ») a été adoptée aux États-Unis, pour imposer de nouvelles règles sur la comptabilité et la transparence financière. À partir de cette date, les pays ont adopté de plus en plus de règles pour que les organisations soient plus éthiques.

Foucher, 2020

1. Résumez l'affaire Enron.
2. Expliquez pourquoi on peut dire que le comportement de l'entreprise Enron est à l'origine du développement de pratiques plus éthiques.

DOC 2 Le respect des principes de normalisation comptable

L'assemblée générale d'actionnaires, qui se tient tous les ans, a pour but d'informer les actionnaires sur la situation de la société et l'approbation des comptes.

Lors de son assemblée générale du 25 avril 2019, le groupe Bouygues a approuvé les comptes annuels de l'entreprise, dont les comptes annuels et les comptes consolidés de l'exercice 2018.

Les comptes du groupe Bouygues ont été élaborés en respectant les normes comptables en vigueur, qui ont pour but d'améliorer les méthodes de tenue comptable et de faciliter la compréhension et le contrôle des comptabilités. Ces normes comptables sont édictées par l'Autorité des normes comptables (ANC) en France, et l'International Accounting Standards Board (IASB) sur le plan international.

Les comptes annuels du groupe Bouygues ont également été vérifiés par un commissaire aux comptes. Ce professionnel extérieur à l'entreprise a pour mission de contrôler la sincérité et la régularité des comptes de l'entreprise. Il a un devoir légal d'indépendance vis-à-vis des sociétés qu'il contrôle, et ne peut exercer de fonctions qui porteraient atteinte à ce principe : il ne peut pas être, par exemple, salarié de la société qu'il contrôle.

Foucher, 2020

3. Décrivez le rôle de l'Autorité des normes comptables.
4. Exposez l'intérêt de la normalisation comptable.
5. Expliquez pourquoi le commissaire aux comptes doit être indépendant par rapport à la société dont il contrôle les comptes.

DOC 3 Le refus du travail des enfants dans un code de conduite

Extrait du Code de conduite de H&M
2. REFUS DU TRAVAIL DES ENFANTS [...]
2.1 Le travail des enfants
H&M refuse le travail des enfants. Aucune personne ne doit être employée à un âge inférieur à 15 ans (ou à 14 ans lorsque la législation nationale l'autorise) ou inférieur à l'âge minimum légal pour travailler, si celui-ci est supérieur à 15 ans. L'entreprise doit donc prendre les mesures préventives nécessaires pour garantir qu'aucune personne au-dessous de l'âge légal pour travailler ne sera employée.

2.2 Les jeunes travailleurs
Toutes les limitations légales sur l'emploi de personnes de moins de 18 ans doivent être respectées.
En accord avec la Convention des Nations unies sur les droits de l'enfant, nous adhérons au principe qu'une personne est un enfant jusqu'à l'âge de 18 ans. Nous reconnaissons le droit de chaque enfant d'être protégé contre l'exploitation économique et de n'être astreint à aucun travail comportant des risques ou susceptible de compromettre son éducation, ou de nuire à sa santé ou à son développement physique, mental, spirituel, moral ou social. [...]

hm.com

6 Expliquez ce que sont les codes de conduite des organisations.
7 Différenciez la déontologie (dont les codes de conduite font partie) de l'éthique.
8 Recherchez quelles professions sont soumises à un code de déontologie.
9 Indiquez comment l'entreprise H&M entend assurer la transparence de ses pratiques.
10 Relevez le paradoxe relatif au travail des enfants dans ce code de conduite.

DOC 4 L'éthique et les grandes entreprises françaises

SUR 110 GRANDES ENTREPRISES FRANÇAISES ÉTUDIÉES EN 2019...

- **101** ont une charte éthique publique et accessible sur Internet
- **75 %** mentionnent l'éthique sur leur site Internet
- **22 %** mentionnent un code anti-corruption
- **64 %** protègent les lanceurs d'alerte

Étude menée par Labrador Information Design selon les documents éthiques publiés et accessibles au public des sociétés de droit français SBF 120, en juillet 2019.

11 Expliquez l'intérêt pour une entreprise d'être perçue comme une entreprise éthique.
12 Indiquez pourquoi le fait d'adopter un code anti-corruption ou de protéger les lanceurs d'alerte correspondent à des pratiques éthiques.
13 Précisez si, selon vous, l'éthique occupe la même place dans les grandes entreprises et dans les PME.

Passerelle vers la gestion et finance

L'**information financière** est abordée en tant qu'opportunité pour l'entreprise.

> Thème 1, question 1.4 Quelles sont les conditions pour communiquer une information comptable fidèle ?

L'essentiel

- Les organisations doivent diffuser une image transparente de leur activité et mettent en place des codes de bonne conduite, des chartes éthiques ou des règles de déontologie.
- Elles doivent délivrer une information financière fiable, pour permettre aux parties prenantes de connaître leur situation financière et donc de prendre des décisions en connaissance de cause.
- Elles doivent aussi respecter les principes de normalisation comptable dans leurs documents comptables afin de faciliter les comparaisons entre différentes entreprises.

Synthèse

3 minutes pour comprendre
foucherconnect.fr/20tmsdg44

1 Les organisations manquent-elles d'éthique ?

Les organisations manquent parfois d'éthique
- L'éthique est un ensemble de principes moraux que les organisations appliquent à leur conduite.
- Toutes les organisations sont concernées par l'éthique.
- Mais certaines organisations ne sont pas éthiques (ex : *greenwashing*).

2 Comment les organisations luttent-elle contre les pratiques posant des questions d'éthique ?

Les organisations intègrent différentes préoccupations civiques
- Lutte contre la discrimination dans les relations hommes-femmes
- Mécénat
- Démocratie participative

3 Comment les organisations assurent-elles une transparence de leur activité ?

Exigence de la société → **Transparence des pratiques**
- Codes de bonne conduite, règles de déontologie
- Information financière fiable
- Respect des principes de la normalisation comptable

Mots-clés

Éthique : ensemble de principes moraux que les organisations appliquent à leur conduite.

Organisation civique : organisation qui œuvre pour le bien des citoyens, de la société.

Transparence des pratiques : pour une organisation, rendre accessibles les informations concernant son activité ou ses produits.

Activités

3 minutes pour s'évaluer

foucherconnect.fr/20tmsdg45

TESTEZ-VOUS

Répondez par vrai ou faux aux propositions suivantes.

1 Le *greenwashing* peut avoir un impact sur la réputation de l'entreprise.

2 L'employeur a le droit de proposer des rémunérations et des déroulements de carrière différents en fonction du sexe de ses employés.

3 Le mécénat est le soutien financier ou matériel, sans contrepartie directe, apporté par une entreprise au profit d'une cause d'intérêt privé.

4 Lorsque l'employeur décide de tout dans l'entreprise, c'est de la démocratie participative.

5 La normalisation comptable permet par exemple de faire des comparaisons entre différentes entreprises, à la fois au niveau national et au niveau international.

6 La transparence financière ne permet pas aux investisseurs de prendre leur décision.

ZOOM vidéo p. 153

Les Récupérables : un projet de mode responsable

Qu'est-ce que le surcyclage ou *upcycling* ?

Le recyclage est un procédé de traitement des déchets qui permet de réintroduire des matériaux qui composaient un produit arrivé en fin de vie dans le cycle de production d'un produit. Le surcyclage ou *upcycling* est l'action de récupérer des matériaux ou des produits (ex. : vêtements, meubles) dont on n'a plus l'usage afin de les transformer en matériaux ou produits de qualité ou d'utilité supérieure. On recycle donc « par le haut ».

www.lesrecuperables.com

Le cycle du vêtement chez Les Récupérables

1. *SOURCING*
Solutions de réemploi textile pour des marques, des fabricants de tissus et des ateliers.
→ Le Relais, TDV, Caroll…

2. DIRECTION ARTISTIQUE
Inspirer, respirer, dessiner pour créer de nouvelles pièces inédites au fil des saisons.

3. NETTOYAGE
Tous les linges de maison *vintage* sont nettoyés par nos soins. Certains gardent de petites marques du temps.

4. DEUX COLLECTIONS PAR AN
Des créations sont produites selon les principes de l'*upcycling*, en série très limitée.

5. PATRONNAGE
Construire la structure du vêtement grâce au savoir-faire d'une modéliste.

6. COUTURE
Les pièces sont assemblées dans des ateliers d'insertion à Marseille, à Soissons et à Paris.

7. *SHOOTING*
Guidées par la direction artistique de la marque, les photos révèlent son engagement et son identité.

8. DÉFILÉ
Valoriser la mode écoresponsable au travers de défilés-performances.

9. VENTE
Collections disponibles sur lesrecuperables.com, dans nos boutiques, dans différents points de vente à Paris et lors de ventes secrètes en France ou à l'étranger.

Questions

1 Expliquez pourquoi l'entreprise Les Récupérables fait du surcyclage ou de l'*upcycling*.

2 Listez les étapes de fabrication d'un vêtement qui montrent que l'entreprise est éthique.

3 Indiquez les avantages et inconvénients pour l'entreprise de faire du surcyclage.

Cas Ethiquable

« Quand un commercial rencontre un économiste du développement qui rencontre un agronome, on obtient Ethiquable. » C'est grâce à ce trio qu'Ethiquable voit le jour en 2003 à Fleurance dans le Gers, sous la forme d'une SCOP qui soutient l'agriculture paysanne bio. Aujourd'hui, Ethiquable réunit 115 salariés, dont 75 sociétaires de la SCOP, et travaille avec 46 530 producteurs dans 27 pays. Spécialisée dans la vente de produits bio issus du commerce équitable, la SCOP offre désormais un vaste catalogue de produits alimentaires : cafés, thés, chocolats, sucres, farines, céréales, herbes aromatiques, etc.

Questions

1. Montrez en quoi l'entreprise Ethiquable est une entreprise éthique.
2. Expliquez comment la démocratie participative est mise en place dans l'entreprise Ethiquable.
3. Précisez les avantages et les inconvénients de la démocratie participative pour une organisation et pour ses membres.
4. Identifiez le problème auquel la SCOP Ethiquable a dû faire face.
5. Présentez les solutions qui ont été retenues.

MÉTHODE

Présenter une solution managériale signifie qu'il faut identifier les actions mises en place par l'organisation pour répondre à un problème défini au préalable. Vous devez ensuite expliquer comment ces actions permettent de répondre au problème.

Annexe 1 La SCOP Ethiquable

Ethiquable est une SCOP, une société coopérative de production. Une SCOP est une société commerciale, SA ou SARL, à caractère coopératif, faisant partie de l'économie sociale et solidaire, et dont les salariés sont associés majoritaires. Une SCOP appartient en majorité à ses salariés. Ils partagent les risques, les moyens, les résultats et les grandes décisions.

Le mode de fonctionnement d'Ethiquable est donc fondé sur le principe de démocratie d'entreprise et de pérennité économique :

- « 1 personne = 1 voix » : chaque associé salarié compte pour une voix, quelle que soit sa part dans le capital ;
- des réserves impartageables : à la fin de chaque exercice, une part des excédents de gestion (s'il y en a) est obligatoirement mise en réserve. Ceci constitue le patrimoine collectif de l'entreprise ;
- un ou des dirigeants élus par les associés en majorité salariés ;
- la SCOP ne peut être revendue à des investisseurs extérieurs, elle reste propriété de ses salariés.

Par ailleurs, Ethiquable est agréée « entreprise solidaire d'utilité sociale ». L'agrément de cinq ans est délivré par la préfecture aux entreprises qui remplissent certains critères :

- la poursuite d'un but d'utilité sociale ou d'intérêt général : dans nos statuts d'Ethiquable, il est spécifié que l'objectif de l'entreprise est le développement du commerce équitable, et 100 % de notre activité concerne le commerce équitable et le soutien à l'agriculture paysanne bio ;
- le capital non négocié sur un marché financier : le capital d'Ethiquable appartient à ses salariés sociétaires, et l'entreprise ne peut pas être vendue ;
- une politique de rémunération qui respecte un plafond maximum pour les salaires : chez Ethiquable, l'échelle de salaires entre le salaire le plus bas et le salaire le plus haut est de 1 à 4, et le plafond annuel est fixé à 7 fois le SMIC pour les salaires les plus élevés.

ethiquable.coop

Annexe 2 Le problème de la baisse du coût du café

En septembre dernier, nous alertions déjà sur la chute vertigineuse des cours de café et leurs conséquences dramatiques pour les 25 millions de familles qui, désormais, tentent de survivre avec leurs récoltes. Aujourd'hui, ce sont plus de 500 000 familles d'organisations de petits producteurs biologiques partenaires du « Symbole des producteurs paysans » qui lancent un cri d'alarme, auquel nous nous associons.

Avec 90 dollars, nous ne pouvons pas vivre

Le prix actuel sur le marché du café de la Bourse de New York pour le café arabica est en dessous de 90 dollars pour 100 livres (environ 45 kg) de café vert lavé : une situation similaire à celle d'il y a trente ans.

En aucun cas, ce prix ne permet aux producteurs de cultiver du café de manière durable et encore moins d'avoir un revenu décent pour mener une vie digne. Ce niveau de prix détruit les vies de millions de personnes qui dédient leurs vies à la qualité de ce produit vendu à un prix de plus en plus élevé aux consommateurs.

Les entreprises qui achètent le café au prix du marché, malheureusement, sont complices de la perte de perspective d'une vie décente pour des millions de familles de petits producteurs de café. Ceci a également pour répercussion la dégradation écologique aggravant le changement climatique mondial, et nuisant jour après jour à la vie et au futur de la population de la planète tout entière.

Avec 220 dollars, nous pouvons vivre

En 2010, les producteurs de café certifiés « Symbole des producteurs paysans » ont établi un prix minimum nécessaire pour produire de manière durable avec une certification biologique en travaillant de manière démocratique et inclusive, à 200 dollars pour 100 livres de café vert arabica lavé.

Avec ce prix, nous avons réussi à augmenter nos revenus et améliorer les perspectives futures pour la nouvelle génération, avec le soutien sans faille de nos partenaires commerciaux.

Ces entreprises conscientes, hautement efficaces et solidaires, ont été capables de se développer sur les différents marchés avec succès – des cafés de spécialité aux supermarchés, tout en payant le prix de 220 dollars. Nous exprimons notre gratitude à ces entreprises pour le travail et le grand engagement dont elles font preuve pour les petits producteurs de café.

Ensemble, nous avons montré qu'il est possible de payer un prix de 220 dollars et de se développer sur le marché, d'atteindre une vie meilleure pour les communautés de producteurs et de vivre dans un monde plus sain.

Nous demandons à toutes les entreprises du secteur du café de prendre conscience de cette situation et de reconnaître que, même si le problème n'est pas seulement le prix, aujourd'hui, un prix minimum durable de 220 dollars est vital.

ethiquable.coop

La baisse des cours de café ne permet plus aux producteurs d'avoir un revenu décent.

▲ En *flex office*, les salariés n'ont plus de bureaux attitrés et peuvent décider de l'espace dans lequel ils souhaitent s'installer pour travailler au sein de l'entreprise.

Prérequis 1re SDGN

- Applications et usages du numérique dans les organisations
- Travail à distance
- Valeur perçue

14 Modes de consommation et management des organisations

3 minutes pour découvrir

Les nouveaux espaces de travail chez Bouygues Immobilier

foucherconnect.fr/20tmsdg46

> **Quelles sont les attentes nouvelles des salariés ?**
> **Comment les changements d'espace modifient-ils le mode de management et de travail des équipes ?**

CAPACITÉ × Analyser les évolutions des modes de vie et de consommation à prendre en compte par le management des organisations

Notions

Rapport au travail : temps, lieu, mode d'organisation
+ modes de consommation

1 Quels sont les nouveaux comportements de consommation ?

DOC 1 Le profil du consommateur d'aujourd'hui

Responsable : 56 % des consommateurs souhaitent une entreprise responsable sur les questions environnementales

Exigeant : 72 % des consommateurs veulent un service client plus efficace

Connecté : avec + 18 % de commandes sur Amazon entre 2017 et 2018, l'engouement des consommateurs pour le commerce en ligne est réel

Foucher, 2020

1 Identifiez les traits de caractère du consommateur d'aujourd'hui et expliquez-les.

2 Donnez des exemples de pratiques d'entreprises responsables sur les questions environnementales.

DOC 2 L'économie collaborative

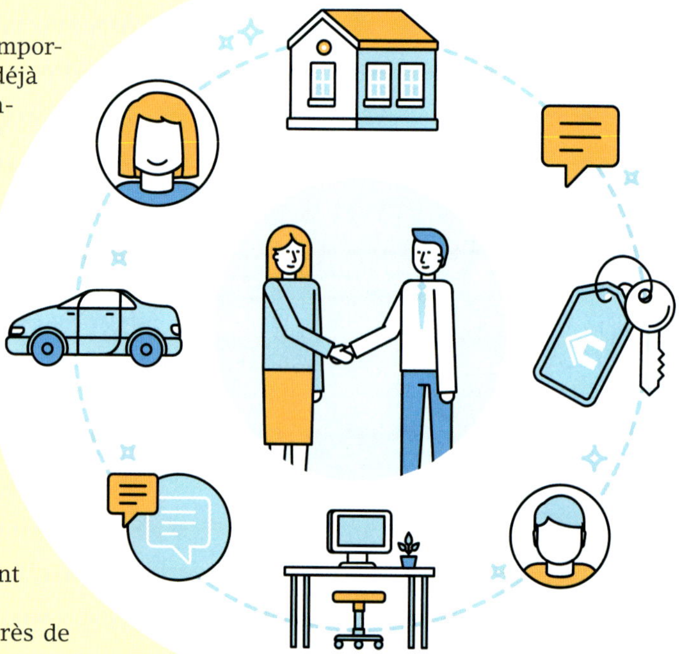

Depuis 2006, le site Internet Leboncoin connaît un important succès en France : 60 % des Français y ont déjà effectué un achat, et « tout le monde connaît Leboncoin, pour y avoir vendu la poussette du petit dernier ou le jeu de loto reçu en double à Noël », d'après Anne Baradat, consultante en marketing.
Leboncoin est une entreprise de l'économie collaborative : elle favorise l'activité humaine de pair à pair, et vise à produire de la valeur en commun et qui repose sur de nouvelles formes d'organisation du travail et d'échanges.
Si les particuliers peuvent gratuitement consulter et déposer des annonces, ce n'est pas le cas pour les professionnels (agences immobilières, concessionnaires automobiles…), pour qui il est payant. Le site propose en outre à tous un pack de visibilité payant, pour que les annonces déposées remontent régulièrement en tête de liste.
Pour Anne Baradat, les raisons du succès reposent notamment sur :

- la proximité : avec le slogan « Achetez, vendez, près de chez vous », le nom du site évoque la proximité, avec une connotation sympathique ;
- la simplicité et une navigation intuitive : tout le monde est capable d'utiliser le site, les annonces sont accessibles en trois clics, et le moteur de recherche ultra-puissant permet une navigation optimisée ;
- l'exhaustivité : avec 25 millions d'annonces, les internautes trouvent ce qu'ils cherchent sur le site ;
- l'engouement des Français pour la vente entre particuliers ;
- le service gratuit pour les utilisateurs particuliers.

Foucher, 2020

 # vidéo
L'économie collaborative - 1,22 min
foucherconnect.fr/20tmsdg47

3 Donnez la définition de l'économie collaborative.

4 Expliquez en quoi Leboncoin est une entreprise de l'économie collaborative.

5 Citez d'autres exemples d'entreprises de l'économie collaborative.

DOC 3 L'économie de la fonctionnalité

Depuis plusieurs années, l'entreprise Michelin propose une formule tout compris de location et d'entretien de pneumatiques destinée aux professionnels (en particulier les poids lourds : camions, bus…). Avec Michelin Fleet Solutions, l'entreprise Michelin facture ainsi la location des pneus sur la base d'un tarif au kilomètre parcouru, plutôt que de proposer aux professionnels d'acheter ses pneumatiques. Cette offre garantit aux clients des économies de carburant liées notamment à la bonne gestion de l'équipement pneumatique et à l'accompagnement à l'éco-conduite, ce qui permet à l'entreprise de proposer une offre durable de mobilité respectueuse de l'écologie, en plus de fidéliser ses clients.
En proposant cette offre, Michelin s'inscrit dans l'économie de la fonctionnalité, qui consiste à remplacer la notion de vente du bien par celle de la vente de l'usage du bien. Ce système, qui privilégie l'usage plutôt que la vente d'un produit, vise à développer des solutions intégrées de biens et services dans une perspective de développement durable.
En ce sens, en développant l'offre Michelin Fleet Solutions, l'entreprise a su proposer une solution efficiente à ses clients, tout en s'assurant une source de revenus pérenne.

Foucher, 2020

6 Expliquez ce qu'est l'économie de la fonctionnalité.

7 Différenciez l'économie de la fonctionnalité de la location.

8 Recherchez d'autres exemples d'économie de la fonctionnalité.

DOC 4 La consommation responsable

Leader de la distribution alimentaire biologique spécialisée en France depuis plus de 30 ans, Biocoop repose sur un réseau d'indépendants engagés – consommateurs, producteurs, salariés, commerçants – qui croient à l'intelligence collective pour produire et consommer autrement.

- **La tendance du « fait maison ».** Économique, écologique et ludique, le « fait maison » ou « *Do It Yourself* » (DIY) ne cesse de faire des émules auprès des consommateurs bio. Les magasins Biocoop proposent ainsi un panel d'ingrédients bruts pour réaliser soi-même ses produits d'entretien ou cosmétiques : huiles végétales, aloe vera ou encore beurre de karité.
- **La vente en vrac.** Biocoop a une large offre en vrac avec plus de 370 références, principalement de l'épicerie (fruits secs, biscuits…), mais aussi des produits d'entretien comme de la lessive. L'objectif est de limiter le gaspillage et l'impact écologique, en utilisant par exemple des contenants réutilisables (sacs en coton, bocaux en verre…).
- **La consommation locale.** Biocoop favorise aussi autant que possible la consommation locale, inscrivant son action dans le mouvement locavore, dans le but de diminuer l'empreinte carbone de ses produits et d'encourager l'activité des producteurs locaux.

www.biocoop.fr

9 Précisez pourquoi la consommation responsable se développe aujourd'hui.

10 Expliquez comment Biocoop s'adapte à ces nouveaux modes de consommation.

L'essentiel

- Les modes de consommation évoluent : économie collaborative, économie de la fonctionnalité, tendance à une consommation plus responsable.
- Pour rester performantes, les organisations doivent prendre en compte ces évolutions.

Passerelle vers la mercatique

Les organisations doivent prendre en compte les **évolutions des modes de consommation.**

> Thème 2, question 2.2 Le consommateur dicte-t-il les choix de distribution ?

2 Quelles sont les nouvelles formes d'organisation au travail ?

DOC 1 L'évolution des comportements individuels et du management

1 Indiquez à quels dessins correspondent les légendes suivantes : équilibre vie privée/vie professionnelle ; télétravail ; rapport à la hiérarchie ; travail indépendant.

2 Expliquez les messages délivrés par chacun des dessins de la page.

DOC 2 Le *coworking*, nouveau mode d'organisation du travail

Les espaces de *coworking*, en pleine expansion, permettent aux *coworkers* de bénéficier d'un espace de travail partagé, mais aussi d'un réseau de travailleurs encourageant l'échange et l'ouverture. C'est par exemple le cas de l'Espace Entreprises, situé entre Rennes et Saint-Malo.

Rompre l'isolement en travaillant dans un cadre propice au travail

Pour Rachid, qui télétravaille pour une société d'informatique, l'Espace Entreprises permet de ne pas être seul et d'échanger avec d'autres *coworkers* dans un espace de travail agréable.

Renforcer la productivité

Sylvie et Fatou, toutes deux consultantes en ressources humaines, se rencontrent presque quotidiennement à l'Espace Entreprises. C'est pour elles l'occasion d'échanger sur leurs pratiques, tout en se soutenant lorsqu'elles rencontrent des difficultés dans certaines tâches. Lorsque les espaces de *coworking* sont utilisés par des professionnels du même secteur d'activité, les échanges entre les membres favorisent ainsi l'enrichissement mutuel, la constitution de groupes de travail et d'associations de compétences.

Réduire les coûts

Jean, chef d'entreprise, a choisi de se rendre à l'Espace Entreprises deux jours par semaine. Cette flexibilité lui permet de ne pas supporter le coût d'une location de bureau classique.

Profiter d'une ambiance conviviale et développer son réseau

Le *coworking* rime aussi avec esprit collaboratif et social. Pour Hilda, le *coworking* permet d'intégrer une véritable communauté : « Pendant les pauses de midi ou les pauses-café, nous parlons peu de travail avec les *coworkers*, du fait que nous avons tous des métiers différents. Nous discutons donc de sujets plus personnels, comme notre vie familiale ou nos loisirs… Et finalement le fait de ne pas être entre collègues nous permet de mieux profiter des moments de pause que l'on s'accorde. Je pense que cela nous rend plus productifs. »

Foucher, 2020

3 Expliquez à qui s'adresse le *coworking*.

4 Identifiez, selon vous, quels peuvent être les inconvénients du *coworking*.

L'essentiel

- Les organisations connaissent des transformations du fait de l'évolution des rapports sociaux.
- Le rapport au travail évolue, que ce soit en termes de temps, de lieu ou de mode d'organisation, et impacte les organisations : rapport à la hiérarchie, augmentation du travail indépendant, télétravail, équilibre vie privée/vie professionnelle.

Passerelle vers les ressources humaines et communication

Le **rapport au travail** et ses enjeux pour les organisations et les individus sont en pleine mutation.

> Thème 2, question 2.1 La recherche du mieux vivre au travail est-elle compatible avec les objectifs de performance ?

3 Quels sont les enjeux de la vie connectée ?

DOC 1 Le droit à la déconnexion

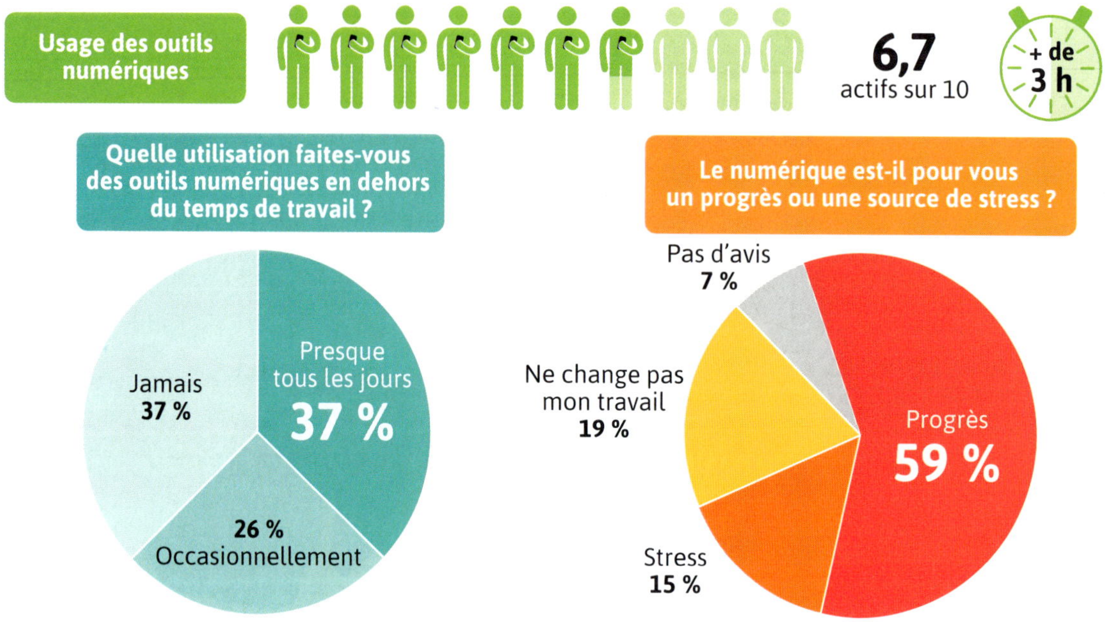

Sondage réalisé par le cabinet Éléas en septembre 2016 auprès de 1 010 personnes représentatives de la population active

1. Formulez une phrase pour exprimer chacun des chiffres suivants : 6,7, 37 % et 59 %.
2. Expliquez pourquoi, selon vous, l'usage des outils numériques peut être une source de stress pour certains salariés.

DOC 2 Naïma et le télétravail chez Airbus

Naïma est ingénieure dans l'aéronautique chez Airbus. Elle est employée au sein du service recherche et développement. Depuis un an, comme 17 % des Français, elle télétravaille. Ce phénomène est en constante évolution depuis ses débuts dans les années 1990. Cela permet à Naïma de ne pas se rendre dans les locaux de son entreprise un jour par semaine, en général le jeudi.

Comment s'organise un jour de télétravail ?

Lorsque je télétravaille, je fais le même nombre d'heures qu'habituellement dans les locaux de l'entreprise. Je m'installe en général dans le salon, chez moi. J'utilise l'ordinateur portable avec lequel je travaille habituellement au bureau, où les logiciels dont j'ai besoin sont installés. Je dois aussi être joignable sur mon téléphone portable, car, comme lorsque je suis en entreprise, les collègues doivent pouvoir communiquer avec moi pendant le temps de travail.

Quels sont les avantages du télétravail ?

J'ai l'impression d'être plus libre, et aussi plus productive : comme je suis seule et au calme, je suis davantage concentrée. De plus, comme je n'ai pas de temps de trajet, je gagne une heure de transport par rapport à une journée habituelle : le télétravail me permet d'avoir un peu plus de temps pour moi.

Quels sont les inconvénients ?

Même si le logiciel de visioconférence fonctionne bien, il est parfois difficile de faire des réunions à distance : je trouve que le face-à-face est plus efficace pour échanger avec les collègues. Et puis, si je devais travailler tous les jours en télétravail, le fait de ne pas avoir de relations sociales serait compliqué : j'ai besoin de voir du monde !

Foucher, 2020

3. Listez les avantages et les inconvénients du télétravail pour l'employeur et pour le télétravailleur.
4. Recherchez les risques du télétravail en matière de sécurité informatique pour l'entreprise.

DOC 3 Les avantages des plateformes numériques

De plus en plus d'hypermarchés (Système U, Casino, Auchan...) proposent à leurs clients de faire leurs courses sur Internet et de venir les retirer en voiture : c'est le drive, solution utilisée régulièrement par 36 % des ménages français.

- Du côté des clients, l'avantage est qu'ils ne se déplacent pas dans les grandes surfaces pour faire leurs courses, mais uniquement pour les retirer.
- Du côté de l'entreprise, le drive assure un taux important de fidélisation des clients. Il permet de faire du *reporting* en temps réel, que ce soit pour la gestion des stocks ou des ventes, l'ajustement des prix, l'agencement des produits ou des promotions sur le site Internet. Par exemple, le taux de conversion des ventes, qui permet d'établir le rapport entre le nombre de clients qui voient le produit et ceux qui l'achètent sur le drive, peut être automatiquement calculé et permet d'établir des profils clients en fonction de chaque produit.

Par ailleurs, la plateforme du drive permet une analyse de données plus efficace qu'en magasin : chaque client doit obligatoirement avoir un compte, ce qui permet de lui proposer des offres ciblées. Auparavant, ce n'était possible que si le client était détenteur d'une carte de fidélité. Enfin, les plateformes drive génèrent des données qui, si elles sont bien exploitées, permettent aux hypermarchés de gagner en productivité tout en satisfaisant le consommateur.

Foucher, 2020

5 Listez les avantages des plateformes numériques.

6 Expliquez la notion de *reporting* permise par les plateformes drive des hypermarchés.

DOC 4 Les risques liés aux objets connectés

Dans son émission « Au secours, mon patron est un algorithme ! » diffusée en 2019, le magazine d'information *Cash Investigation* a enquêté sur les conditions de travail des travailleurs du Net.

Elle s'est notamment intéressée à l'entreprise Deliveroo, qui propose un service de livraison de plats cuisinés en mettant en relation des livreurs à vélo et des restaurants.

Une source anonyme a en effet transmis à la journaliste 6 000 pages de mails internes de l'entreprise Deliveroo, et l'un d'entre eux indiquait clairement que la société cherchait à repérer des livreurs grévistes qui auraient participé à une manifestation en octobre 2018. Les livreurs grévistes ont été identifiés *via* le *monitoring rider location*, le système de géolocalisation de l'application Deliveroo que les livreurs avaient téléchargée sur leur téléphone portable. Une fois les grévistes identifiés, les mails révèlent que l'entreprise Deliveroo a essayé de monter des dossiers contre eux afin de les évincer de la plateforme de livraison.

Foucher, 2020

7 Résumez ce qui est reproché à Deliveroo.

8 Précisez les conséquences pour l'entreprise.

Passerelle vers les ressources humaines et communication

L'utilisation des **outils numériques** dans le cadre de l'activité de travail présente des avantages, mais aussi des risques.

> Thème 2, question 2.2 Les obligations en matière de santé et de sécurité au travail constituent-elles des atouts pour l'organisation ?

L'essentiel

- Avec l'« hyperconnexion », les organisations se transforment.
- Ces évolutions ont un impact dans le rapport au travail des individus et modifient leur organisation et leur management : hyperconnectivité, droit à la déconnexion...

Synthèse

3 minutes pour comprendre
foucherconnect.fr/20tmsdg48

1 Quels sont les nouveaux comportements de consommation ?

Évolution des modes de consommation → **Nouvelles stratégies des organisations** →
- Économie collaborative
- Économie de la fonctionnalité
- Consommation responsable

2 Quelles sont les nouvelles formes d'organisation au travail ?

Le rapport au travail évolue : temps, lieu, mode d'organisation → **Nouveaux comportements sur le lieu de travail** → Développement du télétravail, *coworking*, *flex office*, évolution du rapport à la hiérarchie, augmentation du travail indépendant…

3 Quels sont les enjeux de la vie connectée ?

Vie connectée
- **Avantages** → Télétravail, plateformes numériques, *reporting* en temps réel
- **Inconvénients** → Risque d'hyperconnexion, d'atteinte à la vie privée

Mots-clés

Modes de consommation : tendance de la société à acheter des biens ou services de consommation sur une période donnée. Pour répondre aux nouveaux besoins des consommateurs, les organisations adoptent de nouvelles stratégies : *low-cost*, différenciation, développement de nouveaux produits ou méthodes.

Rapport au travail : au fil du temps et en fonction des lieux et modes d'organisation, le rapport au travail des individus évolue et de nouveaux comportements émergent : *flex office* et télétravail, évolution du rapport à la hiérarchie, augmentation du travail indépendant, etc.

Activités

3 minutes pour s'évaluer

foucherconnect.fr/20tmsdg49

TESTEZ-VOUS

Répondez par vrai ou faux aux propositions suivantes.

1 L'économie de la fonctionnalité est un modèle de transaction où la vente de l'usage du bien se substitue à la vente du produit physique.

2 La vente en vrac et le mouvement locavore sont des exemples de consommation responsable.

3 Le *flex office*, c'est lorsque les salariés ont des bureaux attitrés.

4 Les lieux pour travailler sont de plus en plus diversifiés.

5 Le téléphone portable et les emails font partie des outils numériques, mais pas les systèmes de visioconférence.

ZOOM vidéo p. 165

Les nouveaux espaces de travail chez Bouygues Immobilier

Témoignage de Richard Drouin, directeur Environnement de travail chez Bouygues Telecom.

Pourquoi avoir déployé le *flex office* ? Tout est parti d'un constat […] : les postes de travail étaient peu occupés. 50 % de nos bureaux restaient vides pour différentes raisons : les collaborateurs avaient des rendez-vous à l'extérieur, étaient en formation [et] nous constations une pénurie de lieux d'échange, tels que des box ou des salles pour se réunir. […]

Concrètement, comment cela se traduit-il ? Tout simplement en supprimant les bureaux nominatifs et statutaires. […] Ce gain d'espace nous a permis de mutualiser davantage les ressources et de multiplier les zones d'échanges pour plus de collectif.

Quelles difficultés avez-vous rencontrées lors de ce changement d'organisation ? […] Aujourd'hui, les managers sont au centre du dispositif et travaillent au milieu de leurs équipes, ce qui peut créer parfois de la crispation ou des tensions. […]

Quelle est l'étape après le *flex office* ? […] Nous estimons que [les] postes de travail […] doivent s'adapter aux différents besoins des collaborateurs qui évoluent au fil de la journée. Aujourd'hui, ne pas mettre en place ces espaces modulaires, c'est nier les besoins de ses équipes, que ce soit en matière de concentration ou pour des échanges professionnels. Ainsi, […] nous avons pensé à deux types de lieux : une zone zen, propice à la concentration où discussions et téléphones seront interdits, et une zone active, favorisant les échanges et le travail collectif. […] Nous envisageons un déploiement total progressif, en deux ou trois ans.

Camille Boulate, *Courrier Cadres*, 25 janvier 2017

Questions

1. Relevez les raisons pour lesquelles l'entreprise a choisi le *flex office*.
2. Indiquez les avantages et les inconvénients de la mise en place du *flex office* pour l'entreprise et pour les salariés.
3. Expliquez la phrase soulignée.
4. Précisez comment l'entreprise compte mettre en œuvre cette nouvelle évolution des espaces de travail et pourquoi.

Vers le BAC

GRAND ORAL

3 minutes pour convaincre

En quoi les nouveaux modes de consommation impactent-ils les organisations ?

Cas Xerox

Créée en 1906 à Rochester par Joseph C. Wilson, Xerox est une société par actions cotée à la Bourse de New York.

Cette entreprise américaine, basée dans le Connecticut et dont le siège social est situé à Norwalk, est principalement reconnue comme étant l'inventeur du photocopieur xérographique (sur papier ordinaire) et le premier fabricant d'imprimantes. Elle opère aujourd'hui dans les imprimantes et copieurs, la gestion électronique de documents, les conseils et services de ses produits. En 2018, son effectif était de 30 100 salariés, son chiffre d'affaires de 10 milliards de dollars, et elle était présente dans plus de 100 pays.

Questions

1. Caractérisez l'organisation Xerox.
2. Indiquez en quoi l'économie de la fonctionnalité répond à un nouveau mode de consommation.
3. Précisez l'avantage de l'économie de la fonctionnalité pour les entreprises et pour les clients.
4. Indiquez l'orientation stratégique principale de l'entreprise.
5. Montrez en quoi cette orientation va modifier l'activité de l'entreprise pour les années à venir.

MÉTHODE

Caractériser une organisation signifie donner ses éléments caractéristiques : raison sociale, statut juridique, activité, finalités, buts, répartition du pouvoir, taille, ressources, champ d'action géographique.

Annexe 1 L'économie de la fonctionnalité

L'économie de la fonctionnalité est un modèle de transaction dans lequel la vente de l'usage du bien se substitue à la vente du produit physique. Dans ce modèle économique, il n'y a pas de transfert de propriété entre l'entreprise et le client : les produits restent la propriété des fournisseurs.

Dans les années 1970, l'entreprise Xerox a opté pour un *business model* fondé sur l'économie de la fonctionnalité. Elle a ainsi décidé de conclure des contrats par lesquels elle loue des photocopieurs à ses clients et en assure l'entretien et la réparation.

Ce modèle économique est aussi choisi par les entreprises qui proposent des vélos en libre-service et mettent à disposition du public des vélos pour effectuer des déplacements de proximité en milieu urbain. L'avantage de l'économie de la fonctionnalité est l'optimisation de la maintenance : mieux entretenu, le produit prolonge sa durée de vie.

Pour les entreprises, ce *business model* permet en outre d'augmenter leur performance économique, notamment en fidélisant leurs clients en leur fournissant un service indispensable au bon fonctionnement du bien.

Le fonctionnement de l'économie de la fonctionnalité

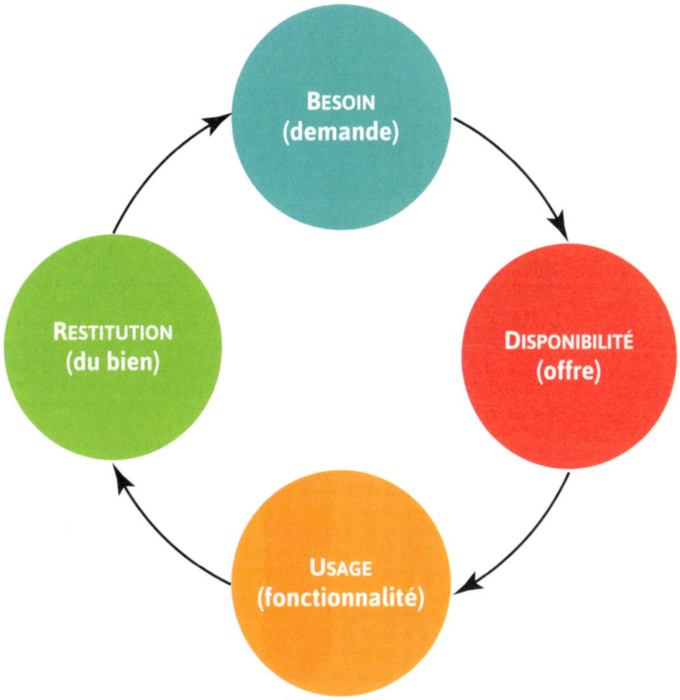

Annexe 2

La responsabilité sociale de Xerox

Sur le site Internet de Xerox, l'entreprise explique sa démarche RSE. « Notre mission sociale en tant que citoyen mondial fait partie intégrante de notre patrimoine, et nous défendons le plus haut degré d'exigence en matière d'intégrité, d'innovation et d'excellence dans tout ce que nous entreprenons. Nous transformons nos investissements dans l'innovation en technologies et services qui aident nos clients à être plus productifs, rentables et durables. Nous le faisons avec les mêmes valeurs édictées par nos fondateurs il y a des décennies. Familiarisez-vous avec la ligne de conduite éthique de notre entreprise et notre attachement au respect environnemental et social afin d'aider nos clients, de soutenir nos employés et de protéger notre planète.

Depuis 113 ans, Xerox s'attache à créer de la valeur pour les entreprises et les citoyens et a largement contribué aux avancées réalisées dans nos sociétés à l'échelle mondiale. Nous sommes totalement investis et animés par la volonté de bâtir et de maintenir un monde sain et équilibré qui réponde aux besoins changeants de notre société. »

Foucher, 2020

Prérequis 1re droit

- Droits de la personne
- Protection des données à caractère personnel
- Respect de la vie privée
- Droit à l'image

Prérequis 1re SDGN

- Donnée, information et connaissance
- Données à caractère personnel
- Mégadonnées (big data), données ouvertes (open data)

15 Transformations numériques et responsabilités pour les organisations

3 minutes pour découvrir

Amazon confirme que des employés écoutent et analysent ce que son enceinte connectée a entendu

foucherconnect.fr/20tmsdg50

> Qu'est-ce qui est reproché à Amazon ?
> Comment Amazon se justifie-t-elle et se défend-elle de cette pratique ?

CAPACITÉ × Décrire l'apport des technologies numériques aux relations entre les organisations et les citoyens

Notions

Utilisation et protection des données personnelles et stratégiques + transparence des algorithmes + chaîne de blocs (*blockchain*)

1 Comment les organisations exploitent-elles les données des citoyens ?

DOC 1 Identités numériques et données personnelles

DOC 2 Les différentes composantes de l'identité numérique

L'identité numérique correspond à l'ensemble des traces qu'une personne laisse au fil de ses navigations et de son activité sur Internet et qui permet de l'identifier comme un utilisateur. On distingue :

L'identité déclarative	L'identité agissante
Informations renseignées directement par l'utilisateur, qu'elles soient vraies ou fausses	Informations renseignées indirectement par les activités de l'utilisateur sur Internet

1 Repérez, parmi les informations concernant François-Xavier, celles qui relèvent de l'identité déclarative et celles qui relèvent de l'identité agissante.

2 Identifiez le type d'identité qui intéresse les entreprises.

DOC 3 Collecte de données personnelles sur les sites Internet

Enseigne de distribution spécialisée dans les matériaux et outillages de construction, Bricoman permet à ses clients d'accéder à ses références/produits grâce à son site Internet. Sur ce dernier, une page est consacrée aux données personnelles recueillies par l'entreprise.

Nature des données personnelles collectées

Les données personnelles que nous sommes susceptibles de collecter lorsque vous naviguez sur le site sont des données :

- nominatives de base, telles que vos noms et prénoms, vos photographies, vos date et lieu de naissance, votre adresse postale, votre adresse e-mail, vos numéros de téléphone ;
- techniques de connexion et de navigation, telles que l'adresse IP de votre terminal, la date et l'heure de votre connexion, les pages visitées, les caractéristiques de votre navigateur (type, langue, etc.), les cookies ;
- de localisation géographique (géolocalisation).

[…] **À quel moment vos données personnelles sont-elles collectées ?**

Vos données personnelles sont susceptibles d'être collectées par Bricoman lorsque vous :

- naviguez sur les pages du site, que vous soyez connecté ou non avec vos identifiants ;
- créez votre compte client (rubrique « Mon compte ») ;
- entrez en contact avec notre enseigne (rubrique « Contact ») ;
- publiez vos commentaires, avis et notes sur nos produits et services ;
- effectuez un achat en ligne.

www.bricoman.fr/donnees-personnelles-et-cookies

3 Expliquez comment Bricoman parvient à déterminer vos préférences et habitudes à partir des données collectées sur son site.

DOC 4 La publicité ciblée à la télévision

Afin d'aider les acteurs historiques de l'audiovisuel à faire face à la « révolution numérique » (et notamment à l'arrivée de géants tel Netflix), l'Autorité de la concurrence estime que les pouvoirs publics devraient « desserrer » certaines contraintes réglementaires, par exemple en matière de publicité. [...]
L'Autorité de la concurrence invite tout particulièrement les pouvoirs publics à autoriser les publicités ciblées à la télévision, « sur le modèle de la publicité sur Internet ». L'autorité indépendante fait valoir que la situation actuelle profite avant tout à Google et Facebook, « qui captent l'essentiel de la croissance très rapide de cette forme de publicité dont l'efficacité est de plus en plus recherchée par les annonceurs ». [...] Premièrement, en matière de diffusion hertzienne, les chaînes aimeraient « développer un ciblage publicitaire régionalisé, permettant de compléter un message publicitaire national par un complément d'information local ou régional ou de proposer une offre publicitaire spécifique à la population d'une zone géographique ». [...] Deuxièmement, les chaînes se sont dites « très intéressées par les perspectives de développement de publicité ciblée via la diffusion IPTV[1], en utilisant les données personnelles collectées auprès des téléspectateurs par les fournisseurs d'accès Internet ».

1. L'IPTV ou *Internet Protocol Television* permet d'accéder à des canaux de télévision avec Internet.

Xavier Berne, nextinpact.com, 25 février 2019

4 Expliquez pourquoi l'Autorité de la concurrence estime qu'il est nécessaire de rénover la législation en matière de publicité.

5 Précisez quelles données personnelles seraient pertinentes pour proposer une publicité ciblée via la télévision.

DOC 5 Les courtiers en données

Comme sur n'importe quel marché de matières premières (comme les produits agricoles ou le pétrole), les *data brokers* achètent et revendent des données. Néanmoins, ils se distinguent de leurs homologues courtiers d'autres marchés car ils enrichissent ces données, notamment en les agrégeant pour leur donner du sens ; en d'autres termes, les *data brokers* analysent les données afin de regrouper les individus en fonction de certaines caractéristiques.
Cette industrie a été créée pour les besoins du marketing afin de permettre un meilleur ciblage publicitaire.
Par exemple, une entreprise de cannes à pêche préférera acheter plus cher une liste de coordonnées de 10 000 personnes qui pratiquent la pêche plutôt qu'une liste de coordonnées de 100 000 personnes dont on ne sait même pas si elles ont un intérêt pour cette activité. En croisant les historiques d'achats sur plusieurs sites marchands et les recherches sur Google, ces courtiers seront capables de les identifier. Ces informations permettent ainsi aux entreprises de mieux cibler les destinataires de publicités en ligne.

Foucher, 2020

6 Expliquez quel est le rôle d'un *data broker*.

7 Montrez l'intérêt de ce métier pour les entreprises.

L'essentiel

- Les données personnelles sont de plus en plus recherchées par les organisations afin de mieux cerner les habitudes de consommation des utilisateurs et leur proposer des produits plus adaptés à leur demande.
- Le traitement réalisé sur les données a pour but d'établir un meilleur ciblage publicitaire par les annonceurs.
- De nouveaux métiers sont apparus et recherchés, tels que le métier de *data broker* (synthèse et agrégation des données personnelles recueillies).

Passerelle vers les systèmes d'information de gestion

La recherche de performance dans la gestion du système d'information fait émerger de **nouveaux besoins de compétences**, qui déterminent la capacité d'une organisation à proposer des services pertinents et efficaces aux différents acteurs.

> Thème 2, question 2.1 Comment la fonction SI accompagne-t-elle les choix de l'organisation ?

2 Quels sont les enjeux liés à la collecte et à l'utilisation des données à caractère personnel ?

 # vidéo
2 min pour comprendre le RGPD : galère ou opportunité ? - 1,54 min
foucherconnect.fr/20tmsdg51

DOC 1 Le Règlement général sur la protection des données (RGPD)

Être conforme au 25 mai 2018

Sécuriser les données contre les risques de perte, de vol ou de divulgation

Garantir la sécurité de toutes les données collectées, traitées et stockées

Recueillir et prouver le consentement éclairé des individus

Notifier la CNIL, sous 72 heures en cas de risque réel d'atteinte à la protection de la vie privée

Garantir aux personnes physiques l'accès, la modification, la restitution et l'effacement de leurs données

Documenter les mesures et les procédures de protection

Amendes jusqu'à 4 % du CA annuel global ou 20 millions d'euros

1 Précisez les types d'organisation visés par ce nouveau règlement.

2 Comparez les impacts de l'entrée en vigueur du RGPD pour les organisations et pour les utilisateurs d'Internet.

 # vidéo
C'est quoi un algorithme ? - 0,53 min
foucherconnect.fr/20tmsdg52

DOC 2 La loi numérique et transparence des algorithmes au sein des administrations publiques

Aujourd'hui, les algorithmes sont omniprésents. Dans les administrations publiques, de plus en plus de décisions sont prises automatiquement grâce à l'utilisation d'algorithmes plus ou moins complexes : calcul du montant des impôts, attribution d'allocations familiales/de bourses scolaires, accès à l'enseignement supérieur (Parcoursup), etc.
Depuis 2017, la loi Numérique impose à la fonction publique de faire la transparence sur les algorithmes qu'elle utilise pour prendre des décisions individuelles. Pourquoi une telle loi ? Les citoyens doivent être en mesure de comprendre comment sont prises les décisions qui les concernent. Mais est-ce réellement une bonne idée ?
Cette solution ne semble efficace seulement si le citoyen peut comprendre les mécanismes en jeu. La remise en cause des critères ou des hypothèses des algorithmes peut se révéler être un levier démocratique fort pour les citoyens. Grâce à un processus d'apprentissage du fonctionnement des algorithmes, les citoyens peuvent devenir des collaborateurs proactifs et exigeants de l'État. Mais sans accompagnement, on risque de tomber dans un désordre social dont la finalité peut se traduire chez les citoyens par un rejet épidermique de la transformation digitale de l'État.

Foucher, 2020

3 Déterminez ce qu'est un algorithme.

4 Expliquez pourquoi la loi numérique a rendu obligatoire la transparence des algorithmes pour les administrations publiques.

DOC 3 Le détournement de données personnelles à des fins politiques

La Federal Trade Commission (FTC)[1] a infligé une amende record de 5 milliards de dollars (près de 4,5 milliards d'euros) à Facebook suite à l'éclatement de l'affaire Cambridge Analytica en mars 2018[2].

La FTC accuse notamment la société américaine d'utiliser des paramètres « trompeurs » pour les réglages de confidentialité des utilisateurs. « Ces tactiques ont permis à l'entreprise de partager les informations personnelles des utilisateurs avec des applications tierces téléchargées par leurs amis sur Facebook. » [...]

L'amende s'accompagne de mesures obligeant Facebook à mettre en œuvre de « nouvelles protections robustes en matière de confidentialité des utilisateurs ».

La société américaine devra, en outre, mettre en place un comité indépendant sur la protection de la vie privée qui va supprimer « le contrôle absolu » de Mark Zuckerberg, « sur les décisions affectant la vie privée des utilisateurs ».

1. Agence américaine chargée notamment de contrôler les pratiques commerciales.

2. Pour rappel, les données de Facebook avaient été collectées par Cambridge Analytica, afin d'influencer les votes en faveur de Donald Trump lors de la campagne présidentielle de 2016.

www.generation-nt.com, 24 juillet 2019

5 Indiquez ce que la FTC reproche à Facebook.

6 Expliquez quelles ont été les conséquences pour le réseau social.

DOC 4 Les impacts des cyberattaques en France en 2018

Selon un sondage réalisé auprès de 253 entreprises par OpinionWay pour le CESIN [Club des experts de la sécurité de l'information et du numérique] du 2 décembre 2019 au 7 janvier 2020, 65 % des organisations ont été la cible d'une ou plusieurs cyberattaques au cours des douze derniers mois et près de 57 % d'entre elles déclarent avoir subi un impact négatif sur leur activité.

Près d'une entreprise sur deux se dit inquiète quant à sa capacité à faire face aux cyber-risques. Pour faire face au risque de cyberattaques, les entreprises envisagent notamment d'augmenter le budget sécurité et de mieux former/sensibiliser les usagers aux questions de cybersécurité. Enfin, une entreprise sur deux envisage d'augmenter les effectifs dédiés. Mais la pénurie de profils en sécurité freine les recrutements pour 91 % des répondants.

Sondage OpinionWay pour le CESIN, Baromètre de la cybersécurité des entreprises, janvier 2020

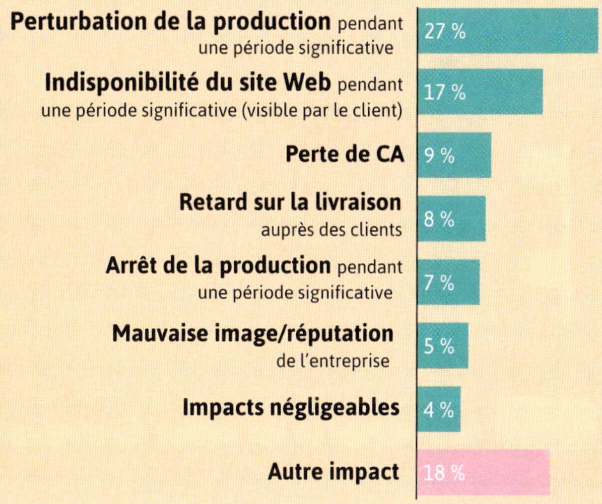

7 Indiquez pour quelles raisons la protection des données personnelles est importante pour les entreprises.

8 Relevez les raisons évoquées pour expliquer la vulnérabilité des entreprises vis-à-vis des cyberattaques.

L'essentiel

- Face à l'ampleur que prend le *big data*, les gouvernements cherchent à protéger les citoyens des différents risques concernant leurs données personnelles (violation de la vie privée, utilisation abusive des données personnelles, etc.).
- Le RGPD est un règlement européen qui vise à accroître la sécurité des données personnelles, notamment en renforçant les droits des utilisateurs et les obligations des organisations. Il s'applique à toute organisation (européenne ou non) du moment qu'elle traite des données concernant un ressortissant européen.
- Les entreprises se mobilisent pour renforcer la protection de leurs données stratégiques, vitales pour leur développement et convoitées par les concurrents et les cybercriminels.

Passerelle vers les systèmes d'information de gestion

Le système d'information constitue désormais une **ressource stratégique pour les organisations** : il convient de le protéger en identifiant les risques associés susceptibles d'avoir des effets sur l'activité.

> Thème 1, question 1.2 Les évolutions numériques sont-elles exemptes de risques ?

3 En quoi la technologie *blockchain* vient-elle bouleverser la sécurité numérique ?

DOC 1 Le fonctionnement de la *blockchain* et ses moyens de sécurité

La *blockchain* est une technologie qui permet de garder la trace d'un ensemble de transactions, de manière décentralisée, sécurisée et transparente, sous forme d'une chaîne de blocs. Les transactions effectuées entre les utilisateurs du réseau sont regroupées par blocs. Chaque bloc est validé selon des techniques qui dépendent du type de *blockchain*. Une fois le bloc validé, il est ajouté à la chaîne de blocs. La transaction est alors visible pour le récepteur ainsi que l'ensemble du réseau. Ce processus prend un certain temps selon la *blockchain* considérée.

 # vidéo
Qu'est-ce que la *blockchain* ?
2,17 min
foucherconnect.fr/20tmsdg53

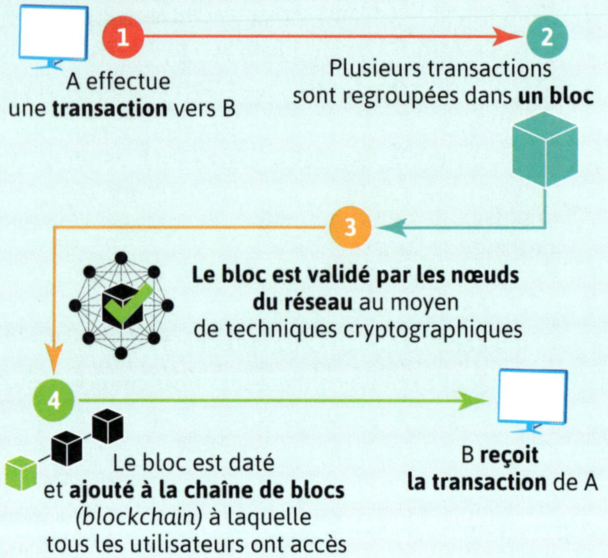

Foucher, 2020

1 Expliquez pourquoi le chaînage des blocs et la fréquence de création d'un nouveau bloc sont des moyens de sécurité des données supplémentaires.

2 Déterminez pourquoi l'accès à tous les utilisateurs est également un moyen de sécurité supplémentaire.

DOC 2 Les impacts de cette nouvelle technologie

Des virements ultra-rapides

La *blockchain*, en permettant d'éliminer les intermédiaires à travers le partage d'une base de données, « a le potentiel pour considérablement changer la manière dont une large gamme de services est exécutée », affirme Colin Ellis, analyste pour l'agence financière Moody's. Aujourd'hui, un virement bancaire entre deux pays nécessite une multitude d'intermédiaires bancaires pour assurer le suivi de la transaction. Avec un registre partagé, l'information pourrait circuler plus rapidement et le nombre d'intermédiaires être limité, permettant de « réduire les coûts opérationnels » d'après M. Ellis. […]

Pressions concurrentielles

Si les banques travaillent sur la *blockchain*, ce n'est pas seulement par opportunisme, mais aussi par nécessité. Selon Anish Mohammed, spécialiste de la *blockchain*, les banques seront confrontées à la pression de nouveaux acteurs, comme en témoigne la multiplication des banques sur Internet et des cryptomonnaies promettant des frais minimes à leurs utilisateurs. Face à cette menace, toutes les banques ne seront pas égales, certaines étant plus dépendantes que d'autres des commissions. C'est le cas des banques suisses (50 % de leurs revenus proviennent des commissions).

AFP, 26 avril 2018

3 Relevez les avantages que peut retirer le secteur bancaire en utilisant la technologie de la *blockchain*.

4 Déterminez pourquoi cette technologie représente également un risque pour ce secteur.

DOC 3 Compatibilité de la technologie *blockchain* et du RGPD

Le RGPD est un règlement qui doit garantir :

- que la collecte des données réalisée est légitime par rapport à l'activité de l'entreprise ;
- la protection de la vie privée dès la conception du traitement sur les données des individus concernés ;
- que ces données sont stockées et traitées de façon sécurisée par défaut ;
- que les données ont été collectées avec le consentement explicite de leur propriétaire ;
- la possibilité de supprimer les données sur la demande de son propriétaire.

La *blockchain* est une technologie qui permet la création d'une base de données dans laquelle :

- tout le monde peut écrire et lire des données ;
- personne ne peut modifier ou supprimer ces données ;
- est totalement décentralisée et distribuée.

Foucher, 2020

5 Expliquez, au vu des contraintes imposées par le RGPD, les risques d'incompatibilité avec la technologie *blockchain*.

DOC 4 Les applications variées de la technologie *blockchain*

De nombreux domaines et secteurs d'activité, marchands ou non marchands, publics ou privés, utilisent déjà la *blockchain* ou prévoient de le faire dans les années à venir :

- **dans le secteur de l'assurance,** l'apport de la *blockchain* tient par exemple à l'automatisation des procédures de remboursement et à l'allègement de certaines formalités à la charge des sociétés comme de leurs clients, sous réserve que les hypothèses et les conditions d'indemnisation et de préjudice soient clairement établies ;
- **dans le secteur de la logistique,** la *blockchain* présente deux intérêts : assurer une traçabilité des produits, ainsi que la mémoire des différentes interventions sur une chaîne de production ; alléger les formalités et créer les conditions d'une coopération entre les acteurs d'une filière, notamment en matière d'échange d'informations. […]

Mais de nombreux autres secteurs sont potentiellement concernés par l'utilisation de la technologie *blockchain* : santé, immobilier, luxe, aéronautique, etc.

www.economie.gouv.fr

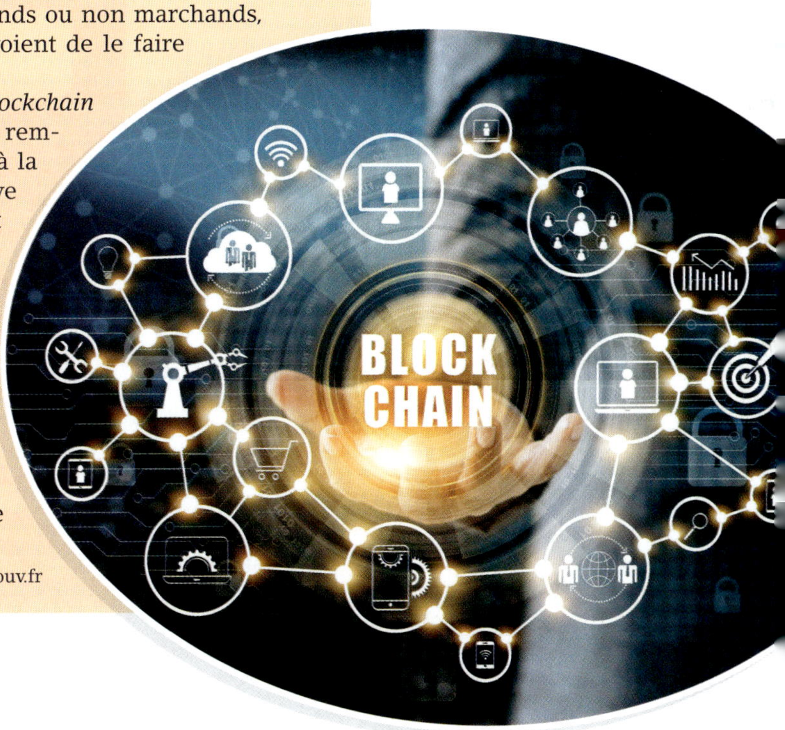

6 Expliquez quels sont, globalement, les avantages attendus de la technologie *blockchain* dans les différents secteurs.

L'essentiel

- Les entreprises s'intéressent de plus en plus à la technologie *blockchain* afin de l'appliquer à leur métier.
- Le chiffrement des données garantit le secret et la sécurité des informations.
- Le chaînage des différents blocs permet de garder un historique des différentes transactions réalisées.
- La décentralisation de la base de données empêche toute modification unilatérale de cette dernière.

Synthèse

3 minutes pour comprendre
foucherconnect.fr/20tmsdg54

1 Comment les organisations exploitent-elles les données des citoyens ?

- **Identité numérique déclarative**
- **Identité numérique agissante**

→ **Données personnelles** → Sont traitées par des *data brokers* pour :
- Proposer de nouveaux produits
- Faire du marketing ciblé

2 Quels sont les enjeux liés à la collecte et l'utilisation des données à caractère personnel ?

Face aux différents risques :
- vol des données personnelles et violation de la vie privée
- utilisation abusive des données recueillies

→ **Les gouvernements prennent des mesures**
- Loi Numérique en France
- Mise en place du RGPD au sein de l'Union européenne

3 En quoi la technologie *blockchain* vient-elle bouleverser la sécurité numérique ?

Blockchain
- **Données cryptographiées/chiffrées**
- **Transparence du registre et décentralisation des données**
- **Chaînage des blocs de transactions**

→
- Nouvelle manière de sécuriser et de transférer des données
- Nouveau moyen de transmettre de la valeur par Internet (ex. : cryptomonnaie)
- Nombreux champs d'application : santé, assurances, banques, aéroports, etc.

Mots-clés

Algorithme : suite d'instructions ayant pour but de résoudre un problème donné. Ces instructions doivent être exécutées de façon automatique.

***Blockchain* :** technologie de stockage et de transmission d'informations, transparente, sécurisée et fonctionnant sans organe central de contrôle.

Donnée personnelle : toute information permettant d'identifier directement ou indirectement une personne physique.

RGPD : règlement européen qui renforce les droits des citoyens et les obligations des entreprises et administrations en termes de sécurité des données personnelles.

Activités

3 minutes pour s'évaluer

foucherconnect.fr/20tmsdg55

TESTEZ-VOUS

Répondez par vrai ou faux aux propositions suivantes.

1 Les données bancaires peuvent révéler des informations qui peuvent intéresser les organisations.

2 Le rôle essentiel du *data broker* est de protéger les données contre le piratage informatique.

3 Le RGPD permet aux entreprises de mieux se protéger contre les cyberattaques.

4 Un algorithme permet de prendre des décisions automatiquement.

5 La technologie *blockchain* repose sur la décentralisation des données.

ZOOM vidéo p. 177

Amazon confirme que des employés écoutent et analysent ce que son enceinte connectée a entendu

Données personnelles : Amazon envoie par erreur 1 700 enregistrements Alexa au mauvais utilisateur

Quelle ne fut pas la surprise d'un internaute allemand, après avoir ainsi demandé par courriel à Amazon la copie de ses données personnelles, lorsqu'il reçut quelques mois plus tard une archive qui contenait, entre autres, les requêtes passées à l'assistant vocal Alexa. Et ce alors qu'il ne possède pas de boîtier Alexa ! Il s'agissait tout simplement des données de quelqu'un d'autre…
Mais l'histoire ne s'arrête pas là : sollicité par le malheureux utilisateur, le magazine allemand *C't Magazin* a été en mesure de retrouver l'identité de la seconde personne à l'origine des instructions de commande vocale !
L'enquête de *C't Magazin* pose la question de l'attitude d'Amazon Deutschland face au problème. Après avoir découvert les données ne le concernant pas dans l'archive, l'internaute contacte début novembre 2018 le service client, non sans avoir pris le soin d'en réaliser une copie. Il ne reçoit pas de réponse… mais remarque que le lien permettant le téléchargement des données dans l'e-mail a été désactivé. Inquiet, c'est alors qu'il contacte le magazine allemand, dans l'espoir qu'il l'aide à retrouver la seconde victime pour l'informer de la fuite de données le concernant. Le média allemand a ainsi pu identifier le deuxième internaute qui a été averti grâce à son profil Twitter… mais il a aussi identifié, grâce aux enregistrements, sa petite amie ! Comme si la situation n'était pas suffisamment problématique, la seconde victime affirme qu'elle n'était pas au courant.

Sarah Sermondadaz, *Sciences et Avenir*, 22 décembre 2018

Questions

1 Repérez quel est le droit auquel fait appel l'utilisateur d'Amazon pour récupérer ses données.

2 Précisez les obligations du RGPD auxquelles Amazon ne répond pas.

Vers le BAC

GRAND ORAL

3 minutes pour convaincre

Quels sont les enjeux de la protection des données pour l'organisation ?

Cas Google

Entreprise américaine émergeant en 1998 en Californie (Silicon Valley), c'est dans les années 2000 que Google a commencé à se faire connaître, en créant notamment un monopole autour de son moteur de recherche.

Aujourd'hui, c'est un groupe mondial qui s'est constitué grâce à l'acquisition d'une centaine de sociétés telles que Motorola ou YouTube. Le groupe a poursuivi en 2019 avec l'acquisition notamment de Fitbit (accessoires connectés), Looker (big data) et Typhoon Studios (jeux vidéo).

Questions

1. Caractérisez l'organisation Google.
2. Identifiez la place des GAFAM dans l'économie mondiale.
3. Présentez le problème qui se pose aux différents pays.
4. Identifiez la solution retenue.
5. Montrez en quoi la solution retenue est difficile à mettre en œuvre.

MÉTHODE

Montrer les limites d'une solution managériale signifie qu'il faut trouver un facteur de risque pouvant survenir en amont (l'empêchant ainsi d'être déployée) ou en aval (conséquence négative de sa mise en œuvre).

Annexe 1 GAFA, GAFAM[1] ou NATU[2] : les nouveaux maîtres du monde

Ces entreprises ont parfois à peine 20 ans (Facebook a été créé en 2004 et Google en 1998) et pourtant la capitalisation de chacune d'elles flirte avec les 1 000 milliards de dollars. […] À eux cinq, les GAFAM sont davantage valorisés que le montant du PIB de l'Allemagne, du Royaume-Uni ou de la France !

Ainsi, Google concentre à lui seul 90 % des requêtes sur Internet dans le monde. YouTube, le diffuseur de vidéos sur Internet (racheté par Google en 2006 pour seulement 1,65 milliard de dollars à l'époque), est vu bien plus que n'importe quelle chaîne de télévision […].

Le profilage marketing des consommateurs

Pourtant, Google est gratuit tout comme Facebook. C'est là l'illusion entretenue par ces entreprises de la nouvelle économie numérique : elles ne semblent pas vendre véritablement de nouveaux produits mais servir plutôt d'interface, la preuve avec leurs chiffres d'affaires de dizaines, voire de centaines de milliards.

L'adage devenu célèbre dans l'industrie numérique est de dire que « si c'est gratuit, c'est que le produit c'est vous ». Qu'est-ce que cela signifie ? Que ces entreprises se nourrissent de l'analyse et de la revente de vos données, c'est-à-dire de vos choix, vos goûts, vos centres d'intérêt quand vous utilisez leurs services (recherche sur Internet, réseaux sociaux, etc.). Elles peuvent ainsi définir plus finement votre profil de consommateur et ensuite se faire rémunérer en proposant aux entreprises des liens publicitaires Internet ayant un impact commercial plus efficace qu'un simple panneau publicitaire au bord de la route.

1. Google, Apple, Facebook, Amazon et Microsoft.
2. Netflix, Airbnb, Tesla et Uber.

lafinancepourtous.com, 6 décembre 2019

Comparaison du PIB 2018 et valorisation boursière des GAFAM
(en milliards de dollars, au 4 décembre 2019)

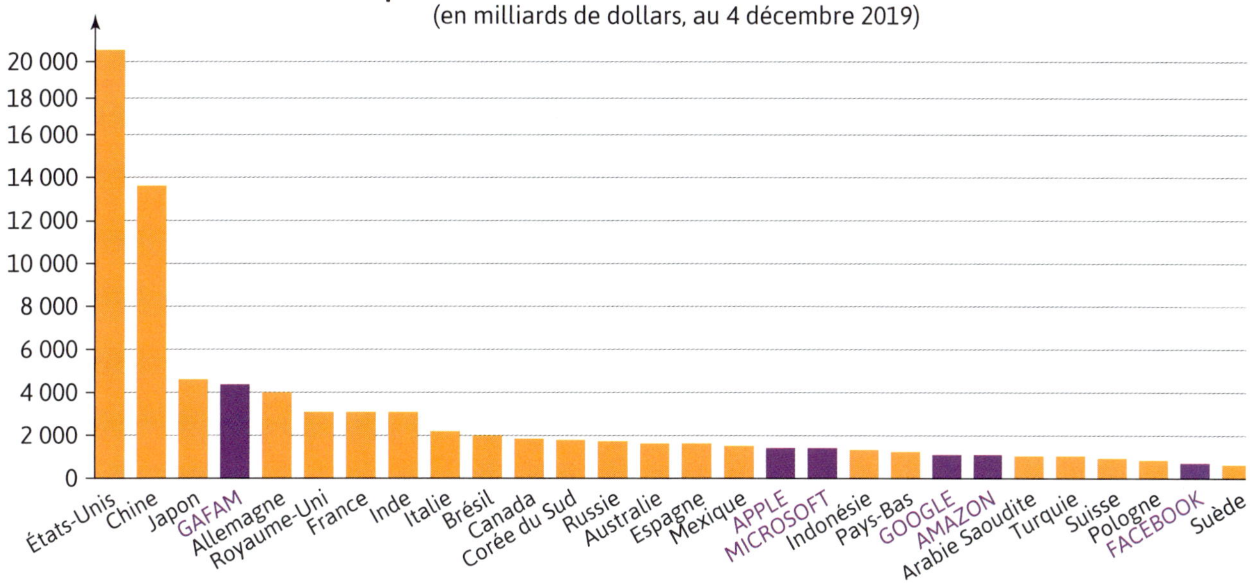

D'après la Banque mondiale

Annexe 2 La CNIL inflige une amende historique à Google

La CNIL a infligé à Google sa toute première amende au titre du RGPD, ce lundi 21 janvier 2019, huit mois après l'entrée en vigueur de ce texte européen encadrant l'utilisation des données personnelles. Et les 50 millions d'euros réclamés au géant américain font voler en éclats les compteurs de l'institution. Les sanctions de la CNIL étaient jusqu'à présent plafonnées à 3 millions d'euros et elles n'étaient, dans les faits, montées qu'à 400 000 euros pour réprimander Uber fin décembre après un vol de données.
Après instruction, la CNIL a conclu à plusieurs manquements de Google, relatifs aux articles 6, 12 et 13 du RGPD. […] La CNIL reproche également au géant américain de ne pas recueillir convenablement le consentement des utilisateurs.

Sébastien Dumoulin, *Les Echos*, 21 janvier 2019

Annexe 3 Taxe GAFA : sans surprise, ce sont les clients qui payent

La France, comme de nombreux autres pays européens, veut instaurer une taxe « GAFA » afin de faire payer les géants du Web, en particulier Google, Facebook, Apple, Amazon et Microsoft. Ces derniers usent (et abusent) de techniques d'optimisation fiscale pour réduire leurs impôts, mais les experts sont sceptiques : ils craignent que ces géants ne répercutent le coût de la taxe sur leurs clients européens. Une crainte qui est devenue réalité…

L'Autriche impose une taxe GAFA

Chaque pays a sa version de la taxe GAFA puisque les États-Unis s'y opposent, une véritable guerre commerciale est en cours entre la France et le pays de l'oncle Sam à ce sujet, et qu'aucun accord entre les pays membres de l'Union européenne n'a été trouvé. L'Autriche, par exemple, a décidé d'instaurer, depuis le 1er janvier 2020, une taxe de 5 % sur les revenus issus de la publicité en ligne. Cibles officieuses de cette taxe : Google, leader de ce marché, mais également Facebook.
Aussitôt la loi mise en place, Google a déjà trouvé la parade pour ne pas perdre de l'argent… et c'est exactement celle que tout le monde craignait mais qui, au final, n'aura surpris personne : le géant a annoncé à ses clients autrichiens qu'à partir du second semestre 2020, ses tarifs seront augmentés de 5 %. Et le géant ne cache pas la raison de cette augmentation : « Les coûts de notre activité en Autriche ont augmenté de 5 % en lien avec l'introduction de la nouvelle taxe sur les services numériques. »

Paolo Garoscio, *Économie Matin*, 4 février 2020

▲ Mickael Chemin, gérant du magasin Biocoop de Saint-Malo, a développé un concept de magasin promoteur d'une consommation plus responsable et parfaitement intégré dans son écosystème.

Prérequis 1re mana

- Parties prenantes
- Stratégie

16 Les relations entre les organisations et leur écosystème

3 minutes pour découvrir

Biocoop de Saint-Malo, un magasin éco-géré
foucherconnect.fr/20tmsdg57

> **Quelle est la spécificité du magasin Biocoop de Saint-Malo ?**
> **Pourquoi peut-on dire que le magasin Biocoop de Saint-Malo est intégré dans son territoire ?**

CAPACITÉ ✖ Distinguer les diverses relations existantes entre une organisation et son écosystème

Notions

Stratégie d'implantation + écosystème d'affaires + grappe d'entreprises *(cluster)* + écosystème d'innovation et territoires

1 Qu'est-ce que l'écosystème d'une organisation ?

DOC 1 Les composantes d'un écosystème

L'écosystème d'une organisation se compose de son territoire d'implantation et de l'ensemble des parties prenantes qui y sont implantées et interagissent avec elle.

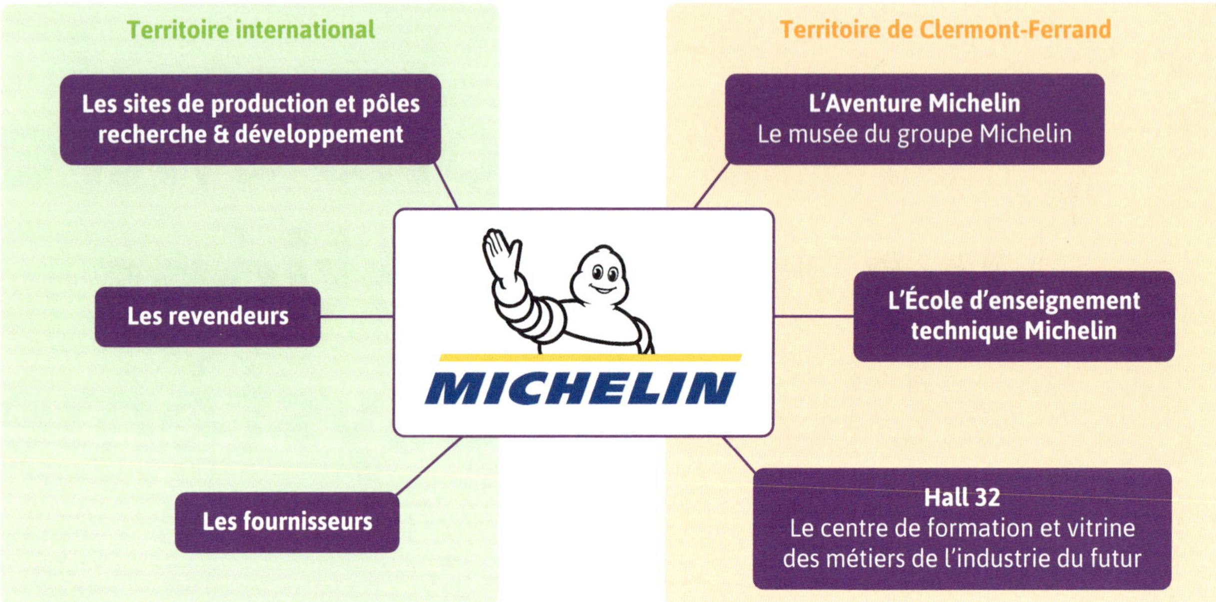

Foucher, 2020

1 Identifiez les composantes de l'écosystème de Michelin.

DOC 2 L'écosystème à l'ère du numérique

Depuis sa création en 2007, la start-up californienne Airbnb a su développer tout un écosystème. Son cœur de métier : proposer des locations de logements entre particuliers. En 2019, Airbnb propose 5 millions de logements dans 191 pays. Mais la plateforme s'est diversifiée. Elle a notamment créé des partenariats avec des entreprises de conciergerie pour faciliter la remise des clés et le ménage. De plus, Airbnb propose aujourd'hui à ses utilisateurs des expériences touristiques ou culinaires organisées par des particuliers. En 2019, on compte environ 1 000 expériences en France.

Foucher, 2020

◀ En plus de la location de logements, Airbnb propose désormais des « expériences » comme des visites touristiques ou des activités culturelles.

2 Relevez les composantes de l'écosystème d'Airbnb.

3 Expliquez pourquoi l'écosystème d'Airbnb peut déborder de son territoire d'implantation.

Travail de groupe/recherche sur Internet
Choisissez une organisation de votre commune ou département et identifiez les composantes de son écosystème.

DOC 3 L'écosystème d'affaires

Un écosystème d'affaires est un ensemble d'acteurs qui interagissent, formant une communauté économique qui partage un intérêt commun.

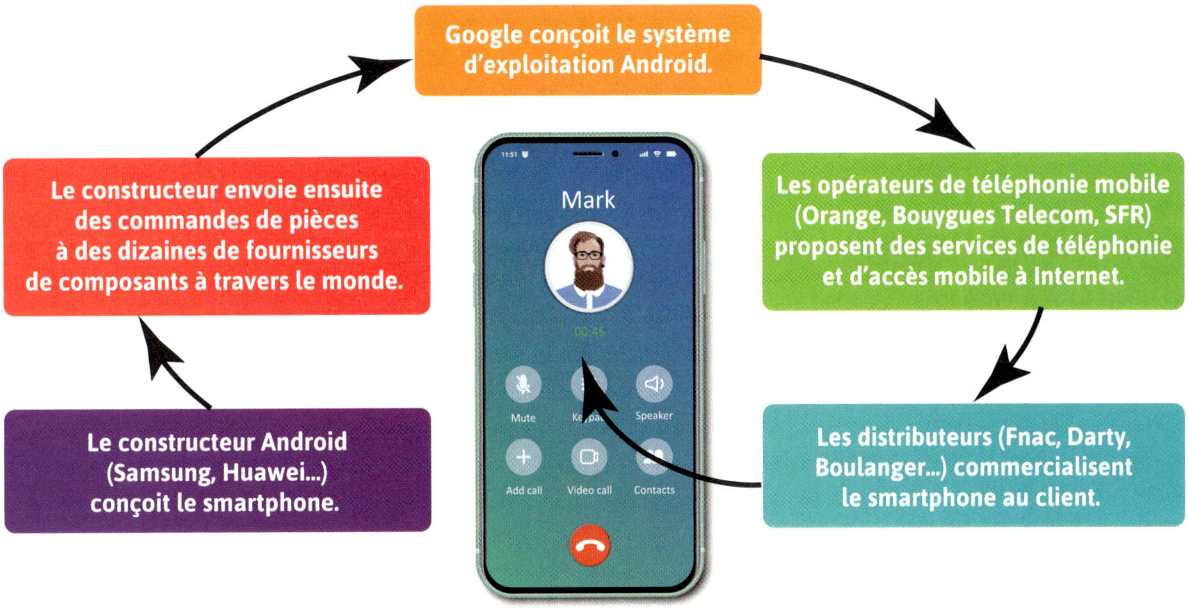

Foucher, 2020

4 Listez les parties prenantes du lancement d'un smartphone.

5 Montrez en quoi le marché des smartphones forme un écosystème d'affaires.

DOC 4 L'écosystème d'innovation

 # vidéo
L'écosystème d'innovation à Sophia Antipolis - 2,28 min
foucherconnect.fr/20tmsdg58

Le modèle de la technopole de Sophia Antipolis vise à faire cohabiter plusieurs entités bien différentes. […] L'Inria (Institut national de recherche en informatique et en automatique) est implanté à Sophia Antipolis, où il mène des expériences sur les réseaux de téléphonie mobile 4G et 5G. […]
L'organisme de recherche bénéficie d'un réseau public avec l'université et le CNRS (Centre national de la recherche scientifique), mais également privé avec des start-up comme Key Infuser. L'entreprise, composée de cinq salariés, travaille sur des solutions alliant robotique et smartphones. « On est vraiment à un endroit d'innovation, on a ces acteurs de l'innovation qui sont présents et c'est très intéressant d'être à cet emplacement pour ça », confie Domitille Esnard-Domerego, co-fondatrice de la start-up. C'est donc tout un écosystème d'innovation qui a été créé ici il y a cinquante ans, qui continue de se développer avec l'arrivée de nouvelles entités sur le site.

Quentin Corcelle, France TV Info, 30 mai 2018

6 Repérez les types d'organisations présentes à Sophia Antipolis en citant des exemples.

7 Déterminez l'objectif partagé par ces différents acteurs.

L'essentiel

- L'écosystème d'une organisation se compose de son territoire d'implantation et de l'ensemble des parties prenantes qui y sont implantées.
- L'écosystème d'affaires forme une communauté économique qui partage un intérêt commun. L'écosystème d'innovation vise à encourager l'innovation.
- Le développement du numérique permet aux écosystèmes de s'étendre au-delà des frontières territoriales.

2 En quoi l'organisation et son écosystème sont-ils interdépendants ?

DOC 1 L'écosystème, fournisseur de ressources aux organisations

Foucher, 2020

1 Précisez, à partir des images ci-dessus, les ressources fournies aux organisations par leur écosystème.

2 Identifiez d'autres ressources qu'un écosystème pourrait fournir à une organisation.

DOC 2 Le rôle des pouvoirs publics dans l'attractivité des territoires

Renforcer l'attractivité du territoire, soutenir la création d'entreprises, offrir toutes les conditions nécessaires pour qu'elles s'y développent et grandissent : grâce à une offre de services très diversifiée, la métropole du Grand Nancy contribue à créer un environnement et un écosystème propices aux initiatives entrepreneuriales et à la prise de risques des investisseurs. […] Le Grand Nancy travaille à constituer une offre économique territoriale en phase avec l'évolution des marchés en structurant une offre immobilière variée et adaptée aux besoins des entreprises. En outre, pour renforcer l'attractivité et permettre aux entreprises de disposer d'un service de qualité, la métropole a engagé dès 2005 un programme de déploiement de la fibre optique dans les principales zones d'activité.

www.grandnancy.eu

3 Expliquez comment la métropole du Grand Nancy attire les entreprises sur son territoire.

Travail en groupe/ recherche sur Internet
Trouvez quels sont les services publics mis en place par votre commune, votre département ou votre région pour attirer de nouvelles organisations ou de nouveaux habitants.

DOC 3 L'écosystème, au cœur de la stratégie d'implantation des organisations

Diagnostic	→	Choix
Analyse des opportunités et des menaces des différents territoires envisagés		Implantation dans le territoire qui permet à l'organisation d'atteindre au mieux ses objectifs

Foucher, 2020

4 Présentez les étapes de la stratégie d'implantation d'une organisation.

DOC 4 L'impact de l'implantation d'une organisation sur son écosystème

En novembre 2018, Amazon annonce sa volonté de construire une plateforme logistique de 160 000 m² à Colombier-Saugnieu, proche de l'aéroport Lyon Saint-Exupéry. Un emplacement idéal pour assurer des livraisons par avion. Pour Pierre Marmonier, maire de la commune, ce projet est une aubaine car Amazon a annoncé la création de plus de 1 500 emplois. En revanche, deux associations de riverains, Acenas et Fracture, ont déposé une demande d'annulation du permis de construire auprès du tribunal administratif de Lyon en 2019. Les associations estiment que ce méga-entrepôt va engendrer une forte augmentation du trafic de poids lourds et de fret aérien dans la région, entraînant d'importantes nuisances pour les habitants et l'environnement. La justice a tranché en faveur d'Amazon en novembre 2019, mais le projet a pris du retard.

Foucher, 2020

5 Identifiez pourquoi Amazon a choisi de s'implanter à Colombier-Saugnieu.

6 Présentez les impacts positifs et négatifs de la nouvelle plateforme sur son écosystème.

DOC 5 L'impact des organisations sur l'emploi

L'entreprise La Cartonnerie de Pont-Audemer, dans l'Eure, a fermé ses portes en 2005, entraînant le licenciement de ses 43 salariés. En 2013, la communauté de communes a transformé La Cartonnerie en une pépinière d'entreprises, qui accueille aujourd'hui 20 entreprises et une cinquantaine de salariés.

Foucher, 2020

7 Identifiez l'impact de la fermeture de La Cartonnerie sur son écosystème.

8 Expliquez l'intérêt du projet initié par la communauté de communes.

Travail en groupe/recherche sur Internet
Trouvez un exemple d'entreprise qui a récemment été à l'origine d'une création ou d'une destruction d'emplois dans votre commune ou votre département.

L'essentiel

- L'écosystème fournit des ressources (humaines, financières, matérielles, technologiques, immatérielles) et des services publics aux organisations.
- Les organisations créent des emplois au sein de leur écosystème.
- L'écosystème est déterminant dans la stratégie d'implantation des organisations.

3 Comment les organisations transforment-elles leur écosystème ?

DOC 1 La transformation des territoires

Peu de festivals peuvent se targuer de durer trois semaines comme Avignon. C'est pourtant le cas de Jazz in Marciac malgré une implantation au cœur d'un village rural de 1 350 habitants. Et la magie opère depuis 42 ans, avec désormais 250 000 spectateurs. Cette année, « JIM » a commencé fort, le 26 juillet, avec la star anglaise Sting […].

Le fondateur [Jean-Louis Guilhaumon] de la manifestation […] n'est autre que le maire de la petite commune du Gers […]. L'association Jazz in Marciac qu'il a fondée est toujours aux manettes de cet événement au budget de 4,75 millions d'euros, dont 9 à 10 % de subventions, 20 à 21 % de sponsoring, mécénat, et 70 % de billetterie. […] Le festival, qui ne compte que quelques permanents, s'appuie par ailleurs sur un millier de bénévoles bien rodés.

Depuis la création il y a 42 ans, Pierre et Vacances a construit un centre de vacances de 350 lits, deux hôtels se sont installés dont un 5 étoiles, huit restaurants sont ouverts toute l'année et le très tendance « Le J'Go » présent à Paris et à Toulouse y a créé une antenne, des galeries d'art ont pignon sur rue, l'économie solidaire et sociale s'est développée avec Hotravail ou Le Relais. Le collège qui peinait à garder ses 90 élèves a plus que doublé ses effectifs, grâce à son option jazz qui a attiré des familles […].

Martine Robert, *Les Echos*, 7 août 2019

1. Distinguez les relations existantes entre l'association Jazz in Marciac et son écosystème, à l'aide d'un schéma puis de manière rédigée.
2. Montrez que l'association Jazz in Marciac a transformé l'écosystème territorial d'un point de vue économique, social, culturel et écologique.

 # vidéo
Les *clusters*, accélérateurs de développement pour les PME - 3 min
foucherconnect.fr/20tmsdg59

DOC 2 La formation de grappes d'entreprises (*clusters*)

Entreprises (TPE/PME) implantées sur un même territoire, en concurrence dans un même secteur d'activité

Grappe d'entreprises (*cluster* en anglais) : entreprises qui se regroupent dans le but de développer leur filière en mutualisant certains services en fonction de leurs besoins (veille, formation, R&D, développement à l'international…). Elles travaillent généralement avec d'autres organisations et bénéficient de financements publics car elles participent au développement économique des territoires.

3. Mettez en évidence l'intérêt pour une entreprise de rejoindre une grappe.
4. Identifiez l'intérêt des grappes d'entreprises pour leur territoire d'implantation.

DOC 3 L'attractivité d'un territoire

Bénéficiant d'une géolocalisation de premier plan sur l'axe nord-sud de l'Europe à la croisée de l'Espagne et de l'Italie, à proximité de grandes métropoles régionales, Marseille, Lyon et Montpellier rassemblant plus de 9 millions d'habitants à ce jour […], le technopôle d'Avignon Agroparc a été créé voilà près de trente ans afin de réunir, dans une dynamique d'excellence, l'ensemble des acteurs nécessaires au bon développement d'activités à forte valeur ajoutée. Agroparc offre aux entrepreneurs tous les atouts pour développer leur projet […] dans les domaines du conseil, de la technologie et de l'ingénierie :

- un campus universitaire de haut niveau ;
- des organismes professionnels, centres techniques et centres de recherche […] ;
- un vivier de main-d'œuvre qualifiée ;
- la plus grande pépinière d'entreprises de la région PACA ;
- un équilibre original entre implantation d'entreprises, centre de vie et logements de qualité.

Agroparc.com

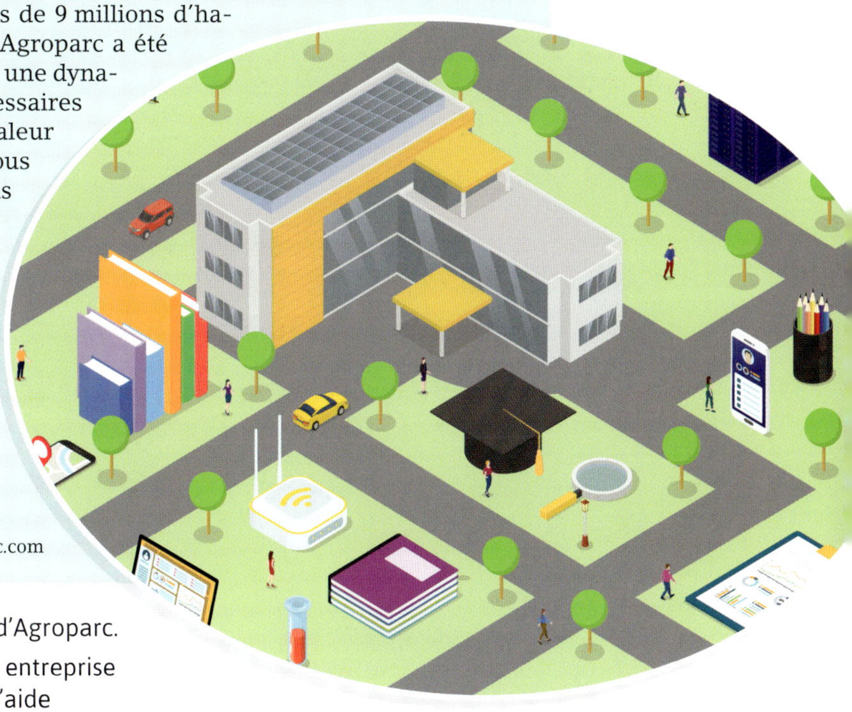

5 Identifiez les composantes de l'écosystème d'Agroparc.

6 Distinguez les relations existantes entre une entreprise implantée à Agroparc et son écosystème, à l'aide d'un schéma puis de manière rédigée.

DOC 4 La responsabilité des organisations vis-à-vis de leur écosystème

Les organisations ont la responsabilité de prendre en compte l'impact de leurs décisions sur leur écosystème. Ainsi, la RSE désigne les pratiques mises en place par les entreprises pour limiter leurs effets négatifs sur la société, et notamment sur leur écosystème.

RSE envers leur écosystème

Responsabilité sociale
Prise en compte de l'impact de l'entreprise sur les salariés et les partenaires (fournisseurs, clients, associations, organisations publiques…)

Responsabilité environnementale
Prise en compte de l'impact écologique de l'entreprise sur son territoire d'implantation

Responsabilité économique
Prise en compte de l'impact de l'entreprise sur l'emploi, les salaires et le pouvoir d'achat des clients

Foucher, 2020

7 Montrez que la RSE impacte l'écosystème de l'entreprise.

L'essentiel

- **Les organisations impactent leur écosystème d'un point de vue économique, social, culturel et écologique.**
- **Certaines entreprises appartenant à un même secteur d'activité se regroupent en grappes, modifiant ainsi leur écosystème.**
- **Les organisations ont la responsabilité de prendre leurs décisions en tenant compte de leur impact sur leur écosystème.**

Synthèse

3 minutes pour comprendre
foucherconnect.fr/20tmsdg60

1 Qu'est-ce que l'écosystème d'une organisation ?

Son territoire d'implantation + Ses parties prenantes implantées sur le même territoire ou connectées grâce aux outils numériques

2 En quoi l'organisation et son écosystème sont-ils interdépendants ?

L'écosystème	fournit des ressources et des services publics	à l'organisation
L'organisation	crée de l'emploi	dans l'écosystème
La stratégie d'implantation d'une organisation	est déterminée par et impacte	l'écosystème

3 Comment les organisations transforment-elles leur écosystème ?

Les organisations transforment leur écosystème

- sur le plan économique, social, culturel et écologique
- en formant des grappes d'entreprises
- en améliorant l'attractivité des territoires
- et ont la responsabilité de prendre en compte leur impact (RSE)

Mots-clés

Écosystème d'affaires : ensemble d'acteurs qui interagissent, formant une communauté économique qui partage un intérêt commun (fournisseurs, producteurs, clients, concurrents...).

Écosystème d'innovation : ensemble d'acteurs qui interagissent en faveur de l'innovation.

Grappe d'entreprises (*cluster*) : ensemble d'entreprises implantées sur un même territoire et appartenant au même secteur d'activité, qui se regroupent dans le but de développer leur filière en mutualisant certains services (veille, formation, R&D...).

Stratégie d'implantation : démarche stratégique (diagnostic et choix) visant à déterminer le territoire où l'organisation doit s'implanter pour atteindre au mieux ses objectifs.

Activités

3 minutes pour s'évaluer

foucherconnect.fr/20tmsdg61

TESTEZ-VOUS

Qui suis-je ? Retrouvez les notions définies ci-dessous.

1 Je suis un système formé par le territoire d'implantation d'une organisation et l'ensemble des parties prenantes qui y sont implantées.

2 Je forme un ensemble d'acteurs qui interagissent en faveur de l'innovation.

3 Mon objectif est de déterminer le territoire où l'organisation doit s'implanter pour atteindre au mieux ses objectifs.

4 Je me définis comme un ensemble d'acteurs qui interagissent et forment une communauté économique qui partage un intérêt commun.

5 Je désigne un ensemble d'entreprises, sur un même territoire et dans le même secteur d'activité, qui se regroupent dans le but de développer leur filière.

ZOOM vidéo p. 189 Biocoop de Saint-Malo, un magasin éco-géré

Mickael Chemin est parvenu à ouvrir son magasin Biocoop en 2016, grâce au soutien financier de l'association Initiative Pays de Saint-Malo, qui accorde des prêts d'honneur dans l'objectif de favoriser la création et la reprise d'entreprises sur le territoire du pays de Saint-Malo. Mickael Chemin souhaitait ouvrir un magasin entièrement éco-géré, un concept innovant au service de la transition écologique, qui donne la priorité aux partenaires locaux. Ainsi, le mobilier en bois brut a été réalisé par des artisans menuisiers du département et issu de forêts françaises éco-gérées.
Côté éclairage, le magasin utilise des LED et l'électricité est 100 % renouvelable, fournie par Enercoop Bretagne.
Pour ses produits réfrigérés, Mickael Chemin a choisi une nouvelle technologie de fluide réfrigérant naturel, développé par une entreprise locale, Sanden. Au niveau de son approvisionnement, le magasin propose des produits provenant de plus de 90 producteurs locaux. De plus, le magasin reverse une partie de son chiffre d'affaires à l'association Terre de Liens Bretagne, qui aide à l'installation de nouveaux agriculteurs bio en Bretagne. Pour réduire le gaspillage alimentaire, les invendus du jour sont proposés à un tarif préférentiel *via* l'application mobile « *Too Good to Go* ». Le magasin a également installé quatre grands composteurs. Enfin, pour communiquer, Mickael Chemin a choisi des supports de communication en papier, en bois ou en Algopack®, l'innovant plastique dérivé d'algues bretonnes.

Foucher, 2020

Questions

1 Distinguez à l'aide d'un schéma, puis de manière structurée, les relations existantes entre ce magasin Biocoop et son écosystème.

2 Montrez que Mickael Chemin est parvenu à réaliser son projet grâce à son écosystème.

Vers le BAC

GRAND ORAL

3 minutes pour convaincre

En quoi un écosystème d'affaires favorise-t-il l'implication de l'organisation sur son territoire ?

Cas Modetic

En 2007, Thomas Huriez, informaticien repenti, ouvrait une boutique de mode éthique à Romans dans une maison de famille située face à Marques Avenue.

Suite à la fermeture de leurs fournisseurs éthiques en 2013, Thomas et son frère Grégoire décidèrent de créer 1083, une marque de jeans et chaussures éco-conçus et fabriqués en France. Savez-vous qu'un jean conventionnel parcourt jusqu'à 65 000 km lors de sa fabrication alors, que 1 083 km seulement séparent les deux villes les plus éloignées de l'Hexagone ? En 2013, nous nous sommes lancés comme défi de relocaliser à moins de 1 083 km de chez vous la fabrication de jeans et de chaussures pour créer un maximum d'emplois et de plaisir !

1083.fr

Questions

1. Caractérisez Modetic, propriétaire de la marque 1083.
2. Distinguez les relations existantes entre 1083 et son écosystème.
3. Montrez que les décisions de Thomas Huriez impactent l'écosystème de 1083.
4. Identifiez le problème de management auquel la marque 1083 est confrontée.
5. Présentez la solution proposée par Thomas Huriez pour résoudre ce problème.

MÉTHODE

Pensez à structurer vos réponses :
- définissez la notion centrale de la consigne ;
- reprenez les termes de la consigne pour y répondre précisément ;
- utilisez des mots de liaison : d'une part, d'autre part, de plus, par ailleurs, or, ainsi, c'est pourquoi, d'ailleurs, etc. ;
- concluez votre réponse : donc, finalement, nous pouvons en conclure que…

Annexe 1 Les jeans 1083 investissent l'usine Jourdan à Romans

10 millions d'euros sont investis dans la réhabilitation de l'ancienne usine Jourdan à Romans-sur-Isère (Drôme) par le fabricant de jeans 1083. La demande de permis de construire a été déposée. Cent ans après sa construction, l'ancienne usine de chaussures Jourdan ouvrira en 2021 un nouveau chapitre de son histoire. […]

Le projet de Thomas Huriez est de réinvestir 6 000 mètres carrés de l'ancienne usine et de les transformer en ateliers, bureaux, commerces et restaurant. 10 millions d'euros vont être engagés dans ces travaux qui doivent contribuer à l'émergence d'un vivier d'activités et de produits *made in* France. Depuis sa création, 1083 a étoffé ses collections avec une ligne de jeans et de bermudas pour hommes, jeans et jupes pour femmes, mais aussi T-shirts, ceintures et chaussures produits en France. La toile est tissée et teinte dans la Loire et dans les Vosges. Les jeans sont confectionnés par des ateliers à Marseille, Bobigny et Romans. Certains sont délavés par un procédé laser sans chimie, ni eau, ni sablage. En septembre 2018, la société romanaise a même racheté le vosgien Tissages de France en redressement judiciaire. En cinq ans, 65 emplois ont été créés par 1083 et 40 préservés dans les Vosges. Seule entorse à cet écosystème hexagonal, le coton bio provient d'Espagne. Mais pour quelques mois encore. Car après trois ans de recherche, l'entreprise romanaise a mis au point un procédé pour extraire et recycler la fibre de coton de vieux jeans. « Le gisement est énorme. En France, 88 millions de jeans sont achetés chaque année », indique Thomas Huriez. Une École du jean a été créée en 2018 pour former des couturières. La fabrication de ses sandales est sous-traitée à une autre société locale, Max Vincent, dont l'atelier a été relocalisé dans la nouvelle Cité de la chaussure ouverte dans le centre de Romans. Cinq ateliers et une douzaine de marques sont installés dans ce lieu de production et de vente depuis le 9 mai.

Vincent Charbonnier, *Les Echos*, 18 août 2019, D.R.

Annexe 2

1083 en quelques chiffres

2 millions d'euros
Chiffre d'affaires en 2017.
1083 ne réalisait que 200 000 euros de CA en 2013 et vise plus de 7 millions d'euros en 2019, du fait de la reprise de la filature Valrupt.

100 euros
Prix moyen d'un jean 1083.

105
En cinq ans, 1083 a créé 50 emplois directs et 55 emplois indirects.

6
Les familles peuvent louer un jean pour enfant à 6 euros par mois.

Le secteur du *made in* France dans l'industrie du textile représente 38 667 emplois, pour un chiffre d'affaires de 7,2 milliards d'euros (INSEE).

Foucher, 2020

Annexe 3

La marque tricolore de jeans 1083 lance un emprunt participatif

La marque de jeans « *made in* France » 1083 annonce l'ouverture d'un emprunt participatif d'un montant de 1,083 million d'euros. Objectif : augmenter les moyens de production. Et lancer une filière de production de coton recyclé dans l'Hexagone.

L'entreprise renoue avec le financement participatif pour poursuivre son développement. Basée à Romans-sur-Isère, elle a vu le jour en 2013 et a démarré grâce à une campagne de financement participatif. Après plusieurs campagnes identiques, 1083 entend aujourd'hui poursuivre son développement en y associant directement les consommateurs.

Double objectif de la marque drômoise : alimenter le fonds de roulement et conforter les stocks afin de répondre à une demande qui ne cesse de croître. Mais aussi mener à bien un projet de recherche consacré à la relocalisation de la production de coton en France, grâce notamment au recyclage des jeans usagés. Pour Thomas Huriez, le fondateur de 1083, « le passage de la recherche à l'industrie nécessite de financer de nouveaux équipements adaptés à ce gisement de matière première hétérogène, et beaucoup plus économes en énergie, pour préserver les deux à la fois ».

Un pari en passe d'être gagné

La société 1083 est née de la volonté de relocaliser sur le territoire hexagonal une filière textile complète. Pour cela, le pantalon jeans a été « retaillé » autour de valeurs comme la proximité, la transparence, le respect de l'environnement. Depuis six ans, plus de 150 emplois ont été créés, et 200 000 jeans fabriqués et vendus. 1083 est la première marque à produire entièrement ses jeans en France. Toutes les étapes de la transformation du coton (bio) sont effectuées sur le territoire. Les jeans sont entièrement confectionnés, tissés, teints et délavés dans la Drôme, en Moselle et dans les Bouches-du-Rhône.

Daniel Pajonk, France TV Info, 11 décembre 2019

foucherconnect.fr/20tcgf30

Tout savoir sur l'épreuve

En voie technologique, vous passez un oral à la fin de votre année de terminale. Cette épreuve fait partie des cinq épreuves finales du bac (60 % de la note finale) et compte avec un coefficient 14.

L'objectif

Le grand oral a pour objectif de mesurer votre capacité à prendre la parole en public, à exprimer un point vue personnel et à le soutenir par une argumentation étayée. Il vise également à vérifier comment vous mobilisez vos connaissances (générales et spécifiques, par exemple celles liées à vos spécialités), pour construire votre argumentation et expliquer votre projet d'orientation.

L'évaluation

L'épreuve est notée sur 20 points. Le jury appréciera la solidité de vos connaissances et, surtout, votre capacité à expliquer, commenter et argumenter, au regard notamment de votre point de vue. Il mesurera aussi votre capacité d'écoute, votre esprit critique et votre réactivité dans les échanges.

Comment se déroule l'épreuve ?

40 minutes : 20 minutes de préparation + 20 minutes d'oral

Vous avez 20 minutes de préparation. L'épreuve en elle-même dure 20 minutes et se déroule en trois temps.

Temps 1 Présentation d'une question 5 minutes

Vous avez préparé deux questions avec vos professeurs et éventuellement avec d'autres élèves. Ces questions s'appuient sur les spécialités de votre série.
Au début de l'épreuve, vous présentez donc ces deux questions au jury qui en choisit une.
Vous avez ensuite 20 minutes de préparation pour mettre en ordre vos idées et créer, si vous le souhaitez, un support (une carte mentale, un tableau, un schéma, etc.) que vous remettez au jury afin d'appuyer votre démonstration. Ce support n'est pas évalué et votre exposé se fait sans notes.
Une fois que l'épreuve orale commence, vous devez expliquer pourquoi vous avez choisi de préparer cette question et vous présentez les arguments qui vous permettent de répondre à la question.
Le jury évalue votre argumentation et vos qualités oratoires.

Temps 2 Échange avec le jury 10 minutes

Il s'agit d'un entretien d'explicitation, qui vise à en « savoir davantage » sur votre réflexion et la manière dont vous l'avez construite et argumentée. Il n'y a pas de question de connaissance directe, mais le jury appréciera, à l'écoute de vos propos, si les concepts, les notions, les processus semblent maîtrisés.

Temps 3 Échange avec le jury sur le projet d'orientation 5 minutes

Vous expliquez en quoi la question traitée est utile pour votre projet d'orientation (études ou professionnel). Vous parlez des différentes étapes qui vous ont permis d'avancer dans votre projet (rencontres, engagements, stages, mobilité internationale, intérêt pour les enseignements communs, choix des spécialités, etc.) et de ce que vous en ferez après le bac. Le jury fait attention à votre manière d'exprimer une réflexion personnelle et vos motivations.

 # vidéo
Bac STMG : présentation, débouchés, orientation post-bac - 4,55 min
foucherconnect.fr/20tcgf31

La composition du jury du grand oral

Deux professeurs de matières différentes sont présents dans le jury : un professeur de la spécialité de votre série ; un professeur de l'autre spécialité ou d'un des enseignements communs, ou un professeur documentaliste.

Appuyez-vous sur tous les oraux que vous avez déjà faits : épreuve orale de contrôle continu de première, par exemple. Remémorez-vous comment cela s'est déroulé, comment vous vous êtes préparé en amont et quel en a été le résultat. Dressez un tableau de vos forces et de vos faiblesses en vue de vous améliorer.

Choisir ses deux questions

Pour proposer au jury les deux questions sur lesquelles vous souhaitez être interrogé, vous devez opérer un choix préalable, en vous aidant de certaines étapes.

1re étape : quel est le domaine sur lequel vous souhaitez vous exprimer ?

Pour rester concerné par le sujet de votre question jusqu'au jour du grand oral et convaincre le jury, il est indispensable que vous preniez en compte votre intérêt personnel, votre curiosité pour telle ou telle question en lien avec vos enseignements de spécialités.
Il faut vous interroger sur le sujet sur lequel vous avez le plus envie d'échanger. Avant même la question (problématique de discussion), le domaine (champ disciplinaire) qui vous intéresse est primordial.

2e étape : quelle question pourriez-vous formuler ?

Dans un deuxième temps, maintenant que vous connaissez votre domaine de prédilection, vous pouvez vous interroger sur la question que vous pourriez formuler dans le domaine choisi, qui mérite discussion et qui vous passionne.
Formulez votre question le plus simplement possible, avec des mots que vous pouvez vous approprier sans souci. En envisageant la problématique par la suite, vous pourrez être amené à reformuler votre question avec des mots-clés.

☞ *Problématiser (p. 169)*

3e étape : quelles sont les sources dont vous disposez ?

Vous allez devoir vous interroger sur les types de sources d'information disponibles sur votre sujet. Par sources d'information, il faut envisager les personnes, la documentation, les ressources numériques à votre disposition. Il faut également déterminer comment, pour chaque type de source, vous allez rechercher l'information.
Vous pouvez bien sûr vous appuyer sur un camarade de votre classe qui a les mêmes intérêts que vous. Mais vous pouvez aussi considérer les personnes proches de votre entourage comme un apport de ressources : identifiez leurs métiers, leurs secteurs d'activité, les types d'organisations avec lesquelles elles sont en relation, leurs centres d'intérêt en dehors de leur travail (engagement associatif, passion pour tel ou tel sujet, etc.). Interroger ces personnes-clés, échanger avec elles vous permettra d'avoir de nouvelles idées et de mieux cerner vos questions.
Il est important de considérer l'actualité des questions que vous souhaitez traiter. Vous avez récemment entendu parler de telle ou telle question qui revient sur le devant de la scène ? Voyez-le comme une opportunité d'actualiser vos questions, de trouver des documents récents et d'intéresser le jury le jour du grand oral.

Soyez à l'écoute de l'actualité jusqu'au jour du grand oral ! Les questions choisies il y a six mois ont peut-être évolué depuis… et le jury appréciera votre travail de veille jusqu'au jour J.

4e étape : comment traiter ces données pour mettre en évidence un point de vue et une argumentation ?

Cette partie va vous demander du temps et de la rigueur. Il va vous falloir identifier les différentes sources d'information que vous avez collectées, faire un choix dans les données recueillies et analyser les informations retenues.

☞ *Déterminer et mettre en œuvre une démarche d'investigation et de recherche documentaire (p. 170)*

5e étape : quel est le lien avec votre projet professionnel ?

Le jury peut, lors de votre entretien, vous demander en quoi le choix et l'étude de votre question s'inscrit dans votre projet d'orientation ou projet professionnel.
Vous devez essayer de relier votre intérêt pour cette question, ce qui vous a amené à la choisir, avec votre projet de poursuite d'études et/ou d'orientation professionnelle.

Problématiser

Problématiser un sujet

Problématiser un sujet, c'est le questionner pour déterminer des éléments afin de l'étudier. La problématique est la synthèse de ce questionnement.

La problématique n'est pas un problème ! Mais cette partie est délicate à réaliser et peut demander du temps. N'hésitez pas à solliciter vos professeurs pour être sûr de partir dans la bonne direction !

Vous pouvez procéder ainsi :

• repérez, grâce aux informations collectées sur chacune de vos deux questions, un problème important qui émerge, qui revient plusieurs fois dans vos informations et qui peut être en lien avec une actualité particulière ; repérez, entre vos questions et vos informations, les points communs, les différences, afin d'établir un point de tension et envisager ainsi un raisonnement, une ébauche de plan ;

• situez le problème soulevé en recherchant dans les programmes de vos spécialités, ou dans les plans de vos cours, si cela est plus facile, la partie qui traite de votre question ;

• formulez votre problématique en faisant le lien entre votre question et la partie de programme choisie.

Une bonne problématique doit être :

– concise, claire et logique : il s'agit d'une phrase courte liant différents concepts ;

– rédigée sous la forme d'une question : on ne peut pas y répondre par oui ou par non, elle permet de conduire un raisonnement (plan structuré et argumentation).

Une bonne méthode : QQOQCCP

Pour valider définitivement vos questions, vous pouvez utiliser la méthode QQOQCCP. Elle va vous permettre de formuler un problème, de rassembler et d'organiser vos idées, et de ne rien oublier.

Qui ?	Qui est concerné par cette question ?
Quoi ?	De quoi parle exactement la question ?
Où ?	Dans quel domaine la question peut-elle s'illustrer ?
Quand ?	À quel moment se pose cette question ?
Comment ?	De quelle manière le phénomène se déroule-t-il ?
Combien ?	Quels sont les aspects quantitatifs de la question ?
Pourquoi ?	Quelles sont les causes, les conséquences liées à cette question ?

vidéo
Bien démarrer sa recherche documentaire - 3,44 min
foucherconnect.fr/20tcgf32

Déterminer et mettre en œuvre une démarche d'investigation et de recherche documentaire

Une fois vos deux questions choisies, vous devez alimenter les sujets contenus dans vos questions. Bien sûr, vous vous appuierez sur vos connaissances, mais cela ne suffira pas. Vous devez enrichir vos questions d'autres sources, d'autres informations puisées dans différents supports.

Identifier les différentes sources d'information

Télévision	• France 2 (Tout compte fait) • France 5 (C'est dans l'air) • M6 (Capital, Qui veut être mon associé ?) • BFMTV • CNews
Radio	• France Inter (L'esprit d'initiative, On n'arrête pas l'éco) • France Culture (L'économie en questions, Entendez-vous l'éco ?)
Presse généraliste	• Le Monde • Libération • Le Parisien • Le Figaro
Presse économique	• Le Monde Économie • Les Échos • La Tribune • Challenges • Le Nouvel Économiste • Le Journal des entreprises • L'Express • Capital • Boursorama • L'Usine nouvelle • L'AGEFI • Alternatives économiques
Sites Web relatifs à la gestion d'une entreprise, à la finance	• L'APCE (Agence pour la création d'entreprises) • Les CCI (portail des chambres de commerce et d'industrie) • Je suis Entrepreneur, Chef d'entreprise • INSEE (Institut national de la statistique et des études économiques) • CEDEF (Centre de documentation économie-finances) • Infogreffe (registre du commerce et des sociétés) • Société.com (informations gratuites sur les entreprises)
Autres ressources	• Le site Web de votre organisation • Votre CDI • Vos manuels • Un film, une vidéo • Les syndicats professionnels • Les journaux d'entreprise • Les salons professionnels • Vos contacts personnels • Les dictionnaires, enquêtes, visites d'organisation, interviews (guide d'entretien)

Faire un choix dans les données recueillies

Pour vous aider à faire votre choix et ne pas vous laisser envahir par la masse de vos sources d'information, faites un classement en vous aidant du tableau suivant.

N°	Nom du document	Type de source d'information	Actuelle		Fiable		Pertinente		Je retiens	
			Oui	Non	Oui	Non	Oui	Non	Oui	Non

Traiter les données en fonction d'une idée générale et d'une logique d'argumentation à construire va vous conduire à transformer les données en informations.

Analyser les informations retenues

Pour chaque information que vous choisissez de retenir, vous devez réaliser une fiche d'analyse. Vous pouvez vous appuyer sur le modèle suivant.

<table>
<tr><td>Date</td><td></td><td>N° du document</td><td></td></tr>
<tr><td>Nom du document</td><td colspan="3"></td></tr>
<tr><td colspan="4">Origine de l'information
Interview ☐ Enquête ☐ Visite ☐ Livre ☐ Presse ☐ Magazine ☐ Revue/journal d'entreprise ☐
Radio ☐ TV ☐ Site web ☐ Page web ☐ Blog ☐ Autres ☐</td></tr>
<tr><td colspan="4">Démarche de recherche</td></tr>
<tr><td colspan="4"></td></tr>
<tr><td colspan="4">Identification de la source (titre de l'information, de l'émission, nom du site ou du contact, etc.)</td></tr>
<tr><td colspan="4"></td></tr>
<tr><td>Mots-clés</td><td colspan="3"></td></tr>
<tr><td colspan="4">Nature des données
Économique ☐ Commerciale ☐ Technologique ☐ Juridique ☐ Financière ☐</td></tr>
<tr><td colspan="4">Résumé de l'information</td></tr>
<tr><td colspan="4"></td></tr>
<tr><td colspan="2">Informations quantitatives</td><td colspan="2">Informations qualitatives</td></tr>
<tr><td colspan="2"></td><td colspan="2"></td></tr>
<tr><td colspan="4">Idée essentielle à retenir pouvant être utilisée dans l'argumentation (préciser la partie)</td></tr>
<tr><td colspan="4"></td></tr>
</table>

Construire son argumentation

 # vidéo
10 expressions françaises pour argumenter à l'écrit et à l'oral - 8,55 min
foucherconnect.fr/20tcgf33

Lors du grand oral, il vous faudra être convaincant pour exposer les enjeux de la question choisie par le jury, pour expliquer votre démarche de recherche et justifier vos choix d'outils et de méthodes de travail. Vous aurez 20 minutes de préparation pour noter sur une feuille les éléments importants sous la forme de votre choix. Toujours est-il que c'est en amont que vous aurez préparé et affûté vos arguments. Préparer cette argumentation est donc primordial.

Analyser la question

Au cours du travail préparatoire mené tout au long de l'année, vous aurez préalablement :
- repéré et défini les mots-clés de votre question ;
- repéré, s'il y en a, les bornes de votre question : bornes temporelles (à quelle période se situe la question ?), bornes contextuelles (dans quel environnement se situe la question ?), bornes géographiques (où ?) si besoin.

Ces éléments vont vous permettre de contextualiser votre question et d'exposer votre problématique. Ils vous seront précieux pour bâtir votre introduction.

Réunir les idées

Pendant ces 20 minutes de préparation, nous vous conseillons :
- de noter toutes vos idées et tous vos arguments ;
- de rechercher, dans vos connaissances acquises (de la classe de terminale, mais aussi de première, ne l'oubliez pas !), celles qui peuvent être utiles pour étayer vos arguments ;
- d'étayer vos connaissances d'exemples : un lien avec l'actualité pourra également être utile ;
- de faire un plan : regroupez vos idées en sous-groupes homogènes afin d'y faire apparaître des thèmes.

Le plan est votre feuille de route pour l'oral. Il vous permet de prévoir le déroulé de votre exposé, ainsi que l'enchaînement de vos arguments pour répondre à la question.

Structurer l'argumentation

Une question argumentative est structurée en grandes idées. Chacune se compose de plusieurs arguments et d'exemples qui illustrent ces arguments.

Les exemples sont essentiels pour convaincre : ils permettent de mieux comprendre le point de vue, l'argument défendu. Où les trouver ? Partout : actualité, lectures, séries, films, vidéos, conversations…

Une bonne argumentation doit être claire pour celui qui l'entendra. L'idée doit être comprise sans ambiguïté et être clairement identifiable. Pour cela, il faut bien distinguer et isoler ses idées. Respectez une règle simple : exprimez une idée à la fois, et marquez bien la transition lorsque vous passez d'une idée à la suivante.

Les connecteurs logiques vous permettent de marquer l'articulation de vos idées et soulignent les relations établies entre elles.

Pour que l'argument soit convaincant, celui-ci doit conserver autant que possible la structure : affirmation/explication/exemple.

Les idées listées dans la préparation du plan doivent être formulées au brouillon par des phrases courtes : sujet/verbe/complément.

Préparer son oral

vidéo
Conseils pour l'oral - méthodo - tous niveaux - 5,18 min
foucherconnect.fr/20tcgf34

Vous allez devoir vous exprimer devant un jury pendant 5 minutes et interagir ensuite avec lui pendant 15 minutes. Votre posture, votre voix, la manière dont vous vous exprimez vont être évaluées à cette occasion. Voici quelques conseils pour vous entraîner tout au long de l'année et être prêt le jour J. Le fond (le sujet) est très important, certes, mais la forme (la façon de présenter le sujet) est tout aussi importante.

La voix

De forte à faible, voire inaudible : lors de l'oral, il faut rester maître de sa voix. La diction est un élément clé. Pour l'améliorer, il faut travailler les éléments suivants :

- le **volume** ou niveau sonore : il faut être entendu du jury, même si une courte distance vous sépare de lui ;
- le **débit** ou la vitesse et le **rythme** sont importants : avec le stress, sachez que vous aurez tendance à parler vite. Il vous faut donc ralentir, malgré vous, pour rester dans une communication fluide et agréable pour votre interlocuteur ;
- l'**articulation** des mots, la **modulation** sont très importantes : un discours atone aura peu de chance d'éveiller l'intérêt du jury. Cela traduit également votre énergie interne. Peu de rythme ou de modulation donnera l'impression que vous manquez d'énergie.

Pour donner de la voix, tenez-vous bien ! Une posture droite renforce le bon positionnement de la voix. Si vous regardez vos chaussures, vous ne serez guère audible !

La forme du discours

Il est important de s'entraîner à utiliser certaines formulations positives, même si l'on pense déjà savoir le faire.

N'utilisez pas d'abréviations et, si vous employez des termes techniques, soyez sûr d'en connaître la définition, car le jury risque de vous interroger dessus.

Si vous n'êtes pas sûr d'une information, d'une statistique, d'une date, etc., ne bluffez pas. Passez simplement à autre chose.

Les silences sont très importants dans un discours. Ce n'est pas une absence de communication, mais une forme de communication non verbale. Le silence suit un passage de votre exposé et permet au jury d'avoir le temps d'apprécier votre propos. Le silence peut aussi être utilisé avant la réponse à une question. Il vous permet de réfléchir. Il vaut mieux prendre du temps pour construire une réponse plutôt que de répondre trop vite et de changer d'avis ensuite.

N'hésitez pas à faire répéter une question ou reformulez-la pour être sûr de bien l'avoir comprise.

L'attitude

L'évaluation commence dès votre entrée dans la salle d'examen. Il est donc important d'adopter une posture et une tenue vestimentaire relativement neutres pour atténuer d'éventuels préjugés.

La tenue vestimentaire est importante. Choisissez une tenue soignée, confortable, ni trop sophistiquée ni trop décontractée. Vous devez vous sentir vous-même.

Certaines attitudes peuvent susciter des interprétations négatives :

- ne pas saluer le jury lors de l'entrée dans la salle ;
- mâcher du chewing-gum (signe d'impolitesse et de nonchalance) ;
- regarder derrière le jury, regarder le sol, le plafond ou une fenêtre (signe d'impolitesse ou de malaise) ;
- être familier avec le jury ;
- couper la parole, etc.

D'autres attitudes, au contraire, peuvent provoquer des réactions positives :
- accompagner sa parole par le mouvement des mains pour insister sur un point, ouvrir le débat, etc. ;
- regarder alternativement les membres du jury ;
- regarder l'interlocuteur qui vient de vous poser une question, etc.

À l'inverse, n'essayez pas d'interpréter les réactions du jury. Un membre du jury qui ne sourit pas n'est pas forcément hostile, il peut par exemple être dans une profonde réflexion.

Faites attention également à votre attitude en sortant de la salle. Le jury peut encore vous entendre : pas d'exclamation ni de cri devant la porte.

Le sourire

Le sourire est fondamental dans la communication, en particulier lors des différentes étapes d'un oral de conversation avec un jury. C'est le premier signe de communication (communication non verbale) lorsque vous entrez dans la salle.
Le sourire pendant l'oral est tout aussi important. Il indique que vous êtes dans un état d'esprit positif, prêt à vous investir dans votre épreuve.
Enfin, le sourire peut constituer un premier réflexe à adopter pendant l'oral face à un obstacle, à une question difficile ou mal maîtrisée. Par le sourire, vous montrez ainsi que vous ne perdez pas vos moyens, que vous ne cédez pas aux émotions négatives, mais gardez le contact avec vos interlocuteurs. Cette attitude peut vous permettre de répondre « je ne sais pas… » ou « je n'ai pas eu l'occasion d'approfondir cet aspect de la question ». Le sourire veut dire « certes, je ne réponds pas à votre question, mais je garde le contact, je reste confiant dans cette épreuve et suis prêt à poursuivre ».
Le sourire est donc une forme de communication, une attitude par rapport à soi ou aux autres : il faut savoir l'utiliser à bon escient.

Soyez attentif aux signes du stress qui vous gagne et surtout identifiez ce qui peut vous aider à le surmonter : concentration sur votre respiration, image mentale positive, etc. Ayez confiance en vous et en vos capacités. Cet oral n'a pas pour objectif de vous juger en tant que personne.

S'entraîner pour le jour J

Une fois la préparation de votre contenu terminée, entraînez-vous à lire votre présentation à voix haute, devant un miroir ou devant des proches. Chronométrez-vous afin de respecter le temps imparti le jour de l'épreuve.
Ensuite, réécrivez votre contenu en ne notant que les grandes lignes ou les mots-clés, sous forme de liste, et entraînez-vous à nouveau à voix haute jusqu'à le connaître parfaitement, sans avoir besoin de notes.

Il ne s'agit pas de réciter sa présentation, mais plutôt d'en maîtriser les grandes lignes.

Nos derniers conseils

J–1

- Pas de révision de dernière minute !
- Faites du sport pour décompresser et penser à autre chose.
- Couchez-vous relativement tôt, en évitant les excitants, pour bénéficier d'une bonne nuit de sommeil.
- Préparez vos affaires pour le lendemain : tenue, convocation, pièce d'identité, stylos, etc.

Jour J

- Mangez équilibré et vitaminé !
- Partez en avance pour vous rendre à l'examen.
- Vous êtes prêt, vous allez réussir !

Crédit iconographique

8	ph © Luciano Mortula-LGM/stock.adobe.com
10	© Grain de Sail®
11	ph © Photo12/Alamy/ronstik
12	ph © FotoAndalucia/stock.adobe.com
13	ph © Golden Sikorka/stock.adobe.com
14	ph © pressmaster/stock.adobe.com
15 b	ph © Shutterstock /Brastock
17	ph © Richard B. Levine/Newscom/Sipa
20	ph © Benoit Tessier/Reuters
26	ph © Yves Damin/stock.adobe.com
27	ph © Maridav/stock.adobe.com
29	ph © Have a nice day/stock.adobe.com
31	ph © agenturfotografin/stock.adobe.com
32	ph © master1305/stock.adobe.com
34 hg	ph © Photo12/Alamy/Ian Dagnall
34 hd	ph © Photo12/Alamy/n8n photo
34 bg	ph © Zumapress/ZUMA-REA
35 hg	ph © Syda Productions/stock.adobe.com
35 bg	ph © vaaseenaa/stock.adobe.com
38	ph © Rawpixel.com/stock.adobe.com
39	ph © fotofabrika/stock.adobe.com
41	ph © mihalec/stock.adobe.com
43	ph © Bertrand Guay/AFP
44	ph © Pascal Sittler/REA
46	ph © aapsky/stock.adobe.com
47	ph © mavoimages/stock.adobe.com
48	ph © fizkes/stock.adobe.com
50	ph © aleutie/stock.adobe.com
51	ph © artinspiring/stock.adobe.com
53	ph © Pascal Sittler/REA
56	ph © jeson/stock.adobe.com
58 hg	ph © KB3/stock.adobe.com
58 hm	ph © Cobalt/stock.adobe.com
58 hd	ph © phonlamaiphoto/stock.adobe.com
58 b	ph © Nathalie Pothier/stock.adobe.com
59	ph © iconicbestiary/stock.adobe.com
61	ph © Pugun & Photo Studio/stock.adobe.com
63	ph © Visual Generation/stock.adobe.com
63	ph © THINK b/stock.adobe.com
68	© JULES & JENN
70	ph © ALF photo/stock.adobe.com
71	ph © robu_s/stock.adobe.com
72	ph © ansyvan/stock.adobe.com
74	ph © Olesia Bilkei/stock.adobe.com
75	ph © siraanamwong/stock.adobe.com
77	ph © New Africa/stock.adobe.com
78	ph © Kzenon/stock.adobe.com
79 g	ph © sumnersgraphicsinc/stock.adobe.com
79 m	ph © OceanProd/stock.adobe.com
79 d	ph © Jenifoto/stock.adobe.com
80	ph © Photo12/Alamy/incamerastock
82 h	ph © goodluz/stock.adobe.com
82 mh	ph © surfmedia/stock.adobe.com
82 mb	ph © Prostock-studio/stock.adobe.com
82 b	ph © Andrey Popov/stock.adobe.com
83	ph © elenabsl/stock.adobe.com
85 h	ph © vectorpouch/stock.adobe.com
85 b	ph © panuwat/stock.adobe.com
86	ph © sompong_tom/stock.adobe.com
87	ph © Mikko Lemola/stock.adobe.com
89	ph © o1559kip/stock.adobe.com
92	ph © opolja/stock.adobe.com
94	ph © Yuri Bizgaimer/stock.adobe.com
95 d	ph © Archives Terre Blanche/Photononstop
95 g	ph © Sébastien Bozon/AFP
96	ph © Julio Pelaez/Photopqr/Le Républicain Lorrain/Maxppp
97	ph © rh1000/stock.adobe.com
98	ph © bobex73/stock.adobe.com
99	ph © Robert Kneschke/stock.adobe.com
101	ph © Yakobchuk Olena/stock.adobe.com
103	ph © Maksim Toome/stock.adobe.com
104	ph © Cyril Sollier/Photopqr/La Provence/Maxppp
106	ph © Thomas Brégardis/Photopqr/Ouest France/Maxppp
107	© JM Ucciani
109	ph © Boris Horvat/AFP
110 h	ph © soleg/stock.adobe.com
110 b	ph © Lozz/stock.adobe.com
111	ph © Alexis Duclos/Gamma
113	ph © Patricia Huchot-Boissier/Hans Lucas/AFP
115	ph © Christophe Fouquin/stock.adobe.com
116	ph © Arnaud Journois/Photopqr/Le Parisien/Maxppp
118	ph © Martin Richard/Presse Sports
119	ph © rh2010/stock.adobe.com
120	© Droits Réservés
121 h	ph © Photo12/Alamy/Nikolaenko Viacheslav
121 b	ph © Bonninstudio/agefotostock.com
122	ph © Seventyfour/stock.adobe.com
123	ph © kiyanochka/stock.adobe.com
125	ph © Kyodo/Maxppp
127	ph © Boyko.Pictures/stock.adobe.com
128	ph © Anne-Christine Poujoulat/AFP
131	ph © Michael Steele/Getty Images/AFP
137	ph © Shutterstock/ungvar
139	ph © Kzenon/stock.adobe.com
141	ph © Photo12/Alamy/Itsik Marom
142	© eiffageenergiesystemes.com
143	ph © Photo12/Alamy/Mohd Zaidi Razak
144	© Biocoop
145 h	© Orangina Suntory France
145 b	ph © artinspiring/stock.adobe.com
147	ph © mast3r/stock.adobe.com
149	ph © Photo12/Alamy/Grzegorz Czapski
151	ph © Okssi/stock.adobe.com
152	ph © Randolph Lungela
154 h	ph © Pascal Sittler/REA
154 b	© Studio VEJA, modèle Esplar
155 h	© Vincent Rif
155 b	ph © minicel73/stock.adobe.com
156	© Chéreau
157	ph © François Guillot/AFP
158	ph © m.mphoto/stock.adobe.com
161	© Les Récupérables
163	ph © khamkula/stock.adobe.com
164	ph © Pixel-Shot/stock.adobe.com
166	ph © venimo/stock.adobe.com
167	ph © Viesturs/stock.adobe.com
168 hg	© JM Ucciani
168 hd	© Deligne/Iconovox
168 bg	© Vincent Rif
168 bd	© Pancho
169	ph © fotoinfot/stock.adobe.com
171	ph © Riccardo Milani / Hans Lucas/AFP
173	ph © murattellioglu/stock.adobe.com
174	ph © auremar/stock.adobe.com
176	ph © metamorworks/stock.adobe.com
178	ph © cienpiesnf/stock.adobe.com
179	ph © Neyro/stock.adobe.com
181	ph © Alexander/stock.adobe.com
183	ph © ipopba/stock.adobe.com
185	ph © Maxime Reynié/Hans Lucas/AFP
188	ph © Gilles Rolle/REA
190	ph © Kzenon/stock.adobe.com
191	ph © stas111/stock.adobe.com
192 hg	ph © Kurhan/stock.adobe.com
192 hd	ph © Boris Stroujko/stock.adobe.com
192 bg	ph © Gina Sanders/stock.adobe.com
193	ph © Laurent Philippot/Radio France/Maxppp
194	ph © Sébastien Lapeyre/Photopqr/La Dépêche du Midi/ Maxppp
195	ph © fatmawati/stock.adobe.com
197	ph © jackfrog/stock.adobe.com
202	ph © Web Buttons Inc/stock.adobe.com

Conception graphique :
Primo&Primo
Mise en page et infographies : STDI

Paris – Mars 2020 – 01 – SB-MS/ND

Achevé d'imprimer en France par Imprimerie IPS
Dépôt légal : 15796-9/01 - Avril 2020